本书出版得到 2017 年度国家社科基金青年项目"基于社交媒体大数据的大学生心理危机预警机制研究"（项目批准号：17CSH043）资助。

网络学习环境
设计新论

李彤彤 著

New Theory of
**Online Learning
Environments
Design**

中国社会科学出版社

图书在版编目（CIP）数据

网络学习环境设计新论/李彤彤著. —北京：中国社会科学出版社，
2019.8

ISBN 978 - 7 - 5203 - 5084 - 6

Ⅰ.①网…　Ⅱ.①李…　Ⅲ.①网络教学—研究　Ⅳ.①G434

中国版本图书馆 CIP 数据核字(2019)第 194646 号

出 版 人	赵剑英	
责任编辑	马　明	
责任校对	王福仓	
责任印制	王　超	

出　　版	中国社会科学出版社	
社　　址	北京鼓楼西大街甲 158 号	
邮　　编	100720	
网　　址	http://www.csspw.cn	
发 行 部	010 - 84083685	
门 市 部	010 - 84029450	
经　　销	新华书店及其他书店	

印　　刷	北京明恒达印务有限公司	
装　　订	廊坊市广阳区广增装订厂	
版　　次	2019 年 8 月第 1 版	
印　　次	2019 年 8 月第 1 次印刷	

开　　本	710 × 1000　1/16	
印　　张	18	
插　　页	2	
字　　数	282 千字	
定　　价	86.00 元	

凡购买中国社会科学出版社图书,如有质量问题请与本社营销中心联系调换
电话:010 - 84083683

序

随着学习科学和教学设计在"基于设计的研究"这一研究范式下走向统合,学习环境设计日渐受到教育技术、远程教育和学习科学领域的广泛关注。与此同时,计算机和网络技术的快速发展也推动了学习环境的数字化进程。教育领域的实践者和研究人员开发了大量基于网络的学习环境,为学习者提供了更多的学习机会和资源。但是,网络学习环境应用中却也出现了认知超载、情感缺失、道德失范等问题,网络教育辍学率居高不下,远没有收到期望的应用效果。究其原因,网络学习环境重视技术开发与应用层面,却忽视系统化的环境设计。网络学习与传统学习有着较大的差异,所需要的教学支持条件也有很大的区别,当前的网络学习环境设计多以传统教学设计理论为指导,更多的是把教学内容"搬"到了网络上而已,难以真正调动网络学习者的兴趣和激发他们的学习动机,严重影响了网络学习的效果。对于网络远程教育来说,最重要的就是为学习者搭建适切的网络学习环境。构建一套适切的网络学习环境设计理论是一项紧迫又充满挑战的工作。

网络学习环境设计的目的在于为充满差异的远程学习者创设促进性的外在支撑条件综合体,以支持学习者达成自己的学习目标。学习环境是一个动态概念,它与学习活动进程是共存共生的,随着学习活动进程的展开,学习环境中的情况和条件也不断变化。优秀的网络学习环境应该是基于技术创设的人工生态系统,具有自调节、自适应的特点,各要素相互制约又整体协调,学习者个体作为生态系统的一部分,在其中发展、成长。

《网络学习环境设计新论》一书是李彤彤博士关于网络学习环境设计研究的成果。著作从生态学的视角,分析了当前网络学习环境生态缺失的现状，以及环境设计存在的机械还原取向问题，同时考虑到平衡新技术时代环境的复杂特性，搭建了涵盖设计的理论基础、设计原则、评价指标、设计方法的一套系统化的网络学习环境生态化设计理论框架。书中将生态心理学的"给养"（Affordance）一词引入研究，并将"生态"的内涵贯穿研究过程的始终。"给养"（Affordance）一词是生态心理学家吉布森（Gibson）所创造的，他的意思是以此来表示与环境和有机体都相关的某种意义，这一术语后来也被译为可供性、承担性、示能性、功能可见性、支持能力等。围绕"学习者的学习行为是由网络学习环境的给养和学习者的效能交互决定的，网络学习环境生态化设计旨在使学习者遭遇与其效能相契合的给养而非其他的给养"这一核心思想，本书建立了网络学习环境的给养框架和学习者效能分析框架，提出了生态化设计的衡量标准和微观教学层面的"一主线（Mainline）、两匹配（Matches）"的给养设计 3M 模型。

本书提出了"给养与效能交互决定"的理论观点。以"给养"解释学习者与学习环境的自然相关和动态适应的生态化互动关系，建立了网络学习环境的给养框架，框架清晰呈现了网络学习环境给养的结构、层次及其互动关系，为分析学习环境的给养提供了细致的参考，也为从整体上审视网络学习环境的结构与功能提供了新的视角。给养提供的是可能性，而学习者感知给养与行为发生的现实性与其效能密切相关。书中提出了"学习者效能"的概念，构建了学习者效能构成要素与影响因素模型。对于如何衡量设计是否生态化这一问题，本书提出了"学习者—学习环境契合度"这一全新概念，契合的确是一种理想的状态，但却是难以量化的，对设计的合理评价是一项具有挑战性的工作。对于如何进行设计，书中提出了 3M 设计模型，模型以目标为导向，"目标—活动的统一体"作为主线，学习工具的选择和学习资源的设计需要与学习活动对给养的需求以及学习者效能相平衡与匹配。模型限定在微观层面，体现了学习者的中心地位，对于建设微观层面的学习生态有较大指导意义。

学习环境设计只有跳出传统教学设计以教为中心的框架，才能够建构起自己独立的理论框架，本书努力做了这种"跳出"的尝试。任何创新都是建立在继承基础上的，"跳出"不意味着完全抛开传统的教学设计，可以看到，本书提出的理论框架是继承基础上更加关注学习者与学习环境的整体性和双向互动关系。

　　本书所做的理论建构工作具有很强的创新性，在一定程度上丰富和发展了网络学习环境设计理论，能够为远程教育工作者设计网络学习环境提供参考，对于网络学习环境的科学发展具有重要的价值。书中所提出的设计模型的可操作性还有待于通过实践进一步强化，需要按照"实践—认识—再实践—再认识"的辩证过程对理论框架和设计模型进行修订和完善。生态化既是我们所追求的目标，更是网络学习环境科学发展的理念。创设网络学习生态需要实践中不断丰富网络学习的场景，逐步完善理论，实现设计理念的不断进化。

　　本书的作者李彤彤博士是北京师范大学智能学习系统实验室毕业的首位优秀博士生，自博士阶段的研究开始，便坚持从事生态化学习环境设计研究，多年如一日，深挖一口井，如今其成果终于付梓出版，在向这位勤奋的青年学者祝贺的同时，欣然命笔为本书作序。

武法提

北京师范大学教育技术学院院长、教授、博士生导师

数字学习与教育公共服务教育部工程研究中心主任

2019 年 6 月

前　言

　　远程教育的现实发展高度依赖有效的网络学习环境。当前，在理论研究层面，真正从网络学习环境本原出发的"本体化"（基础性）的理论研究特别少，研究存在着严重的"重技术应用，轻本体化理论构建"的取向，网络学习环境的设计大多仍以传统教学设计理论为指导。在实践领域，网络学习环境设计的物化、线性化、割裂化、静态化，使得网络学习环境正遭遇着生态缺失的困境；同时，Web X.0 技术带来的复杂性也对传统的网络学习环境设计形成了巨大的冲击，传统设计理论的观点无法很好地诠释复杂网络时代的学习环境特性，这也要求一种能够有效应对这种复杂性的网络学习环境设计理论。由此，我们才萌生了要建构适切的网络学习环境设计系统化理论的想法。

　　尝试构建这套理论之初，有很长一段时间是迷茫的，不知道从哪里入手，也不知道怎么样才能让这套理论是有新意、有价值的。通过对已有的网络课程设计、网络教学设计、学习环境设计等理论的分析，也通过亲身体验各种各样的网络学习环境（Blackboard 平台、Moodle 平台、学习元平台、清华在线平台等），不断从已有研究和实践中总结存在的问题，终于渐渐发现问题的根源，即无论是已有的环境还是理论都存在"机械还原"取向问题。由此，我们需要构建的是一种新的网络学习环境设计理论，既能够针对传统网络学习环境设计的机械还原取向，又能够平衡新时代技术支持的网络学习环境复杂性的需求。在寻求适切的指导理论的过程中，我们发现了持"有机整体论"主张的现代生态学。"有机整体论"是重要的生态学思想，它立足于不同于机械论所持有的原子世界观，所坚持的世界观"是整体论的而不是原子论的，是功能型的而不是分类型的，是能动的而不是静态的，是动力学的而不是因果式的，是目的论的而不是简单机械论的"。Web X.0 时代的网络学习环境正是一个有着错综复杂联系的有机整体，人与人、人与资源、资源与资源之间存在着非线性的、复杂的网络联系，"有机整体论"可以为网络学习环境设计提供方法论上的指导。

由此，我们以生态主义作为哲学起点，使设计取向由"机械还原"转向"有机整体"。遵循贯一设计的理论基础，以生态学的"有机整体论"作为方法论，以生态学的中心理论——生态系统理论为指导，以生态心理学、生态学习观、生态教学论为直接理论依据，通过分析学习者与网络学习环境之间的生态化互动关系，讨论网络学习环境如何设计才能使之成为互联互动的网络学习生态系统，并基于案例研究法、德尔菲法等所得到的结论，构建了较为全面系统的网络学习环境生态化设计的理论框架。

该理论框架的核心思想在于，"学习者的学习行为是由网络学习环境的给养和学习者的效能交互决定的，网络学习环境生态化设计旨在使学习者遭遇与其效能相契合的给养而非其他的给养"。围绕这一核心思想，本书提出四个环环相扣的子问题，并通过四方面的研究内容来回答这些问题。

针对子问题一："网络学习环境中存在哪些给养？这些给养是如何影响学习者的感知、认知、行为的？"我们用"给养"来解释学习者与网络学习环境的生态化互动关系，从给养多维分类的视角确立不同给养是如何从不同侧面影响学习者的；同时，以"生态系统"来审视不同给养的复合生境，论证不同层面给养之间的作用关系；通过案例研究，将给养具体化，从而建立可供设计参考的网络学习环境给养框架。

针对子问题二："学习者效能如何影响给养利用？"本书从生态心理学中的"效能"概念出发，提出"学习者效能"的概念，并界定为"学习者感知学习环境的信息、与学习环境中的要素进行交互以完成学习任务的能力"。在此基础上，基于三轮的专家意见征询，确立了学习者效能的构成因素与关键影响因素。

针对子问题三："如何衡量环境是否实现了生态化的设计？"以个人—环境匹配（Person-Environment fit, P-E fit）理论为依据，本书提出学习者—学习环境契合度的概念，并界定为"学习环境的给养与学习者效能的匹配程度"，以此作为衡量网络学习环境设计是否生态化的标准。在此基础上，参考中国香港学者张伟远建立的标准化的网上学习环境测评量表和 eCampusAlberta 设计的质量标准，从"教育给养—学习者"契合度、"社会给养—学习者"契合度、"技术给养—学习者"契合度三个方面搭建了契合度的结构。

针对子问题四："如何设计与整合学习环境的给养？"我们将设计定位于微观教学层面，以生态学习观和生态教学论为直接理论指导，提出"一主线（1 Mainline）、两匹配（2 Matches）"的给养设计模型（简称 3M 模型）。该模型以学习环境与学习者的契合为约束条件，并在设计过程中考虑促进网络学习生态系统的物质循环和能量流动，其核心设计理念体现在 3M 中。

（1）1M：主线（Mainline），学习目标与学习活动的统一体决定的主线主导着网络学习环境的给养设计。学习目标从根本上主导着学习活动的设计，二者始终是统一的；学习环境的给养在"目标—活动"构成的主线下连为统一的整体；网络学习环境生态化设计是以"目标—活动"构成的主线为依据，设计不同要素、不同层面给养的过程。给养的设计以学习活动开展对给养的需求为直接依据，而学习活动开展过程中伴随"物质"流动和"能量"循环，给养的设计与整合应围绕学习活动，促进不同类型学习活动所对应的"物质"流动与"能量"循环。

（2）2M：匹配1（Match 1），学习工具的选择应基于学习活动对于学习工具给养的需求以及学习工具所能够提供的给养之间的匹配与平衡。本书给出涵盖媒体给养、空间给养、时间给养、导航给养、强调给养、综合给养、访问控制给养和社会给养在内的给养分类系统，作为设计匹配的桥梁。

（3）3M：匹配2（Match 2），学习资源的设计是基于学习活动对学习资源的需求、学习资源给养学习者的方式以及学习者的效能之间的平衡与匹配。本书从资源的形式（感官给养）、资源的内容（认知给养）、资源的情境性（情境给养）、资源的交互性（交互给养）四个方面建立了学习资源的分析框架，作为设计匹配的方法。

本书所构建的理论框架是对传统远程教学设计理论的解构以及在此基础上的建构与发展，丰富和发展了网络学习环境设计理论。同时，它能够为远程教育工作者（包括平台设计者、教学设计者、课程设计师、讲师）设计网络学习环境提供理论参考和设计思路上的借鉴，具有重要的实践意义。

尽管我们的研究努力地尝试跳出传统教学设计的理论框架，但是从研究结果来看，我们所提出的理论框架尤其是设计模型并未完全"生态化"，无法全面彻底地将生态化的互动关系展现出来。对于生态主义思想的贯彻，仍然不够彻底。而且设计模型还不够成熟，它仅是为操作提供了方法论层面的指导，还没有研究到设计流程或模式的层面，距离真正地指导实践还有一定的距离。研究中本来有案例实践的部分，但是那部分目前做的还是较为单薄，因此没有呈现在本书中，后续会进行更深入的应用实践。由于作者水平有限，书中疏漏之处在所难免，敬请读者批评指正。

目　　录

第 一 章

绪　　论

针对当前网络学习环境生态缺失的现状及存在的机械还原取向设计问题，我们旨在从生态主义的视角寻求解决方案，提出网络学习环境生态化设计的理论框架。作为开篇，本章介绍四方面的内容：研究背景、问题提出的缘由、研究的理论与实践意义、本书的整体结构安排。

第一节　研究背景

构建一种适切的网络学习环境设计理论，已经成为当前网络远程教育领域迫在眉睫的研究问题。我们提出以整体的、非线性的生态主义思维方式来研究网络学习环境设计主要基于这样的背景：其一，远程教育的现实发展高度依赖有效的网络学习环境；其二，教学设计和网络课程设计处于转型期，学习环境设计正成为新一代教学设计的代言词，网络学习环境以更为互联互动的优势成为网络课程发展的大势所趋；其三，各种教育现象与问题的复杂性推动了教育研究范式的生态转向；其四，Web X.0 时代技术的发展使得网络学习环境愈加复杂，也对学习环境设计理论的变革提出新的需求。

一　远程教育发展的现实需求

《国家中长期教育改革和发展规划纲要（2010—2020 年）》将"到2020 年，基本实现教育现代化，基本形成学习型社会"作为我国教育改革与发展的重要战略目标之一，同时指出要大力发展现代远程教育，为学习者提供方便、灵活、个性化的学习条件，构建开放灵活的终身教育体系。面向开放与继续教育的现代远程教育具有广泛性、便捷性等优势，为促进全民学习和终身学习提供了最有效、最灵活的机制与手段，是终身教育体系构建的重要依托，在学习型社会建设中扮演着重要角色。网络学习环境是现代远程教育实施的重要支撑环境。如何更好地利用丰富的信息技术构建有效的网络学习环境，更好地支持与维持远程学习者的网络学习，进一步提高远程教育人才培养质量，是我国远程教育研究者必须面对的课题。

高辍学率是国内外远程开放教育普遍存在的一个非常棘手的问题。研究显示，英国开放大学辍学率在 40%—50%，美国远程教育辍学率约为 70%，都是同期传统教育辍学率的 2 倍多。[①] 学习者流失、在学者参与学习的热情不高等问题，已经严重阻碍了远程教育的发展。有研究表明，课程设置和教学设计不合理以及对学校支持服务的不满，是造成远程学习者辍学率高的重要原因。[②] 因此，改善网络学习环境设计以提高网络学习环境黏度，吸引与维持学习者参与，是降低网络远程教育辍学率的有效手段之一。

二 学习环境设计：变革的教学设计与课程设计范式

（一）从教学设计到学习环境设计的转型

教学设计正处于转型期，转向更为关注学习者和整体的学习环境设计。"学习环境设计"一词是随着建构主义学习思潮的涌入和学习科学研究的兴起而被提出的。相对于传统的教学设计，它体现了一种崭新的观念和价值取向，被认为是新一代教学设计的代言词。[③] 它以建构主义学习理论以"学"为中心的教学范式为指导，强调以学习者为中心，关注如何为学习者提供支持学习的条件，是以"学"为中心的教学设计的落脚点。[④] 相较传统教学设计，学习环境设计一方面强调以学生的学习为本；另一方面，更强调以一种整体的观点看待学习者周围的各种条件，设计学习环境旨在为学习者创设一种促进学习的氛围。

---

① Simpson，O.，*Cost-benefit of Student Retention Policies and Practies*，*Economics of Distance and Online Learning*：*Theory*，*Practice*，*and Research*，New York：New York & London，2008，pp. 62 – 178.

② 于丽、朱晓云：《远程教育高辍学率现象探析》，《开放教育研究》2007 年第 1 期。

③ 高文等编著：《学习科学的关键词》，华东师范大学出版社 2009 年版，第 114 页。

④ 武法提：《基于 WEB 的学习环境设计》，《电化教育研究》2000 年第 4 期。

（二）从网络课程到网络学习环境的进化

网络课程正处于转型期，朝着互联互动、整合的网络学习环境方向进化发展。网络课程是有效支持网络学习的重要资源之一。它最初仅是将传统的教材内容复制到网络上，然而，随着技术的发展以及 e-Learning的成熟，许多教育机构意识到课程固然重要，但它毕竟只是学习的一个方面。[①] 网络学习环境则是一个较网络课程而言更为宽阔的概念，不仅仅强调教材内容的复制，或者说不仅仅强调课程的网络化呈现，还强调不同学习空间、学习参与者和学习模式的彼此联结，以及丰富的学习工具和学习资源的整合应用，以促进在互联互动中创设网络学习生态。

三　教育研究范式的生态转向

生态学作为一门内容广泛、综合性强、思想丰富的学科，它的许多思想、原理和原则广泛用于各个领域和学科，应用生态学（包括农业生态学、渔业生态学、林业生态学、污染生态学、放射生态学、人类生态学等）的发展印证了这一点。生态学与其他学科的相互渗透而催生的一些交叉学科，如行为生态学、进化生态学、教育生态学、生态社会学等，也足以说明这一点。生态学思想在广泛应用于各个领域的研究和实践的过程中，早已突破它原有的学术领域，具有了哲学的性质和资格，形成人们认识世界的理论视野与思维方式。[②] 在教育研究实践中，人们逐渐深刻地认识到，许多教育问题和现象都极为复杂，很难用一元的、单向度的主客两分的思维方式进行合理的解释，也难以用线性的因果关系或矛盾关系的原则进行恰当的分析与解决。现在，许多教育哲学家和研究者开始关注教育的复杂性，并将复杂性理论作为研究范式，作为一种理解复杂社会系统中变化的必要方法。[③] 有研究者通过将教育系统与自然、社

---

① Matthew Pittinsky：《互联互动的网络学习环境：从网络课程到更广阔的视野》，吴薇译，《开放教育研究》2005 年第 5 期。

② 佘正荣：《生态智慧论》，中国社会科学出版社 1996 年版，第 41 页。

③ Davis, B., "Complexity and Education: Vital Simultaneitie", http://www. quasar. ualberta. ca/cpin/davis_simultanaeities. pdf. 2006; Radford, M., "Researching Classrooms: Complexity and Chaos", *British Educational Research Journal*, Vol. 32, No. 1, 2006, pp. 177 – 190.

会系统相对比，认为它们有共同遵循的生态学原则，生态思维模式主张的整体观、复杂性等更贴近教育形态，对教育研究有很强的适切性。[①] 生态学的系统观、平衡观、联系观、动态观正逐渐成为考察教育问题的理论视点和思考方式。在当前科学的生态化时代，生态化成为心理学、教育学等学科发展的新趋势，生态的思想和方法正成为研究者解决现实问题的重要视角之一。

四 Web X.0 时代网络学习环境复杂性的凸显

随着 Web 技术发展进入 X.0 时代，网络的连接性（connectivity）和复杂性（complexity）程度逐渐提高。有学者将 Web 的发展分为连接性逐渐增强的四个阶段，如图 1—1 所示。Web 1.0 时代是简单的网页，不同的信息以超链接的方式联系起来，网络仅仅作为类似课本的一种呈现信息、传播信息的载体，人们只能被动接受信息，信息简单地单向传递，这时候基于 Web 的网络学习远远谈不上复杂和生态；Web 2.0 时代，各种促进人与人之间协作的工具的应用，催生了社会化网络（social web）；Web 3.0 时代，语义技术的发展使得知识以语义网（semantic web）的形式联系起来。随着人与人之间的互联、知识的联通，Web X.0 将是联系人类智慧的元网络（meta web），它彻底变革了信息与知识的生产方式，充分利用和聚合普通用户的集体智慧，将人类带入复杂网络时代，代表未来网络技术的发展方向。[②]

Web X.0 时代的网络已经不仅仅是表征技术的互联网，也不仅仅是信息之间简单的超链接，而是混杂着信息网络、社会网络、知识网络和智慧网络的多样化网络。随着 Web 连接特性（连接资源、连接人、连接思想）的增强，网络学习者与学习环境的互动关系变得越来越复杂。同时，各种终端、3D、云计算等技术的发展，也使得网络学习环境的形态逐渐多样化，如泛在学习环境、智慧学习环境等。环境所能够支撑的教育功能越来越多，它的复杂性逐渐凸显出来。

---

① 刘贵华、朱小蔓：《试论生态学对于教育研究的适切性》，《教育研究》2007 年第 7 期。
② 武法提、李彤彤：《网络学习环境生态化设计研究》，《中国电化教育》2013 年第 7 期；李彤彤、武法提：《基于 Web X.0 的网络学习环境设计》，《现代教育技术》2014 年第 1 期。

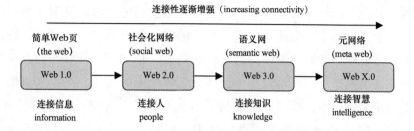

图1—1 Web 1.0 至 Web X.0 的发展历程

资料来源：Chun-ming Leung, "From Connectivity to Next-generation Learning", In Coiffait & Hill, *Blue Skies: New Thinking about the Future of Higher Education*, London：Pearson Press, 2012, pp. 45 – 48.

新技术支持下的网络学习环境是极为复杂的动态系统，其内部各要素之间有着多向的联系与互动过程。这种复杂性决定了以往的还原论、线性思维方式是不适用的，生态学的系统、平衡、联系的基本精神为网络学习环境设计研究提供了恰当的方法论。

第二节 问题提出

本书研究问题的提出主要基于以下两方面：一是研究现状。从当前网络学习环境研究现状来看，网络学习环境设计系统化理论研究较为薄弱。二是现实需求。首先，当前网络学习环境设计持"机械还原"取向，由此导致网络学习环境生态缺失的问题，为了有效地解决这一问题，需要一种优化的网络学习环境设计理论为指导。其次，从 Web X.0 技术为当前网络学习环境带来的复杂性考虑，这种复杂性也对传统的网络学习环境设计形成巨大的冲击，机械还原论的观点无法很好地诠释复杂网络时代学习环境的特性，这就要求一种能够有效应对这种复杂性的网络学习环境设计理论。在这种复杂性条件上，创设学习生态几乎成了解决存在的各种问题的唯一可行方案。

造成网络学习者辍学率高、参与度低、无法获得良好学习体验、不能有效地达成学习目标等问题的原因是多方面的，但是网络学习环境的设计是可干预层面上的非常重要的原因。传统网络学习环境设计的物化、线性化、割裂化、静态化，使得网络学习环境正遭遇着生态缺失的困境。

同时，它也不能够平衡 Web X.0 时代新技术支持的学习环境对于创设网络学习生态的需求。由此，需要一种新的网络学习环境设计理论，既能够针对传统网络学习环境设计的"机械还原"取向，又能够平衡新时代技术支持的网络学习环境对于创设网络学习生态的需求。在寻求适切的指导理论的过程中，我们发现了持"有机整体论"主张的现代生态学，为研究问题的提出提供了思路，如图1—2所示。由此，我们提出论题——网络学习环境生态化设计研究。

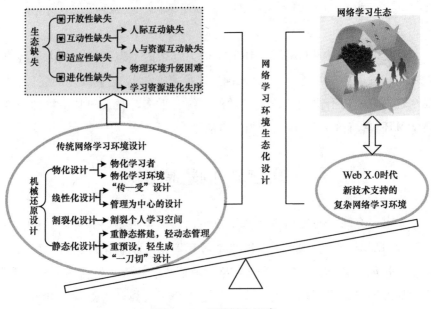

图1—2　问题提出思路

一　网络学习环境设计系统化理论阙如

学习环境的历史是久远的，然而学习环境设计引起研究者的关注却是始于 20 世纪 80 年代末 90 年代初，正是"教学"和"技术"两方面的发展，推动了学习环境设计研究的兴起。

一方面，建构主义学习思潮的涌入和学习科学研究的兴起，催生了新的教学设计研究范式——学习环境设计。[①] 建构主义学习理论以"学"

[①] 李妍：《乔纳森建构主义学习环境设计研究》，博士学位论文，华东师范大学，2007 年，第 1 页。

为中心的教学范式对传统的以"教"为中心的教学范式产生重大冲击；学习科学研究的兴起，使"学习为本"成为教育与课程的基本价值取向，其核心在于构建学习环境。[①]

另一方面，技术的发展给传统的学习环境注入新的元素。泛在学习环境、智慧学习环境等名词相继被提出，这些技术支持的学习环境能够为学习者提供更为丰富和有利的支持条件，从而使得学习环境的创新有了可能。现在，我们提起学习环境，总会带上技术的印记。

从学习环境设计发展的历史角度来看，如果把"技术"和"教学"作为学习环境研究"天平"的两端，那么20世纪90年代，由于学习理论受到前所未有的关注，学习环境设计的研究关注各种新的学习理论对以学生为中心的学习环境设计的影响，因此，整体上说，学习环境设计研究的"天平"是偏向"教学"的。进入21世纪，尤其是Web 2.0时代以来，社会化媒体技术、云计算技术、平板终端技术等迅速发展并广泛应用开来，学习环境逐渐向电子化、数字化、信息化、网络化和智慧化的方向发展，催生了"网络学习环境""移动学习环境""泛在学习环境""智慧学习环境"等数字化形态的学习环境，学习环境设计研究的"天平"开始偏向"技术"。正如华南师范大学尹睿所说，"当前，在信息技术滥觞的背景下，网络学习环境的研究已经陷入技术应用主义的泥潭中难以自拔"[②]。

现阶段的教育技术领域是以媒体技术应用为其外部特征的。由于技术的教育应用是一个创新扩散的社会历史过程[③]，这个过程是缓慢的，但是技术的魅力总是让人们对其寄予太多的期盼，新技术的出现总是让人们惊呼"一个崭新的教育技术应用时代的到来"[④]。于是，教育技术学的研究往往表现出"技术应用"先于"适用性分析与理论构建"，网络学习环境的研究亦是如此。我们对1999—2016年国内8本教育技术领域核心期刊上网络学习环境的相关文献进行详细的计量内容分析，结果表明，

---

① 谢幼如、尹睿：《网络教学设计与评价》，北京师范大学出版社2010年版，第185页。
② 尹睿：《网络学习环境研究的困境与转向》，《中国电化教育》2009年第6期。
③ 杨开城：《论教育技术之研究方法》，《电化教育研究》2008年第10期。
④ 武法提：《基于WEB的学习支持系统研究》，博士学位论文，北京师范大学，2000年，第3页。

对网络学习环境基本理论类、设计类、构建类的研究主要探讨一些理论（如多元智能、工作流理论、有意义学习、关联主义等）、技术（如GRAILS、SNS、云计算、虚拟现实、Web 2.0 等）在网络学习环境中的应用；网络学习环境应用类的文献则主要探讨网络学习环境下的思维培养、能力培养、交互过程等，真正从网络学习环境本原出发的"本体化"（基础性）的理论研究特别少，这就反映了当前网络学习环境研究仍然处于初期的"技术应用"阶段。网络学习环境研究存在严重的"重技术应用，轻'本体化'理论构建"的取向，以致网络学习环境设计系统化理论极度缺乏，网络学习环境的设计大多仍以传统教学设计理论为指导。

单纯技术本身并不能解决学习过程中的所有问题，而决定技术应用方式的网络学习环境的设计思想或教学模式却是产生不同学习效果的重要原因。换句话说，技术只有被优秀的思想所运用，才能产生好的效果。因此，网络学习环境基本理论的研究是指导其应用与发展的"风向标"，忽视其研究，将使网络学习环境的研究与发展迷失方向。缺乏适切的理论指导，往往会导致技术的盲目应用，或者教学方式方法的盲目应用，技术和教学不能有效地在学习环境中整合，出现"1 + 1 < 1"的应用效果。因此，建构适切的网络学习环境设计系统化理论，成为摆在远程教育研究者面前的迫在眉睫的研究任务。

二 当前网络学习环境遭遇的困境——生态缺失

笔者作为学习者体验了多个网络学习平台，包括 Blackboard、Moodle、Schoology、学习元、清华在线、北京外国语大学网络教育学院、MOOCs，通过对比分析，认为这些平台虽然各有优势与不足，但都存在一个根本的问题——没有形成良好的网络学习生态，只是不同平台在生态缺失的程度上有所差别。网络学习仍然被视作一个线性的单向传递过程，平台/系统发挥的最主要的功能是资源的传递——教师上传学习资源，学习者下载学习资源，整个平台/系统缺乏生机和活力，其生态缺失的表现如下。

（一）开放性缺失

开放性是相对于封闭性来说的，它意味着少限制、少预设、包容等。任何感兴趣的人都可以参与其中，并有机会贡献智慧。当前，国内大多数网络学习环境的开放性程度还特别低。大部分网络课程都是限制学习者群体的，如大部分高校的网络课程只对本校学生开放；大部分网络学习环境都是局限于特定平台的，与其他平台的兼容、混搭很少；许多网络学习环境上的资源只有被消费的权限，没有为学习者提供生产资源的空间。

但是，相比以往的在线学习平台，大规模在线课程（Massive Open Online Course，MOOCs）在开放性程度上有了质的飞跃，学习者参与课程是完全自由的，全球各地的任何学习者都可以注册参与课程，所有的课程学习没有特殊时间限制；课程内容的覆盖范围也在逐步扩大，学习者有了更为自由和灵活的选择空间，可以根据自己的兴趣选择相应的课程；课程中的所有资源和信息都是开放的，且全部通过网络传播；课程不局限于特定平台，学习者可以根据自己的习惯和偏好使用多种工具或平台参与学习，比如 Wiki、博客、社交网站等。[1]

（二）互动性缺失

1. 人际互动缺失

网络学习中，由于参与者无法获得物理空间中的互动，而在虚拟空间中建立良好的互动联系是相对困难的。许多网络学习环境人际互动缺失，人际关系冷漠，缺乏社会化的交流情境，参与者没有形成一个有活力的学习共同体，不能创设良好的互动学习空间，环境中出现了情感缺失、道德失范的问题。[2] 学习者普遍感到孤独，缺乏集体归属感，由此也就容易对网络学习丧失兴趣。这主要表现在两个方面。

（1）师生互动缺失

教师与学习者的个性化互动缺失。表面上看，在线学习环境中，一位教师可以指导多名学生，事实上，"教师带宽"（teacher bandwidth，一位教师可指导学生的数量）总是受限制的。当学习者数量成千上万时，如当前如火如荼的 MOOCs，教师就无法照顾到每一位学习者。

---

① 李青、王涛：《MOOC：一种基于连通主义的巨型开放课程模式》，《中国远程教育》2012 年第 3 期。

② 罗红卫、王佑镁、祝智庭：《网络学习环境中的情感缺失研究——以开放英语教学中的情感体验为例》，《开放教育研究》2008 年第 3 期；任瑞仙：《网络学习环境中的情感交流缺失探析》，《开放教育研究》2004 年第 3 期。

教师与学习者的有意义互动缺失。教师与学习者之间的互动仍然局限于教师布置任务、提供资源，学生独立完成任务，助学者提供的支持也通常只是偶尔问询学习进展等，师生之间鲜有有意义的互动。学习者得不到类似传统学习环境来自教师的激励与反馈，以至于他们甚至都不能感受到"教师"的存在。

（2）生生互动缺失

网络平台中有论坛等互动空间，学生却很少"光顾"。学习者即使知道网上有学习伙伴，却经常采取封闭的自学模式，这就造成学习者的孤立（Isolation of learners），得不到同伴的支持或者帮助。事实上，由于"教师带宽"的限制，学习者之间的交互成为网络学习中人际交互的重要部分，良好的同伴互助关系对构建网络学习生态有着重要的作用。

2. 人与资源互动缺失

学习者与学习资源不能形成良好的互动，不利于学习者主动性和创造性的发挥，也不利于学习资源的进化发展。

（1）学习资源的交互性缺失

参考陈丽教授对媒体交互性的界定，我们将学习资源支持学习者与其交互的能力称为学习资源的交互性。[①] 在大多数网络学习环境中，学习资源都是静态的，几乎没有交互性，学习者几乎无法与学习资源进行互动。

（2）学习者无法有效地"生产"资源

随着社会化媒体的发展，网络学习者"生产"资源已经成为可能。然而，在网络学习环境中，信息/知识的生产模式仍然以单向传递为主，学习者大多时候仅仅从环境中汲取信息，向环境输出的信息却极少，更多的是在扮演信息消费者的角色，其信息生产者的身份和作用并未得到充分体现。[②] 即使学习者有机会参与生产，但是他们贡献的这些零碎的内容却无法被系统化、被有效利用起来，以供给知识和意义建构的螺旋上升过程。

（三）适应性缺失

适应性是指环境能够"学习"参与者的信息与活动，并做出相应的

---

① 陈丽：《远程教育中教学媒体的交互性研究》，《中国远程教育》2004 年第 7 期。
② 张立新、李红梅：《虚拟学习环境的生态失衡及其对策研究》，《电化教育研究》2009 年第 7 期。

反馈来适应或响应我们的行动,如根据学习者的特征以及真实需要提供个性化的内容、媒体呈现、评价方法等。目前,网络学习平台的适应性普遍不高,大多是对学习者提供完全相同的资源、学习支持、学习活动、学习评价等。但是,随着数据挖掘和人工智能技术的发展,提高环境的适应性不再是空口号,而是走向现实。网络环境正在逐步具有一定程度的适应性,如一些社交网站以及购物网站,已经实现可以根据用户的信息、浏览记录等为用户推荐适合的内容。但是,创造一个能适应学习者能力并提供个性化内容/指导/交互的智能代理,对组织来说也是较为昂贵的事情。[①] 经济成本在一定程度上阻碍了技术支撑适应性网络学习环境的实现。通过人工手段或教师干预来实现适应,同样存在很大阻力。由于网络学习环境中学习者差异特别大,尽管在社会化互动过程中教师可以掌控部分学习者的特征,却难以针对每位学习者的学习困难对症下药。近两年,试图解决这一难题的基于大数据的学习分析技术正在成为在线学习以及泛在学习领域的研究热点。

(四)进化性缺失

网络学习环境的进化性包括两个方面:物理环境的升级和学习资源的进化。

1. 物理环境升级困难

物理环境包括基础设施、设备以及支持系统运行的基础软件,它有着一定的"生命周期"。当前,物理环境的"生命周期"极为短暂[②],平台通用性和可移植性仍然很差,不能与新技术形成很好的衔接,在原有基础上进化相当困难。每次新技术到来,物理环境就要进行替代性更新,增加了环境升级的成本。

2. 学习资源进化失序

当前学习资源的建设模式归为两类:Web 1.0 环境下的传统团队建设模式和 Web 2.0 环境下的开放共创模式。传统团队建设模式下的

---

① [加] G. 西蒙斯:《网络时代的知识和学习——走向连通》,詹青龙译,华东师范大学出版社 2009 年版,第 38—39 页。

② 张立新、张丽霞:《虚拟学习环境的生态问题及其解决对策》,《电化教育研究》2010 年第 10 期。

学习资源通常结构封闭，更新速度缓慢，且只能通过在平台或资源库之间导入导出的方式实现异构系统的资源共享；开放共创模式是随着Web 2.0理念和技术的普及应用发展起来的新型资源建设模式，通过聚合"草根"智慧，实现资源的内容协同建设和更新。这种建设模式下，学习资源存在进化方向失控、碎片化导致的信息垃圾、"知识迷航"等问题。①

三 当前网络学习环境设计的"机械还原"取向

造成上述现象的原因是多方面的，有远程教育体制方面的原因，也有学习者主动学习意识不强和网络学习能力欠缺方面的影响，但是，网络学习环境设计上存在的问题是很重要的方面。从根本上说，网络学习环境设计存在严重的"机械还原"取向，没有很好地针对网络学习环境以及学习者的整体和动力特征进行设计，使得网络学习环境没有生机和活力，不能很好地满足学习者的学习兴趣和需求，严重影响远程学习效果。

"机械还原"源于哲学上的"机械论"和"还原论"。在对事物本质问题的理解上，它持有原子论的世界观，认为世间万物都是由最基本的原子或元素构成的，各元素或原子均彼此孤立、静止，其间即便存在某种关系，也是一种线性因果的关系。在研究的方法论上，它坚持还原论的观点，主张把高级的运动形式还原为低级的运动形式，"'有机体'（如细胞）的一切带有目的性的行为的确要还原成机械的相互作用"②。现实生活中，每一种现象都可以看成最低级、最基本的现象的累加，因此可以用低级运动形式的规律来代替高级运动形式的规律。机械还原论对人的心理研究上的主要表现在于对人性的物化，只看到人的生物属性，忽视人的社会属性以及价值。③ 网络学习环境设计存在的"机械还原"取向具体表现为以下几个方面。

---

① 杨现民：《泛在学习环境下的学习资源进化研究——基于学习元的信息模型与运行环境》，博士学位论文，北京师范大学，2012年，第10—11页。

② [美]大卫·雷·格里芬：《后现代科学》，马季方译，中央编译出版社2004年版，第200页。

③ 雷玉琼、许康：《科学主义心理学理论的哲学反思》，《湖南大学学报》（社会科学版）2002年第6期。

（一）物化设计

网络学习环境的物化设计表现在两个方面：一是对学习者的物化，二是对学习环境的纯粹物化。

1. 物化学习者

现在，网络学习环境主要是基于某门课程组织构建的。网络学习环境更多地被作为一个传递知识的媒介，学习者更多的是被视为接纳知识、处理知识的容器。对学习者的物化认识，忽视了学习者的心理、情感等要素，限制了学习者主动性发挥的空间，也不利于网络学习环境文化氛围的形成，影响网络学习环境的可持续发展。

2. 物化学习环境

对网络学习环境的物化认识，使得大多数网络学习环境仅重视物理环境的建设，比如软硬件设施建设、学习工具的提供等，而对于社会环境（学习共同体的形成与维持）、规范环境（使用规范等）却少有人问津。[1]

（二）线性化设计

线性化设计认为，"教与学之间存在着确定性的因果关系，教一定导致学"。在这种观念的影响下，网络学习环境设计中，"教—学"严重失衡。

1. 信息/知识"传—受"式设计

以"三分屏课件"为内容呈现主体的讲授式教学占据绝对主导地位，大多数网络学习环境没有为学习者提供创造信息/知识的条件，学习者被动地加入教与学的过程，仅允许接受单向传递的信息。在学习者生产信息正在普及的时代，这种仅允许学习者接受信息的设计，阻碍了他们发挥自身的主动性和参与交互的积极性。

2. 以管理为中心的设计

自上而下的设计仍然占据主导。大多数网络学习环境的设计是依据课程目标以及一些课程管理者的要求，为便于课程实施和课程管理而进行的"以管理为中心"的设计，而不是真正地以学习者需求为中心的，

---

[1] 张立新、李红梅：《虚拟学习环境的生态失衡及其对策研究》，《电化教育研究》2009 年第 7 期。

这样的环境无法满足学习者的需求。

（三）割裂化设计

割裂化设计主要是指对个体学习者学习空间的割裂，对学习者将不同的资源与工具整合起来方面的支持不够。设计者在网络学习平台上会设置论坛、作业、博客、留言等功能模块，但是对它们之间如何组织、过渡、配合却未加考虑，学习者很难组织和整合这些被割裂的交互活动。[①] 当前，个人学习环境的理念强调根据自己的需求整合各种资源与工具，增加对学习者构建个人学习环境的支持，在一定程度上考虑重构个人学习空间。

当前的学习环境研究存在割裂学习者与学习环境的现象。心理学的研究者以学习者个体为根本出发点进行研究，在线学习环境设计的研究者通常将设计视作环境应用之前的工作，极少考虑学习者与学习环境互动过程对环境的影响，以环境本身为研究对象。这种割裂的做法导致学习者与环境无法在一种动态的相互适应、相互改变中共同发展。

（四）静态化设计

静态化设计导致网络学习环境中学习活动沉寂。具体来说，网络学习环境的静态化设计体现在以下三个方面。

1. 重静态搭建，轻动态管理

研究者和实践者总是对前期网络学习平台的搭建和资源建设投入大量的资金与精力，并有着"一劳永逸"的潜意识，平台搭建之后的"运营"（包括资源、活动管理等）没有得到足够的重视。这种取向源于将学习环境误解为静态化的物质环境。事实上，学习环境是一个动态概念，它与学习活动进程是共存共生的。[②] 单纯的硬件平台对促进学习者的学习没有任何意义，借助平台实施的教与学活动的模式，才是决定网络学习者学习效果的关键。

2. 重预设，轻生成

在教学维度上，无论是教学目标还是教学内容，网络学习环境在设

---

① 汪琼、陈高伟：《构建未来在线学习环境——一个在线交互虚拟学习环境构建模型》，《中国电化教育》2003 年第 9 期。

② 武法提：《基于 WEB 的学习环境设计》，《电化教育研究》2000 年第 4 期。

计上都是按照教的一方的预设进行设计的，很少考虑过程中的生成。实际上，预设的内容（站点上的资源、各种工具等）是学习者知识获得的条件，过程中的生成内容才是学习者进行知识创新的源泉。

3. "一刀切"的设计

当前，网络学习环境大都对学习者提供完全相同的条件支持，忽视学生的个性化差异。学习者除了能够在学习的时间、地点等简单层面上做出个性化选择外，其他方面毫无选择的余地。每一位学习者都有着不同的学习风格与需求，"一刀切"或"均码"设计使多数网络学习环境无法根据学习者的特征和需求差异，给予其学习过程以针对性的支持与指导，也就不利于促进学习者个体有效完成自己的学习目标。

四　从"机械还原"到"有机整体"：网络学习环境的生态化设计

从以上分析可以看到，一方面，"机械还原"取向的设计造成网络学习环境的生态缺失，严重影响了网络学习环境的可持续发展，已经不能够符合现实需求，迫切需要变革；另一方面，随着 Web X.0 时代技术的发展，网络学习环境变得愈加复杂，各要素之间并不是简单的线性因果关系，这也对传统的网络学习环境设计理论形成冲击。为了解决以上两个方面的问题，作为一种解决方案的尝试，本书旨在构建一套对现时代的网络学习环境设计具有指导意义的理论框架。这套框架扬弃"机械还原"的价值取向，融合"有机整体"的生态价值取向。

生态学（ecology）是一门研究有机体与环境之间关系的科学。环境包括其他有机体以及周围的事物，个体之间、种群之间以及有机体与环境之间的相互作用形成生态系统（ecosystems）。[1] 以"关系存在"为思之原点[2]，生态学描绘的是"一个互相依存的以及有着错综复杂联系的世界"[3]。"有机整体论"是重要的生态学思想，"生态学"也是有机整体论

---

① Britannica，"Ecology"，http：//www.britannica.com/EBchecked/topic/178273/ecology.

② 炎冰：《第三种科学——"建设性后现代"视域中的科学新转向》，《科学技术与辩证法》2005 年第 5 期。

③ 包国光、王子彦：《后现代主义科学观评析》，《自然辩证法研究》1998 年第 10 期；转引自叶立国《生态学的后现代意蕴》，《学术论坛》2009 年第 4 期。

最重要的例证。① "有机整体论"立足于不同于机械论所持有的原子世界观，它所坚持的世界观"是整体论的而不是原子论的，是功能型的而不是分类型的，是能动的而不是静态的，是动力学的而不是因果式的，是目的论的而不是简单机械论的"。按照这一世界观，经验、行为、有机体乃至整个世界都是作为整体而存在的，整体虽由部分构成，但却具有部分所不具有的新性质。整体的各部分相互联系、相互制约，整体与部分、部分与部分以及整体与整体之间也不是一种简单的线性因果关系，而是一种整体的、动力的和功能性的关系。整体的每一部分都是所有其他部分以及这些其他部分的所有组合体的因和果，又都是这个部分所属的整体的因和果。事物都是作为整体而变化的，是整体的功能、目的，凸显整体表现出来的新特性，使整体的各部分内在地关联。②

Web X. 0 时代的网络学习环境正是一个有着错综复杂联系的有机整体，人与人、人与资源以及资源与资源之间存在着非线性的、复杂的网络联系，"有机整体论"可以为网络学习环境设计提供方法论上的指导。在"有机整体论"指导下，学习者与学习环境构成一个互联互动的整体，能够创设一种开放的、有活力的、可持续进化的、动态平衡的网络学习生态。

基于以上讨论，我们确定研究课题——网络学习环境生态化设计研究，旨在从生态主义的视角出发，尝试构建较为全面系统的网络学习环境生态化设计的理论框架，作为一种解决方案的尝试。网络学习环境生态化设计是以生态学的"有机整体论"作为方法论，以生态学的中心理论——生态系统理论为指导，以生态心理学、生态学习观、生态教学论为直接理论依据，通过分析学习者与网络学习环境之间的生态化互动关系，进一步讨论网络学习环境如何设计才能成为互联互动的网络学习生态系统。我们的前提假定是，环境整体的良好生态会对其中的每个学习者产生有益的影响。

---

① ［美］卡洛琳·麦茜特：《自然之死》，吴国盛等译，吉林人民出版社 1999 年版，第 325 页。

② 彭运石：《走向生命的巅峰——马斯洛的人本心理学》，湖北教育出版社 1999 年版，第 56—66 页。

第三节　研究意义

一　理论角度：对传统远程教学设计理论的解构与重构

本书所构建的理论框架是对传统远程教学设计理论的解构以及在此基础上的建构与发展，对于丰富和发展网络学习环境设计理论具有重要的意义和价值。学习环境设计只有跳出传统教学设计以教为中心的框架，才能够建构起自己独立的理论框架。本书做了这种"跳出"的尝试。

首先，从最根源的哲学起点上寻求突破，以生态主义的思想引领设计理论框架的提出。任何网络学习环境设计理论或教学设计理论都是依托特定的知识观、学习观与教学论的，学习环境设计是以学为中心的新一代的教学设计范式，它建立在对传统教学设计框架解构的基础之上。教学设计的哲学起点是客观主义的知识观、学习观、教学观；而学习环境设计的哲学起点则是建构主义的知识观、学习观、教学观。本书中，网络学习环境生态化设计的哲学起点则是生态主义的知识观、学习观、教学观。

其次，以贯一的理论基础为指导课题，突破学习者与学习环境分离的二元论研究思路，将学习者与学习环境视为统一的有机整体，从生态学视角解释学习者与网络学习环境之间的生态化互动规律。本书以贯一的理论基础"生态哲学—生态系统—生态心理学—生态学习观—生态教学论"为指导，以环环相扣的三个层次的整体观"有机整体论—生态系统论—给养"来审视学习者与网络学习环境所构成的整体，并将生态心理学的"给养"一词引入研究，以给养来审视学习者与网络学习环境的生态化互动关系，这对于进一步认识学习者与网络学习环境之间的互动规律提供了依据和参考。

最后，系统化的理论框架为丰富和发展网络学习环境设计理论增砖添瓦。从学习者效能和学习环境的给养交互决定的视角，我们从四个环环相扣的方面（包括网络学习环境的给养框架、学习者效能分析框架、契合度、给养设计方法），尝试构建较为全面系统的网络学习环境生态化设计的理论框架，对于丰富和发展网络学习环境设计理论具有重要的意义和价值。

二　实践角度：指导网络学习环境设计，提升学习者学习体验

任何理论的提出都是源于实践并且指向实践的。本书所提出的网络学习环境设计指导理论，能够为远程教育工作者（包括平台设计者、教学设计者、课程设计师、讲师）设计网络学习环境的实践提供理论参考和设计思路上的引领。但是，本书所构建的理论框架是方法论层面的，尚不能从具体操作方面指导设计者。

创新的设计理念旨在改善网络学习环境，提升学习者的学习体验。本书的设计理念旨在设计与学习者效能相契合的网络学习环境，并在促进学习者与学习环境的生态化互动过程中构建网络学习生态系统。我们相信，这种理念指导下设计的网络学习环境，更契合学习者的特征与需求，能够优化网络学习环境，提升学习者的学习体验。

第四节　结构

本书共有三大部分八章内容，其组织结构如图1—3所示。

第一部分研究概述，共有三章。

第一章是"绪论"，介绍了研究背景、问题提出的缘由、研究意义、本书整体结构。

第二章是"文献综述"，对当前网络学习环境领域的研究现状与发展现状进行综述，旨在从整体上把握当前该领域的相关研究以及存在的各种问题。

第三章是"研究定位、逻辑与研究设计"，对本书的核心概念进行界定，细致分析本书的理论基础，并以此为指导建立了本书的逻辑，进一步提出本书的四个子问题，针对四个子问题确定了具体的研究内容与研究方法。

第二部分理论构建，这是本书的核心部分，共有四章，分别对应提出的四个子问题。

第四章是"网络学习环境的给养框架"，以"给养"来解释学习者与网络学习环境的生态化互动关系，从给养多维分类的视角确立不同给养是如何从不同侧面影响学习者的。同时，以"生态系统"来审视不同给养的复合生境，论证不同层面给养之间的作用关系，并在案例研究中将给养具体化，从而建立可供设计参考的网络学习环境的给养框架。

第五章是"学习者效能分析框架"，基于生态心理学的观点，给养与效能是交互决定的。从生态心理学"效能"的概念出发，本章提出"学习者效能"的概念，并界定为"学习者感知学习环境的信息、与学习环境中的要素进行交互以完成学习任务的能力"。在此基础上，基于三轮的专家意见征询，确立了学习者效能的构成因素与关键影响因素。

第六章是"契合度：生态化设计的衡量标准"，以个人—环境匹配（Person-Environment fit，P-E fit）理论为依据，提出学习者—学习环境契合度的概念，并界定为"学习环境的给养与学习者效能的匹配程度"，以

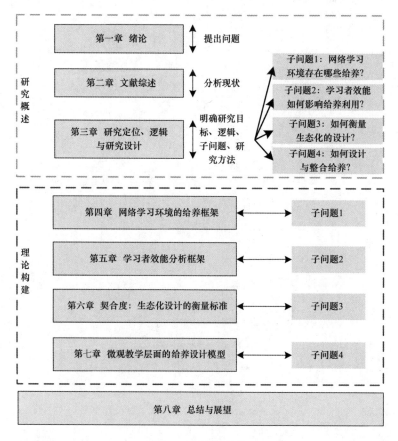

图1—3 组织结构

此作为衡量网络学习环境设计是否生态化的标准。在此基础上，参考中国香港学者张伟远建立的标准化的网上学习环境测评量表和 eCampusAlberta 设计的质量标准，本书从"教育给养—学习者"契合度、"社会给养—学习者"契合度、"技术给养—学习者"契合度三个方面搭建了契合度的结构。

第七章是"微观教学层面的给养设计模型"，将设计定位于微观教学层面，以生态学习观和生态教学论为直接理论指导，提出了"一主线（1 Mainline），两匹配（2 Matches）"的给养设计模型（简称 3M 模型）。

第三部分是总结与展望，共一章。

第八章是"总结与展望"，总结了本书的成果、创新点、不足之处，并对下一步的研究做出展望。

第 二 章

文献综述

　　网络学习环境生态化设计研究旨在建立一个网络学习环境设计的系统化理论框架。文献综述旨在梳理已有的网络学习环境设计研究的内在逻辑，准确把握当前已有研究的现状，进一步论证已有研究中存在的问题，为本书的设计做铺垫。

　　文献综述框架如图2—1所示，综述从网络学习环境的研究现状和发展现状两方面展开，旨在对网络学习环境的研究与发展有全面的把握。在研究现状的综述上，采用文献内容分析方法，主要从网络学习环境研究总体取向特征、网络学习环境结构与设计研究的多维视角、生态学视

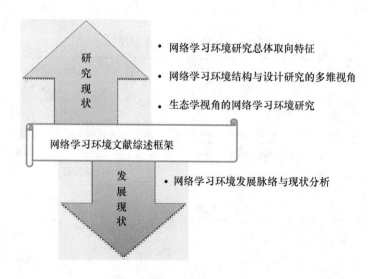

图2—1　文献综述框架

角的网络学习环境研究三个方面进行综述。对于发展现状，我们采用比较法对当前主流网络教学/学习平台/系统进行对比分析，并在此基础上总结了网络学习环境的发展现状。

文献主要来源：中文文献来自 CNKI 数据库，英文文献来自 ProQuest、Science Direct、Springer、Wiley、Sage、EBSCO、CALIS 数据库以及 Google 学术。我们开展的主要检索如下。

（1）中文文献检索：分别设定检索条件，即①学习环境，设置检索条件为"篇名 = 学习环境"，精确匹配；②学习生态系统，设置检索条件为"篇名 = 学习生态系统"，精确匹配；③设置检索条件为"篇名 = 学习 and 生态"，精确匹配。以此检索并筛选 CSSCI 期刊文献、博硕士论文。

（2）英文文献检索：①设定关键词"learning environment"，在如表 2—1 所示的 11 本 SSCI 期刊中检索并筛选网络学习环境相关文献。②设定关键词"learning ecosystem"，在 ProQuest、Science Direct、Springer、Wiley、Sage、EBSCO、CALIS 数据库中检索并筛选学习生态系统相关文献；在 Google 学术高级检索，检索词"learning ecosystem"，出现在文章标题，不包括引用，检索学习生态系统相关文献。③在 Google 学术高级检索，关键词设定为"learning ecology""ecological learning"等检索相关文献。

表 2—1　　　　　　　　国外学习环境文献检索来源期刊

No.	Title	Impact Factor（SSCI/SCI）2011
1	*Computers & Education*	2.621
2	*International Journal of Computer-supported Collaborative Learning*	2.243
3	*British Journal of Educational Technology*	2.098
4	*Journal of Computer Assisted Learning*	1.464
5	*Interactive Learning Environments*	1.163
6	*ETR&D-Educational Technology Research and Development*	1.085
7	*Educational Technology & Society*	1.011
8	*The Internet and Higher Education*	1.015
9	*Distance Education*	0.974

No.	Title	Impact Factor （SSCI/SCI）2011
10	*International Review of Research in Open and Distance Learning*	0.687
11	*Learning Environment Research*	非 SSCI

第一节　网络学习环境研究总体取向特征

　　学习环境是与教育教学活动相伴相生的，因此，它有着漫长的历史。然而国内外学者对学习环境的研究却只有短暂几十年。学习环境设计研究起源于 20 世纪 80 年代末 90 年代初美国教学设计领域发生的一次重大转型。网络学习环境是在学习环境设计研究的基础上，随着网络技术的教育应用而提出的，它的历史更为短暂。

一　文献计量统计分析

　　为了全面了解国内网络学习环境研究现状，我们对 1979—2016 年国内 8 本教育技术领域核心期刊的相关文献进行计量内容分析。选取的 8 本期刊包括《电化教育研究》《开放教育研究》《中国电化教育》《中国远程教育》《现代远程教育研究》《现代远距离教育》《现代教育技术》《远程教育杂志》。在 CNKI 中国知网上，选择"中国期刊全文数据库"，高级检索中设置检索条件为："〈来源〉分别为八本期刊的名称，并且〈题名〉包含'网络学习环境'或'网上学习环境'或'远程学习环境'或'在线学习环境'或'e-Learning 环境'或'U-Learning 环境'或'泛在学习环境'或'电子学习环境'或'虚拟学习环境'或'数字化学习制定'或'移动学习环境'或'智慧学习环境'"这几个关键词都是目前研究中与"网络学习环境"意义相近的术语。它们之间有着细微的差别，比如远程学习环境除了包括网络学习环境外，还包括以卫星电视或广播函授等方式的远程教育环境等，但本书在检索文献时对这几个概念不做区分。同时，"〈时间段〉为'1979—2016'"，共检索到文献 187 篇（截至 2016 年 12 月 31 日）。

　　我们对文献的发表时间、来源期刊、采用的关键词、引证文献的数量、研究内容、研究方法进行了特征变量编码和统计分析。对于研究内容的编码，从 AECT94 定义中的五个范畴出发，结合研究目的，我们将网络学习环境的研究内容分为六类：基本理论、网络学习环境设计研究、网络学习环境开发/构建研究、网络学习环境应用探讨、网络学习环境管理相关研究、网络学习环境评价研究。对于研究方法的分类，我们参考别敦荣等①、李克东②的分类，结合网络学习环境的可设计、可开发等特征，将研究方法分为八类，各类方法的简介如表 2—2 所示。笔者通过阅读文献对其研究内容与方法的类型进行判定并编码。由于一篇文章可能涉及多方面的内容或者采取多种研究方法，我们以其中的主要内容和采用的最主要研究方法进行统计，对于一些难于编码的文献，经多次揣摩并请教同行后进行相近编码。

　　从文献数量上看，网络学习环境的研究整体上文献较少，也暗示了网络学习环境的研究正处于起步的初级阶段。文献发表时间最早的是在1998 年，互联网始于 20 世纪 60 年代，80 年代迅速发展起来。网络学习环境的研究是伴随网络在教育中的应用而逐步展开的。

表 2—2　　　　　　　文献内容分析采用的研究方法分类框架

研究方法分类	简介
理论思辨研究	通过对已有概念、理论、现象的思辨与解释，进而提出观点的研究方法
调查研究法	通过编制量表、问卷、访谈提纲等形式，对研究对象进行调查，或者通过对已形成的事实进行考察获取数据，进而分析数据得出结论的研究方法
实验研究法	根据研究目的，人为地造成、控制或改变对象状态和条件，对研究对象在实验条件下的情况进行记录、考察与分析，最终得出结论的研究方法

　　① 别敦荣、彭阳红：《近 10 年我国高等教育研究的现状与未来走向——以〈高等教育研究〉刊发论文为样本》，《高等教育研究》2008 年第 4 期。

　　② 李克东：《教育技术学研究方法》，北京师范大学出版社 2003 年版，第 3—5 页。

续表

研究方法分类	简介
比较研究法	我国林聚任、刘玉安主编的《社会科学研究方法》认为，比较研究方法是指对两个或两个以上的事物或对象加以对比，以找出它们之间的相似性与差异性的一种分析方法
质的研究	以研究者本人为研究工具，在自然情境下采用多种资料收集方法对社会现象进行整体性探究，是不经由统计程序或量化手续而产生结果的方法，可将个案分析归为此类
混合方法	混合使用多种方法的研究途径，通常是定性和定量方法相结合
设计开发研究	通常指某种应用系统、体系、模型的设计与开发的研究或者应用模型进行案例设计、活动设计等
文献分析法	主要涉及对其他研究（文献）的整合与分析的研究，如频次统计和元分析等，这里不包括不经过量化手续的直接的文献综述

从选用的关键词来看，研究者使用最多的是"网络学习环境"，其次是虚拟学习环境、泛在学习环境、智慧学习环境，而对其他概念使用极少，虽然这几个术语意义相近，但"网络学习环境""虚拟学习环境""泛在学习环境""智慧学习环境"几个概念得到研究者的广泛认同。

对文献研究内容的统计结果如图 2—2 所示，基本理论类文献所占比例仅为 12%，反映了当前网络学习环境本体研究的不足。这类文献有对网络学习环境构成要素及特征的分析；也有探讨其他理论在网络学习环境中的应用，如关联主义、有意义学习、自我解释策略、工作流学习、合法的边缘性参与等理论指导下的网络学习环境的研究；还有研究者对网络学习环境研究的困境与转向、教学设计与网络学习环境的关系、网络学习环境的个性化等方面进行研究。这些基本理论的研究大多被之后的文献广泛引用。应用类文献占到 35%，这种研究不是对网络学习环境本体的研究，仅仅是强调网络的特殊性带给其教育应用影响的层面。这类文献的关注点主要集中在：（1）对教师角色的研究，如 e-Learning 环境中教师角色的转变、教师角色多重性对学习的积极影响等。（2）对网络环境中学习者的研究，一方面是对学习者学习行为的研究，如学习反思行为的交互分析、新手求解劣构问题的研究等；另一方面，是对学习者内部认知的研究，如学生认知方式、影响学习者认知负荷的因素、学生的元认知能力、学生的自我效能感研究等。对学习者的研究，有对高校大学生的研究，也有对低年级小学生的研究。（3）网络学习环境中的交互研究，如网络学习环境中有效性交互、替代交互的研究等。（4）网络学习环境中的情感交流研究，有对促进情感交流策略的探讨，也有对情感缺失原因的分析等。开发/构建类文献占 13%，对网络学习环境的构建研究，通常与技术联系在一起，如基于 GRAILS、Blackboard 平台、SNS 网站、云计算、视频搜索引擎、虚拟现实技术、Web 2.0 技术、Moodle 平台等进行网络学习环境的构建等。这些研究都是侧重技术应用的，反映了当前网络学习环境的研究取向。设计类文献有 25%，涉及对网络学习环境设计的要素、策略的讨论，探讨最多的是其他理论（如生态学、目标导向、终身学习、关联主义、有意义学习等）指导下的网络学习环境设计；其次是对环境中具体的资源、情境、工具、支持服务设计的讨论；也有学者关注游戏化网络学习环境、无障碍网络学习环境、个人学习环境（PLE）等特殊网络学习环境的设计。管理类文献占 6%，主要涉及其中的资源、数据、知识、学习过程、情感的管理几个方面，最初研究者多对个人知识管理进行了系统深入的分析，后来随着 Web 2.0 时代的到来，网络学习环境中非结构化资源越来越多，研究者开始转向对环境中资源的聚合、进化等问题的探讨。实际上，网络学习环境中的学习活动

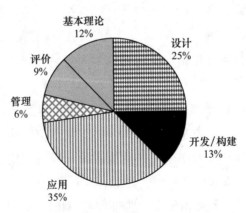

图 2—2　文献"研究内容"统计结果

管理是极为关键的,但是目前研究还较少。评价类文献所占比例为9.0%,其研究内容涉及学习者对网络学习环境的评价、网络学习环境质量评价指标体系、电子学档系统等。

对文献研究方法的统计结果如图2—3所示,理论思辨研究是作者最为青睐的研究方法,其使用比例高达55.4%。在其他7种研究方法中,设计开发研究所占比例较大,达16.2%,这表明该方法在网络学习环境研究中占有比较重要的地位。大部分关于网络学习环境设计和构建的研究采用此种方法。网络学习环境作为一种依赖网络平台支撑的系统,其设计和构建必然用到此种方法。调查研究法也是采用相对较多的方法,其使用比例达13.5%。这种方法在网络学习环境的学习过程相关研究中经常使用,还经常配合实验研究方法使用。对于文献分析法、质的研究、混合方法的采用都很少,说明这些方法尚未引起学者们的广泛关注。

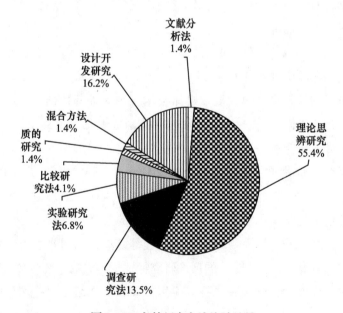

图2—3 文献研究方法统计结果

二 网络学习环境研究取向特征

通过文献分析,我们可以看到,当前网络学习环境研究在价值、目标、内容和方法取向上呈现出如下特征。

（一）价值取向：重技术应用，轻"本体化"理论构建

正是教学和技术两方面的发展，推动了学习环境设计研究的兴起与发展。从学习环境设计发展历史的角度来看，20 世纪 90 年代，由于学习理论受到前所未有的关注，学习环境设计的研究关注各种新的学习理论对以学生为中心的学习环境设计的影响，因此，整体上，学习环境设计研究的"天平"是偏向教学的。进入 21 世纪，社会化媒体技术、云计算技术、平板终端技术等迅速发展并广泛应用开来，学习环境逐渐向电子化、数字化、信息化、网络化和智慧化的方向发展，催生了"网络学习环境""移动学习环境""泛在学习环境""智慧学习环境"等数字化形态的学习环境，学习环境设计研究的"天平"开始偏向技术。技术是把"双刃剑"，其发展给传统的学习环境注入了新的元素。这些技术支持的学习环境能够为学习者提供更为丰富和有利的支持条件，从而使得学习环境的创新有了新的可能。现在，我们提起学习环境，总会带上技术的印记。但是，在现阶段的研究中，却由于过分关注"技术"，而出现这样的局面："在信息技术滥觞的背景下，网络学习环境的研究已经陷入技术应用主义的泥潭中难以自拔。"①

现阶段的教育技术领域是以媒体技术应用为外部特征的。新技术的出现，总是让人们惊呼"一个崭新的教育技术应用时代的到来"②。于是，教育技术学的研究往往表现出"技术应用"先于"适用性分析与理论构建"，网络学习环境的研究亦是如此。文献分析过程中发现，对网络学习环境基本理论类、设计类、构建类的研究主要探讨一些理论、技术在网络学习环境中的应用；网络学习环境应用类的文献则主要探讨网络学习环境中的思维培养、能力培养、交互过程等，真正从网络学习环境本原出发的"本体化"（基础性）的理论研究特别少。这就反映了当前网络学习环境研究仍然处于初期的"技术应用"阶段。网络学习环境研究存在严重的"重技术应用，轻'本体化'理论构建"的取向，导致网络学习环境设计系统化理论极度缺乏，网络学习环境设计大多仍以传统教学设

① 尹睿：《网络学习环境研究的困境与转向》，《中国电化教育》2009 年第 6 期。
② 武法提：《基于 WEB 的学习支持系统研究》，博士学位论文，北京师范大学，2000 年，第 3 页。

计理论为指导。

（二）目标取向：重知识目标，轻情感目标

有些学者对网络学习环境中的情感交流进行研究①，发现网络学习环境应用中的情感缺失、道德失范问题。这与网络本身的特点具有很大的关系，但也在一定程度上揭示了网络学习环境研究在目标取向上存在的问题。现在，网络学习环境主要是基于某门课程来组织构建的，网络学习环境更多地被当作一个"学习知识与技能"的在线场所/空间来研究，研究者往往忽视对情感目标的关注。

（三）内容取向：重静态搭建，轻动态管理

目前，研究大多关注应用各种技术搭建网络化学习的硬件支撑平台，而平台搭建之后的"运营"（包括资源建设、活动管理等）没有得到足够的重视。

众多研究者对网络学习环境的构成要素进行研究，其中平台、资源、活动三大要素是几乎所有研究者公认的。如果把网络学习环境比喻成一个生态系统，平台是网络学习环境的基础性"自然"支撑条件，资源是网络学习环境中重要的"有机养料"，活动则是维持生态平衡的"生态链"。可见，三大要素是网络学习环境的三大支点，忽视任何一方面的研究，都不利于有效网络学习环境的构建。

（四）方法取向：重理论思辨，轻实证研究

理论思辨研究的特点是基于对已有研究的思辨与解释，依据个人经验得出观点，是一种相对主观的方法。这里所说的实证研究，包括质的研究、设计研究、量化研究方法等。理论思辨研究虽然在科学性上容易遭到质疑，但对人文领域的研究是不可或缺的。无论是网络学习环境硬件平台的设计，还是网络学习环境中教与学活动的设计，都要用设计研究的方法。同时，网络学习环境的应用是一个实践领域，其应用的实践效果需要观察与检验，这必然要用到质的方法与量化研究的方法。因此，走向理论思辨研究与实证研究等多种方法的融合，应当是网络学习环境

---

① 罗红卫、王佑镁、祝智庭：《网络学习环境中的情感缺失研究——以开放英语教学中的情感体验为例》，《开放教育研究》2008 年第 3 期；任瑞仙：《网络学习环境中的情感交流缺失探析》，《开放教育研究》2004 年第 3 期。

研究方法的取向。

三　小结

网络学习环境设计本体性研究极度缺乏，构建真正适用于网络教与学的系统化的学习环境设计理论，成为摆在远程教育研究者面前的迫切任务。技术本身并不能解决学习过程中的所有问题，而决定技术应用方式的网络学习环境的设计思想或教与学模式却是产生不同学习效果的重要原因。因此，网络学习环境基本理论的研究是指导其应用与发展的"风向标"，忽视其研究将使网络学习环境的研究与发展迷失方向。因此，建构适切的网络学习环境设计系统化理论，是摆在远程教育研究者面前的迫在眉睫的研究任务。

第二节　网络学习环境结构与
设计研究的多维视角

几十年来，国内外诸多研究者从不同的角度出发，提出不同的学习环境概念、要素构成和学习环境设计模型，学习环境中的节点组织方式也有很大差异。这些模型不一定是针对网络技术支持的学习环境提出的，但是它们对于网络学习环境设计具有重要的参考价值。我们无意按照时间顺序对研究进行梳理，而是更关注其研究的视角与逻辑。鉴于此，我们分别从如图 2—4 所示的五大视角（项目实践、学习者中心、学习活动中心、学习共同体为中心、以"教"为中心），选取引用相对较多、有一定代表性的构成要素框架进行分析，以期发现研究中可借鉴的元素以及存在的问题。

一　视角一：项目实践

以项目实践为中心视角的研究是从宏观层面对 e-Learning 项目具体实施过程中涉及的具体要素及操作方法进行分析，是实用主义的视角。这些理论来源于实践经验的总结，可以直接指导现实的实践，比较有代表性的是科恩提出的数字化学习框架。

带着"数字化学习框架应具有什么才能给全世界的学习者一个灵活的数字化学习环境"这个问题，通过参与"与来自全世界的基础教育机

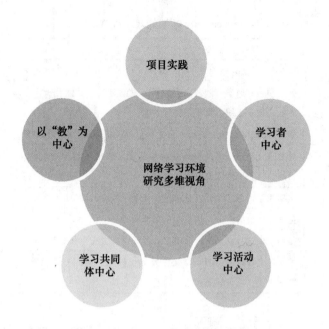

图 2—4 网络学习环境结构与设计研究的多维视角

构及公司的学生、教师、培训师、管理员以及数字化学习中的技术服务
人员进行交流探讨""设计实施在线课程"等活动，科恩（Badrul
H. Khan）对数字化学习进行了深入的思考与分析，于 2002 年提出数字化
学习框架。他认为，有助于创设有意义的学习环境的因素有许多，这些
因素相互关联、相互依赖，对这些要素的系统理解，有助于帮助设计者
创设有意义的学习环境。他将这些要素分为八类：机构（institutional）、
管理（management）、技术（technological）、教学（pedagogical）、伦理
（ethical）、界面设计（interface design）、资源支持（resource support）以
及评价（evaluation），表 2—3 所示为八个维度的含义界定。每个维度又
包含若干子维度，引向某个特定方面的问题。①

——————————

① Badrul H. Khan，*Managing E-Learning*：*Design*，*Delivery*，*Implementation and Evaluation*，
United States of America：Information Science publishing，2005，pp. 15 – 20；［美］Badrul H. Khan：
《电子学习的设计与评价》，张建伟、孙燕青、李海霞、倪如慧、吴洪建译，北京师范大学出版
社 2005 年版，第 1—10 页；［美］Badrul H. Khan：《开放灵活的分布式学习环境》，张建伟译，
《现代教育技术》2004 年第 4 期。

表2—3　　　　　　　　　　　　e-Learning 框架的八个维度

维度	说明
机构	关注与 e-Learning 有关的行政事务、学术事务和学生服务问题
教学	关注学习和教学，涉及内容分析、受众分析、目标分析、媒体分析、设计方法、教学组织、学习策略等方面
技术	指 e-Learning 环境中的技术设施，包括设施规划、硬件和软件
界面设计	是数字化学习环境的整体外观和感觉，包括页面与站点设计、内容设计、导航、可获取性以及可用性等方面
评价	包括对学习者的测评以及对教学和学习环境的评价
管理	指学习环境的维护、信息发布与管理等
资源支持	是为了促进有意义学习而向学习者提供在线支持和所需的资源
伦理	关注社会和政治的影响、文化差异、偏见、地域差异、学习者个别差异、数字鸿沟、礼仪规矩和法律问题

　　科恩还阐释了这些要素实现的具体操作方法，增强模型的可操作性。框架可以应用在各种范围（scope）的 e-Learning 中。范围不同，e-Learning 框架中的各维度、子维度及各项目所占的权重也不同。譬如，设计一堂数字化学习课是最微观层面的数字化学习环境设计，此时，我们更多的是从教学、资源、评价等方面来考虑，而对于管理、机构、伦理等维度的问题则不必考虑太多。如果是需要开设一门数字化学习课程，除了需要考虑教学、资源、评价等方面的问题，还需要着重考虑管理维度方面的问题。如果准备基于网络创建一所网络大学，需要仔细考虑 e-Learning 框架模型中每一个维度的问题。它既包括数字化学习环境创设微观层面的要素，也包括行政事务、学术事务、学生服务、政治、法律等宏观背景下的问题。

　　科恩的模型全面地阐释了数字化学习环境构建过程中涉及的要素，有的属于物质条件（如技术、资源支持），有的属于非物质条件（如教学、伦理），并且考虑了社会文化大环境对网络学习环境的影响，是一个具有统领意义的结构框架。

二　视角二：以学习者为中心

　　"以学习者为中心"视角的研究从学习者的学习需求出发，讨论网络学习环境如何设计才能够最大限度地满足学习者的特征与需求。比较有代表性的模型有汉纳芬（1999）的开放学习环境模型、武法提（2011）的以学习者为中心的网络学习环境设计模型等。

（一）开放学习环境模型①

开放学习环境（Open Learning Environments，OLEs）是美国教育技术知名学者迈克尔·汉纳芬（Michael Hannafin）提出的。它是一种以学习者为中心的学习支持系统，支持学习者独立地确定学习目标、内容、时间和学习方式，"支持个体致力于理解他认为是最重要的东西"②。OLEs 由四个基本要素组成：启动情境、资源、工具和支架，如图 2—5 所示。

1. 启动情境

情境引导学习者识别或生成需要解决的问题，并形成他们的学习需求。启动情境（enabling context）有三种基本形式：外部施加、外部诱导和个体产生。外部施加型情境，通常是清晰的情境化问题的陈述；外部诱导型情境，不界定要解决的具体问题，而是将学习者带入一个领域，学习者在其中可以随意生成问题；个人生成型情境，是学习者基于需要和独特环境建立的，不能被预先设计。

2. 资源

资源（resources）是指支持学习的原材料，成功的学习环境通常为学习者提供广泛而丰富的学习资源，从印刷媒体（如教材等）到电子媒体（如多媒体课件等），一直到人（如专家、教师、同伴等），都属于资源的范围。资源的用途取决于它与学习者学习需求的相关性以及易于获取的程度。

---

① Hannafin, M., Land, S., & Oliver, K., "Open Learning Environments: Foundations, Methods, and Models", In C. Reigeluth (ed.), *Instructional Design Theories and Models* 2nd Ed. Mahwah, N. J.: Lawrence Erlbaum Associates, 1999, pp. 115 – 140；［美］查尔斯·M. 赖格卢斯：《教学设计的理论与模型：教学理论的新范式》（第 2 卷），裴新宁、郑太年、赵健译，教育科学出版社 2011 年版，第 143—173 页；李妍：《乔纳森建构主义学习环境设计研究》，博士学位论文，华东师范大学，2007 年，第 123—126 页。

② Land, S. M., Hannafin, M. J., "A Conceptual Framework for the Development of Theories-in-action with Open-ended Learning Environments", *Educational Technology Research and Development*, Vol. 44, No. 3, 1996, pp. 37 – 53.

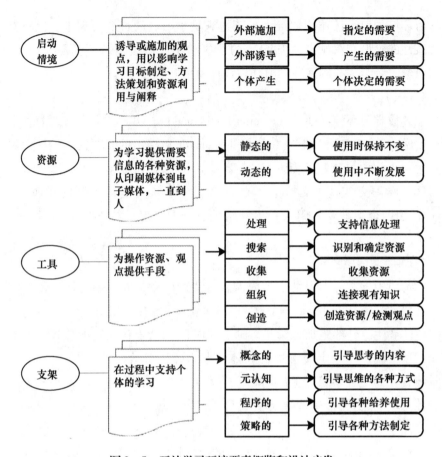

图2—5 开放学习环境要素概览和设计启发

3. 工具

工具（tools）的主要用途是帮助学习者查找、获取和处理资源，解释和评价资源，提供促进高阶思维发展的机制。工具使学习者以具体的方式对复杂抽象概念进行表征和操作。OLEs中常用的工具有三种：信息处理工具、操作工具和交流工具。信息处理工具用于信息的查找、收集、组织、整合和生成；操作工具允许学习者检验和修订理论或假设（如模拟、微世界等）；交流工具为学习者的讨论和交流提供支持（如BBS、视频会议等）。

4. 脚手架

脚手架（scaffolds）是一种支持学习者努力参与开放学习环境的过程，分为概念支架、元认知支架、程序支架和策略支架四类。概念支架用以引导学习者界定问题任务；元认知支架引导学习者在学习过程中如何思考；程序支架引导学习者如何充分利用 OLEs 的特点，在学习过程中提供持续"帮助"和 OLEs 特定功能与使用的建议；策略支架用以在分析和达成学习目标或解决问题时提供引导，提供宏观策略或在过程中提供所需要的帮助。

（二）以学习者为中心的网络学习环境设计①

武法提从"以学习者为中心"的内涵出发，进一步梳理网络学习环境中各要素之间的相互作用关系，形成"以学习者为中心"的网络学习环境概念模型（见图 2—6）与设计模型（见图 2—7）。他认为，以学习者为中心，首先强调围绕学习者的实际需求，创设符合学习者个性化特质的学习活动，引导学习者参与学习过程；其次，强调以充分的支撑性条件集，灵活地辅助和促进学习者的参与过程；最后，强调通过恰当的评价和反馈机制，帮助学习者掌握学习过程，督促有效学习的发生。

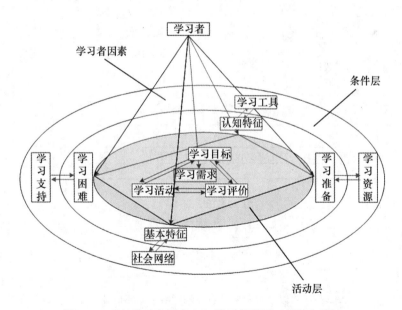

图2—6　"以学习者为中心"的网络学习环境概念模型

———————

① 武法提：《网络教育应用》，高等教育出版社 2011 年版，第 34—39 页；汪韡：《学习者为中心的网络学习环境设计》，硕士学位论文，北京师范大学，2010 年，第 25—30 页。

概念模型由三个部分组成：一是学习者因素，包括学习者的学习需求以及其投射到网络学习环境中并会对环境产生影响的个体特质，包括学习者的基本特征、认知特征、学习准备和学习困难；二是活动层，对应网络学习环境中直接引导和督促学习者展开学习过程的参与性要素组合，包括学习目标、学习活动和学习评价；三是条件层，即保证学习过程持续进行的条件性要素组合，包括学习资源、学习工具、学习支持和社会网络。

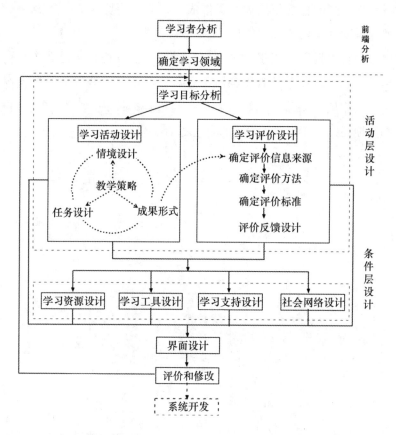

图2—7 "以学习者为中心"的网络学习环境设计模型

在提出的概念模型基础上，他们提出网络学习环境设计的参与性、社会性、情境性、分布性和灵活性原则，通过落实这些原则，使"以学习者为中心"的理念能够在网络学习环境中得到实际体现。进而，他们对网络学习环境的具体设计过程进行讨论，提出一套操作性较强的设计程序。①

前端分析主要用于确定设计网络学习环境的输入条件，包括学习者分析和确定学习领域两项工作，从而建立起学习者因素模型并定义学习环境所涉及的内容领域，作为网络学习环境各要素详细设计的起点和基础。活动层设计旨在通过学习活动为学习者创设参与机会，引导和督促完成不同领域的学习过程，学习目标分析是进行活动层设计的起点。学习活动设计涉及三个成分：情境、任务和成果形式。学习评价设计需要经历确定评价信息来源、确定评价方法、制定评价标准和评价反馈设计四个阶段。条件层设计包括学习资源设计、学习工具设计、学习支持设计和社会网络设计。根据分布性和灵活性的原则，学习资源和学习工具的设计应当为特定学习目标下的学习活动服务，并符合学习者的个性特质。学习支持的设计要素包括支持内容、交互方式、提供时机与程度。社会网络设计是在对节点（学习者）特征分析的基础上，考虑如何建立并维系节点（学习者）之间的连接，以对学习过程产生支持作用。

（三）述评

汉纳芬的 OLEs 设计以“学习者”为中心，没有聚焦具体的教学活动模式，而是提出一种贯一的理论框架，设计凸显学习者基于特定的学习目标而展开的自我导向学习，主张减少对学习内容和学习顺序等的预设和限制，通过环境在不同程度上激活给养、提供支架，运用各种工具、资源、活动来增强和拓展学习者的思维。

武法提提出的“以学习者为中心的网络学习环境设计模型”，在“以学习者为中心”的理念指导下，从学习者的学习需求出发，讨论网络学习环境如何设计才能够最大限度地满足学习者的特征与需求。该模型层次分明地展现网络学习环境各要素之间的关系，突出学习活动在学习者与学习条件交互过程中的中介作用。并且，该设计模型落实到具体操作层面，对网络学习环境设计实践有着直接的指导价值。

---

① 武法提：《网络教育应用》，高等教育出版社 2011 年版，第 40—52 页；汪韡：《以学习者为中心的网络学习环境设计》，硕士学位论文，北京师范大学，2010 年，第 34—49 页。

三 视角三：以学习活动为中心

以学习活动为中心视角的研究的基本观点是，围绕学习活动开展的需求，考虑学习活动过程中涉及的全部要素及其相互关系，设计学习环境中的各种条件。比较有代表性的模型有乔纳森的 CLEs 模型、武法提的 WBLED 模型、钟志贤的学习环境设计的实践框架等。

（一）建构主义学习环境设计①

戴维·H. 乔纳森（David H. Jonassen）于 1997 年提出的建构主义学习环境（Constructivist Learning Environments，CLEs）对学习环境设计领域有着非同寻常的影响，图 2—8 为他给出的 CLEs 设计模型。CLEs 设计模型包含问题/项目、相关案例、信息资源、认知工具、会话或协作工具和社会境脉支持六个因素，其中问题/项目是核心，其他五个要素的设计都要围绕着问题进行。建模、教练和脚手架则作为支撑建构主义学习活动的教学策略支持因素。

1. 问题/项目

建构主义学习环境中，问题驱动了学习，学习者的学习目标是解决问题或完成项目，学习者为了解决问题而学习。CLEs 必须向学习者提供相关的、有吸引力的问题。问题设计要考虑三个整合性的组成部分：问题境脉、问题表征及问题操作空间。①问题境脉包括与问题相关的物理的、社会文化的及组织的氛围，以及实践者/从业者/利益相关者共同体的信仰、爱好等特征。②问题表征必须设法使学习者产生疑惑、趣味、好奇。③问题操作空间提供了学习者操纵环境所必需的客体、符号和工具，允许学习者进行操作，并以某种有意义的方式对环境施加影响，保证学习者对问题的自主权和学习的主动状态。

---

① David Jonassen，"Designing Constructivist Learning Environments"，In C. M. Reigeluth（ed.）*Instructional Theories and Models*，2nd Ed. Mahwah，N. J.：Lawrence，1999，pp. 215 – 239；［美］查尔斯·M. 赖格卢斯：《教学设计的理论与模型：教学理论的新范式》（第 2 卷），裴新宁、郑太年、赵健译，教育科学出版社 2011 年版，第 265—294 页；李妍：《乔纳森建构主义学习环境设计研究》，博士学位论文，华东师范大学，2007 年，第 78—83 页；高文：《学习科学的关键词》，华东师范大学出版社 2009 年版，第 121—127 页。

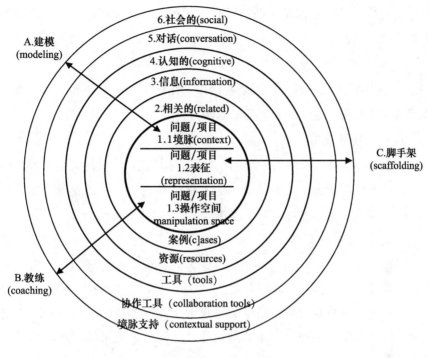

图2—8 CLEs 设计模型

2. 相关案例

一组能代表当前问题的典型案例（有着相似情境、解决方案或结果），能够为学习者提供他们尚未具备的经验的表征，来支撑或替代他们的记忆，从而使学习者能够通过基于案例的推理获得一些解决当前问题的经验和教训。相关案例还能够提供关于学习者正在尝试解决的问题的多种观点和解释，有助于提高学习者的认知灵活性。

3. 信息资源

丰富的信息资源是 CLEs 的基本组成部分，CLEs 应该提供学习者即时可选的、理解问题时必需的信息。信息对理解问题的必需性/相关性，是筛选信息资源的首要原则。

4. 认知工具

认知工具是触发学习者思考并辅助特定认知过程的计算机工具，可用于可视化（表征）、组织、自动化或替代思维技能，包括问题表征工具、知识建模工具、行为支持工具和信息收集工具。每一种认知工具都能触发或替代不同的认知活动，因此，认知工具必须精心挑选，以支撑需要执行的过程。

5. 对话或协作工具

CLEs 提供多种工具支持话语共同体、知识建构共同体和学习者共同体的形成，从而促进学习者之间的对话与协作。

6. 社会境脉支持

在设计和实施 CLEs 时，适应社会境脉是其成功实施的关键。通过对教师、员工以及学习者进行培训，为其提供社会和境脉的支持，使其了解并适应即将学习的环境，对于成功实施 CLEs 是至关重要的。

（二）基于网络的学习环境设计模型①

武法提教授从"如何为基于网络学习环境中的学习活动提供有效的支持"出发，提出网络教与学环境的"5—9 模型"，如图 2—9 所示。

他认为，乔纳森的学习活动类型仅限于问题解决的学习活动，不能完全反映网络学习环境下学习者的行为。他将基于网络学习环境的学习活动分为知识学习、问题解决、策略学习三类，其中，"知识学习是良构领域的学习，问题解决和策略学习是非良构领域的学习"②。不同类型的学习活动需要环境提供不同的条件支持。一般来说，学习环境通过两种方式对学习者提供支持：（1）提供学习活动所需要的学习资源和认知工具；（2）在不同模式的学习过程中，采用不同的教学策略，激发学习者学习的主动性。归纳起来，支持学习的学习资源和工具主要包括 5 类：基于网络的智能教学系统、基于网络的资源库系统、基于网络的学习评价系统、基于网络的交流与协作系统、基于网络的辅助工具系统。支持学习的主要教学策略有 9 种：抛锚策略、认知学徒策略、十字交叉型策略、建模策略、教练策略、支架渐隐策略、合作策略、小组评价策略、反思策略。他将五类学习资源和工具作为构成网络学习环境的 5 个基本要素，每个要素是一个功能子系统，它们是构成网络学习环境模型的物

---

① 武法提：《网络教育应用》，高等教育出版社 2003 年版，第 92—96 页；武法提：《基于 WEB 的学习环境设计》，《电化教育研究》2000 年第 4 期。

② 武法提：《基于 WEB 的学习支持系统——新型网上教学系统研究》，《电化教育研究》2002 年第 4 期。

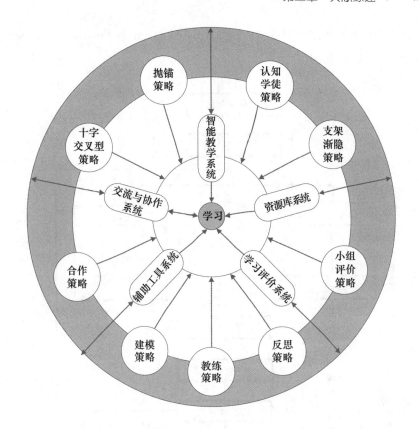

图2—9 网络教学与学习环境的"5—9模型"①

质基础。在5个基本要素的基础上，才能运用9种教学策略开展教学活动，教学策略是基于网络学习环境的非物质条件。

在"5—9模型"的基础上，武法提指出，学习环境设计可以从学习内容和学习策略两方面进行，通过相互协调的循环设计，最后形成稳定的教学模式而融合到统一的学习环境。学习内容设计主要考虑在创建学习环境时如何组织知识领域，包括问题情境中的知识序列和链接设计、学习资源的设计、认知工具的设计。教学策略设计是指在学习环境中系统如何指导、暗示学习者，如何影响学习者决定学习的进程，以及如何支持协作和交流等。通过对学习内容和教学策略的循环设计，形成稳定的教学进程模式或学习进程模式，从而创设出学习环境。据此，他提出

① 武法提:《网络教育应用》，高等教育出版社2003年版，第61—85页。

基于网络的学习环境设计模型（WEB-Based Learning Environment Design,
WBLED），如图 2—10 所示。

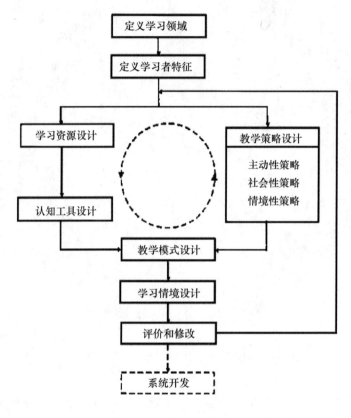

图2—10　WBLED 模型

基于网络的学习环境设计须遵循以下流程，①定义学习领域：定义
学习环境所覆盖的领域知识，并区分良构知识和非良构知识，根据不同
内容区分预定教学目标和学习者学习目标。良构知识通常采用预定教学
目标，非良构知识通常由学习者自己生成学习目标。②定义学习者特征：
分析学习者现有的认知结构和认知特点，并在学习过程中随时更新。
③教学策略设计：对于预定教学目标的内容，往往采用有指导路径；由
学习者自己生成学习目标的内容，则允许学习者控制学习路径，此时系
统必须提供学习资源、认知工具和相应策略的支持。④学习资源、认知
工具设计：针对学习主题，依据学习者达成学习目标的需要，提供充分的

资源支持和丰富的认知工具。⑤教学模式设计：教学模式设计是学习环境设计的落脚点，是对目标、资源、工具、策略设计的综合，在宏观上形成稳定的教与学活动的程序。⑥学习情境设计：以上设计环节经过循环设计，形成教学模式后，需要在统一的学习情境中实现，学习情境设计需要将以上策略、资源、工具、模式以人机界面的形式呈现给学习者。⑦评价和修改：由学习者、学科专家和教学设计专家对设计完成的学习环境进行评价，提出修改意见，进行进一步的修改，使设计不断完善。

（三）学习环境设计的实践框架①

钟志贤认为，学习环境是指促进学习者发展的各种支持性条件的统合，据此他提出"7＋2"学习环境构成要素观，如图2—11所示。学习

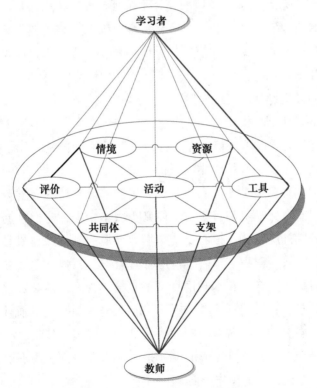

图2—11　"7＋2"学习环境要素观

①　钟志贤：《面向知识时代的教学设计框架》，博士学位论文，华东师范大学，2004年，第167—235页；钟志贤：《论学习环境设计》，《电化教育研究》2005年第7期。

环境主要由 7 大要素构成：活动、情境、资源、工具、支架、学习共同体和评价，各要素与学习者/教师相互关联、相互作用，形成合力，以促进学习者发展，尤其是高阶能力的发展。在这个模型中，学习环境作为教师和学习者联系的桥梁与中介，教师和学习者居于两端，授受角色的差异又鲜明地体现出来。从另一角度看，教师又可以看作底层的支持学习者的一个要素。在学习环境层面，活动居于中心地位，与其他六大要素相互联系、相互作用。

钟志贤认为，学习环境设计是以学习者发展为中心的教学设计，学习环境设计的实践框架是为教学设计者设计学习环境提供思维参照或者模板。学习环境本身不应是设计的出发点，而是要指向"促进学习者的发展"的设计宗旨。学习环境的设计不是规定性的，而是描述性的，不可能完全预先设定，设计的重心应当从事先确定完整的教学策略转向为参与者提供工具和资源，以使参与者能够根据学习需求，以模板和弹性的方式使用所提供的资源和工具。基于以上思维视点，他提出如图 2—12 所示的学习环境设计的实践框架。

该框架包括三个相互关联的层次：目的—宗旨层、核心层和基础层。目的—宗旨层指明学习环境设计的目的是为了促进学习者高阶知识/能力的发展，而这一发展有赖于学习者的有意义学习，由此，学习环境的设计必须以促进有意义学习为具体目标。以技术为支持的教学策略的制定或选择，以有意义学习和有效教学原则为根本依据，它们共同构成学习环境设计的基础层支持。核心层是指学习环境的具体操作设计，包括任务/问题、情境、资源、工具、学习共同体、支架、评价/反思等要素的设计，是目的—宗旨层和基础层意义的直接体现。目的—宗旨层对学习环境的设计起引导/标准参照的作用，基础层对学习环境的设计起支持作用，这两个层次是设计的基础和前提，是隐性层次，其观念必须体现到学习环境设计之中。学习环境的设计是显性层次，直接体现前面两个层次的思想，是设计者的操作层面。

（四）述评

乔纳森（1999）的 CLEs 设计以"问题解决"这一具体的教学活动模式为主线，提出一种设计建构性学习环境的设计框架，并在框架内各个要素的设计中体现了对有意义学习的追求。武法提（2003）提出的

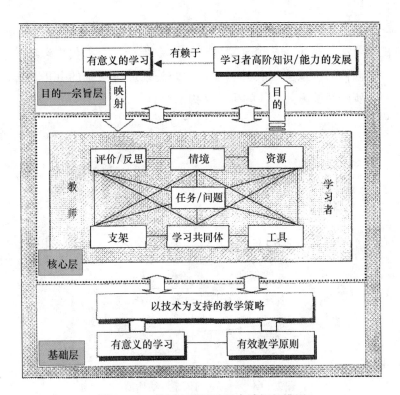

图2—12 学习环境设计的实践框架模型

WBLED模型全面地分析了网络环境下的学习活动，以"为知识学习、问题解决、策略学习三类学习活动的开展创设条件"为基点，他总结了网络学习环境的5类学习资源和工具及9种教学策略。与传统教学设计模型（ISD）关注预定教学目标不同，WBLED的设计思想是学习目标导向的，网络学习环境的作用在于支持和帮助学习者达到他的学习目标。学习目标体现了网络学习环境的"学习者控制"特征，即使有预设教学目标，学习者依然可以在教学目标的指导下自主确立学习目标。网络学习环境则扮演着促进者和服务者的角色，而不是灌输者。钟志贤（2005）给出的实践框架突出目的—宗旨层在网络学习环境设计中的指导作用和基础层的支撑作用。

四 视角四：以学习共同体为中心

郑葳从文化生态的视角出发，尝试提出强调整体、合作和适应的

"生态学习"思想，并在该思想的指导下，将学习共同体视为一个整体、开放的学习活动系统，一个复杂的适应性系统，一个文化生态环境，并对学习共同体的构成要素及其相互之间的关系进行系统的分析，得出如图2—13所示的学习共同体的生态结构模型。①

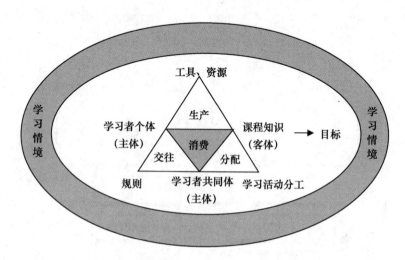

图2—13 学习共同体系统结构模型

首先，此模型以活动理论为基础，将学习视为一种个体参与共同体实践活动的过程，将学习共同体视为一个学习活动的生态系统，认为一个完整的学习共同体主要包含学习主体、学习目标、课程知识、工具及资源、规则、学习活动分工以及学习情境几个要素。它们之间的相互作用关系包括：（1）工具、资源作为学习活动的中介，调整学习者个体与课程知识之间的关系；（2）规则调节着个体与其他成员及整个共同体的关系，形成个体在共同体中活动的基础；（3）学习活动分工使共同体成员明确了自己在与课程知识互动过程中的角色和作用，在学习活动中，既分工又合作，共同实现共同体的目标；（4）学习情境则弥散于整个共同体中，体现着学习共同体的时空特性。

其次，该模型以复杂性理论为基础，将学习共同体视为一个复杂系

_____

① 郑葳：《学习共同体——文化生态学习环境的理想架构》，教育科学出版社2007年版，第131—132页。

统，强调学习共同体环境中各个要素之间的相互作用、相互依赖，并强调共同体作为一个整体所表现出的特征。学习共同体的形成是一个动态的过程，学习共同体在形成与发展过程中按照功能可以划分为生产、消费、分配、交往四个子系统，子系统之间高度关联互动，共同形成一个整体的学习环境。

五　视角五：以"教"为中心

闫寒冰、魏非认为远程教学设计是教学设计的一个子集，它遵循宏观教学设计的理论指导与策略原则，同时又有自己独特的教学特征与设计原则。[①] 在分析传统的系统化教学设计理论与方法的基础上，重点参考"迪克—凯瑞教学设计系统化方法模型"，提出如图2—14所示的远程教学设计流程。其中，体现远程特色的方面加入"远程教学中的助学"环节，同时在每个环节中提出的具体原则和方法都更为关注远程教学的特点以及终身学习背景下的新策略、新方法。

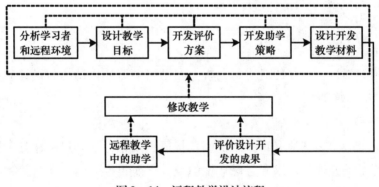

图2—14　远程教学设计流程

谢幼如、尹睿基于对传统教学设计模型的研究及对网络教学特点的分析，认为网络教学设计是针对网络环境下的教学而进行的设计活动，它是依据现代学习理论与教学理论，结合网络教学的特点，应用系统方法分析研究网络教学中的问题和需求，合理选择和运用网络技术与工具，

---

① 闫寒冰、魏非：《远程教学设计》，华东师范大学出版社2008年版，第30、44页。

确定解决问题的教学策略、教学方法和教学步骤，并对网络教学过程和结果做出评价的一种计划过程与操作程序。网络教学设计的基本内容包括教学目标的设计、学习者特征的分析、教学内容的设计、学习环境的设计、学习资源的设计、教学模式与教学策略的设计、教学评价的设计等方面。网络学习环境设计包括网络支撑平台的设计、学习内容的设计和系统策略的设计三个方面。他们提出的这套理论完全套用传统教学设计模型，并且将学习环境设计视为网络教学设计的一个要素，但在学习环境设计中又包含与其他教学设计要素重复的方面，学习环境在其中是一个模糊的概念。[①]

郑丽华对远程教育中的教学设计进行研究，确认了远程教学中的五大关键教学设计元素：学习者的考虑；内容的组织；教学策略；远程教育技术（the internet and interactive television）特性；远程教学评估。[②]

远程教学设计模型直接"复制"了传统教学设计的流程与方法，使得远程教学设计研究困于传统教学设计的框架之中。看起来，它将网络学习过程设计流程化了。实质上，由于传统教学设计本身"教"的定位，这种设计模型难以做到更好地服务于"学"。

六　小结

通过对以上研究的对比与分析，在网络学习环境结构与设计研究方面存在以下问题。

（一）割裂学习者与学习环境

研究者要么从学习者的需求或者特征出发来考虑环境的设计，要么从教学活动开展的需求来考虑环境的设计，而很少强调从互动关系的角度来考虑如何设计学习者与学习环境这一互动的整体。

（二）不能很好地平衡技术与教学

有研究者直接复制传统教学设计的方法，这种方法在教学内容的设计、组织、管理上有着优势，但是对于新技术环境的特征考虑较少。新

[①]　谢幼如、尹睿：《网络教学设计与评价》，北京师范大学出版社 2010 年版，第 10、17、210 页。

[②]　郑丽华：《远程教育教学设计元素》，知识产权出版社 2007 年版。

技术发展迅速，然而，新技术的特征总是需要等到技术投入应用一段时间之后才能够显现出来，因此，设计理论的发展似乎总是落后于技术的发展。究竟什么样的理论能够提供一个柔性的理论框架，可以在技术和教学之间取得平衡，又能够有效地指导网络学习环境的设计与应用实践，已经成为远程教育理论研究的瓶颈。

第三节　生态学视角的网络学习环境研究

1921 年，帕克和伯吉斯最早将生态学的方法与原理用于人类社会问题的研究，提出"人类生态学"的概念，之后，"社会生态学""城市生态学""教育生态学"等概念相继被提出。生态学突破纯粹的生物领域，拓展到人文科学领域。生态系统的概念越来越丰富，甚至囊括任何组织的动态开放系统。随着生态哲学理念在各个研究领域的渗透以及教育研究的发展，教育领域的研究者逐渐深刻地认识到，许多教育问题和现象难以用一元的、单向度的主客两分的思维方式进行合理的解释，也难以用线性的因果关系或矛盾关系的原则进行恰当的分析与解决；生态学思想主张的整体观、复杂性等更贴近教育形态，对教育研究有很强的适切性。[①] 由此，研究者开始从生态学的视角理解教育现象和问题，"生态"一词越来越受到教育研究者的青睐。生态思维这一哲学范式有着极强的包容性。从文献调研过程中发现，即使都冠以"生态学"视角，研究者却能得出迥然不同的结论。对于生态学视角下的网络学习环境研究，大致可以概括为两大类：类比自然生态系统的"生态系统观"和将资源视为有机生命体的"资源有机观"。

一　生态系统观：教育/学习/教学生态系统

生态系统观的研究将学习环境与自然生态系统相类比，提出教育生态系统、学习生态系统、数字化学习生态系统的概念。研究者通常将学习者与网络学习环境这一互动整体视为一个生态系统，学习者作为生态主体/生物成分，学习环境（各种支持性条件）作为生态因子，学习者与

[①] 刘贵华、朱小蔓：《试论生态学对于教育研究的适切性》，《教育研究》2007 年第 7 期。

学习环境在互动中共同发展。对于教师、教学管理人员等，大部分研究者将其纳入学习共同体，并作为生态系统中的生物成分；也有少数研究者将教师作为学习环境的一部分。

（一）教育生态系统

"生态学"最早正式出现在教育研究的文献中，是 1932 年美国学者沃勒提出的"课堂生态学"的概念。比较有影响的是 1976 年哥伦比亚大学师范学院院长劳伦斯·A. 克雷明提出了教育生态学（educational ecology）的概念，将教育视为一个生态系统，系统中各因子存在有机的、复杂的、统一的动态联系。[①] 后来，教育生态学逐渐发展成为一门独立的学科，其主旨在于应用生态学的基本原理，包括生态系统、生态平衡、协同进化等原理与机制，研究教育现象及其成因，进而掌握教育发展规律，解释教育发展的趋势。[②] 教育生态学将教育系统视为由人（包括教育者、受教育者）和环境（包括学校环境、社会环境、物理环境、文化心理环境、规范环境等）构成的生态系统。教育生态系统与自然生态系统有着共同遵循的生态学原则，如表 2—4 所示。[③]

表 2—4　　　　　　　　　　　　生态学原则

原则	自然生态系统	教育生态系统
整体性	生命的重要特性是有机性，本质是内在的关联。生态系统中的所有成员是以一个网状的关系而使彼此相互关联，所有的生命历程皆相互依赖	教育的本性在于其生命性。教育中的所有成员呈网状关联，个人成功与教育集体和社会发展相关
持续性	生态系统中每一个物种的长期生存须仰赖有限的资源基础	生命是长成的，学生由低年级向高年级持续发展仰赖教师高频度、有目的的教育教学活动
动态平衡性	生态系统中成员之间的相互依赖包含在连续的循环中交换物质和能量，这些生态的循环犹如回馈的环线	师生间的相互依赖包含在连续的循环中交换思想、知识、情感和智慧，他们在循环中提高

① 王玲、胡涌、粟俊红等：《教育生态学研究进展概述》，《中国林业教育》2009 年第 2 期。
② 吴鼎福、诸文蔚：《教育生态学》，江苏教育出版社 1990 年版，第 2 页。
③ 刘贵华、朱小蔓：《试论生态学对于教育研究的适切性》，《教育研究》2007 年第 7 期。

续表

原则	自然生态系统	教育生态系统
能量流	太阳能由绿色植物的光合作用转换成为化学能，驱动所有的生态循环	师生长期稳定的精神交流、行为影响和方法选择，驱动了有目的的教育群体
合作关系	生态系统里的所有成员皆参与微妙的竞争及合作的相互作用，其中包含无数的合作形式	在和谐的价值理念下，网状连接的教育成员参与竞争与合作。在合作的前提下，差异导致竞争，竞争促进发展
适应性	成功的发展必须善于拓展资源生态位和需求生态位，以改造和适应环境。只开拓而不适应，则缺乏发展的稳度和柔度；只适应而不开拓，则缺乏发展的速度和力度	教育所培养的人在适应社会发展需要的同时改造了社会，社会与人在相互适应时得以共同发展
多样性	生态系统的稳定度主要依赖其关系网络的复杂程度，即生态系统的多样化	教育对象的多样性取决于其生理结构、心理—文化结构与社会关系的多样性，由此决定多样性的教育方式和结果的合理性
共同演进	生态系统中的大多数物种是由于创造和相互适应的交互作用进行共同的演化。富有创造性地向着新奇的事物延伸是生命的基本特质	团体中的多数成员由于创造和相互适应的交互作用进行共同的演化。变化是生命体的任务，富有创造性地向着新奇的事物延伸是生命的基本特质，也是教育的诉求

教育生态系统与自然生态系统类似，同样具有整体性、持续性、动态平衡性、适应性、多样性、进化性等特征。它与自然环境、社会环境、规范环境有着错综复杂的联系，是一个广泛意义上的生态系统，大到整个教育系统，小到某个学校甚至某个课堂，都可以算作不同层面的教育生态系统。

（二）数字化学习生态系统（e-Learning Ecosystem，ELES）

1. 学习生态系统 I

威尔金逊（Wilkinson）认为，网络时代需要一种促进有效学习的健全的学习体系结构，不仅仅考虑技术的因素，同时涵盖教学设计的方法。[①] 学习生态系统能够将学习和知识管理系统相整合，并且支持共享逻辑和内容分类，具有可重用性。这些优势使得它能够支持学习和工作的无缝连接。据此，通过对 e-Learning 的深入分析，他提出学习生态系统的模型，如图 2—15 所示。

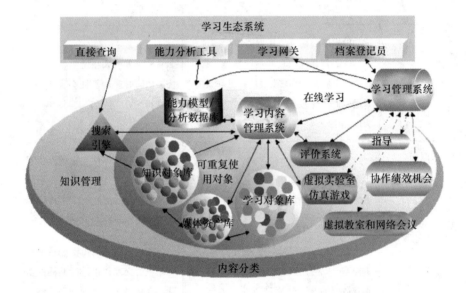

图 2—15　学习生态系统 I

资料来源：Diana L. Wilkinson，"The Intersection of Learning Architecture and Instructional Design in e-Learning"，In 2002 ECI Conference on e-Technologies in Engineering Education，*Learning Outcomes Providing Future Possibilities*，2002，pp. 213 – 221.

学习生态系统的基本结构要素包括：

- 共享的内容分类（shared，master content taxonomy）

---

① Diana L. Wilkinson，"The Intersection of Learning Architecture and Instructional Design in e-Learning"，In 2002 ECI Conference on e-Technologies in Engineering Education，*Learning Outcomes Providing Future Possibilities*，2002，pp. 213 – 221.

- 学习管理系统（learning management system）
- 学习内容管理系统（learning content management system）
- 学习对象库（object repositories）
- 链接到外部的知识管理（access to external knowledge management）
- 电子绩效支持系统（electronic performance support systems）
- 工作流管理和整合系统（workflow management & integration system）
- 评价系统（assessment & evaluation engine）
- 虚拟实验室仿真游戏（simulation and game engine for virtual labs）
- 讨论、协作工具和网络会议（discussion, collaboration tools & web conferencing）
- 学习指导和支持（mentoring & support）

2. 数字化学习生态系统

布罗多（Brodo）从提高企业效率、效益、效果出发，提出了数字化学习生态系统（e-Learning ecosystem）。[①] 他认为，生态系统是企业中不同部门之间一系列的系统交互，相互协调，相互交叉，共同形成一个供应、需求、流动的平衡链，而数字化学习生态系统则用来描述"实施 e-Learning 解决方案的所有要素的集合"。生态系统的要素被分为三类：内容提供者（content providers）、咨询顾问（consultants）和基础设施（infrastructure），如图 2—16 所示。

- 内容提供者提供学习内容，学习可以通过不同的方法传递，包括基于教室的、同步在线学习、异步在线学习、混合学习等。他进一步将内容提供者分为三类：①品牌化内容提供者（branded content provider），通常与出版社或者商业学校相关；②商品化内容提供者（commodity content providers），内容的整合者，提供大量的多种格式的题目、课程和模块；③定制类内容提供者（custom content providers），这种类型的内容提供者会根据用户的特定需求提供相应的内容。
- 咨询顾问有四种不同类型：一是策略顾问（strategy consultants），

---

① Brodo, J. A., "Today's Ecosystem of e-Learning", *Trainer Talk*, *Professional Society for Sales & Marketing Training*, Vol. 3, No. 4, 2006, last retrieved April 9th, 2013 from http://www.enewsbuilder.net/salesmarketing/e_article000615779.cfm.

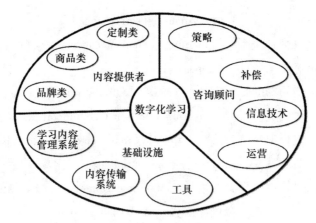

图 2—16 数字化学习生态系统

帮助组织提出经营策略，他们更为擅长一个新的 e-Learning 架构的设计，但是在实施上却不够精通；二是补偿顾问（compensation consultants），许多咨询公司会设计一些补偿策略来激发员工完成经营目标的动机，补偿通常与生态系统的其他部分没有直接联系；三是信息技术顾问（information-tion technology consultants），支持基础设施的搭建、有效无缝运行；四是运营顾问（implementation consultants），帮助组织将新的系统、策略、计划付诸行动，通常与 IT 组以及策略组协作。

• 基础设施是指管理、传递和跟踪 e-Learning 的"管道"。学习内容管理系统（LCMS）是一种软件解决方案，使得组织能够有效地管理培训和发展的过程。内容传输系统是一种在线软件解决方案，使得培训能够通过网络进行传输，有同步和异步两种。工具将人类的智慧财产转化为学习对象，如 Flash 以及一些编程语言等。

3. 学习生态系统 II

张（Chang）和古尔特（Gütl）将自然生态系统的概念应用于学习和数字化学习领域，提出学习生态系统（learning ecosystem，LES）和数字化学习生态系统（e-Learning ecosystem，ELES）的概念。[①] 类比自然生态

——————————

① Chang, V., Gütl, C., "E-Learning Ecosystem (ELES) —A Holistic Approach for the Development of More Effective Learning Environment for Small-to-Medium Sized Enterprises (SMEs)", Proceeding of IEEE International Digital EcoSystems Technologies Conference (IEEE-DEST 2007), Cairns, Australia.

系统的结构，他们提出学习生态系统的结构模型，如图2—17所示。

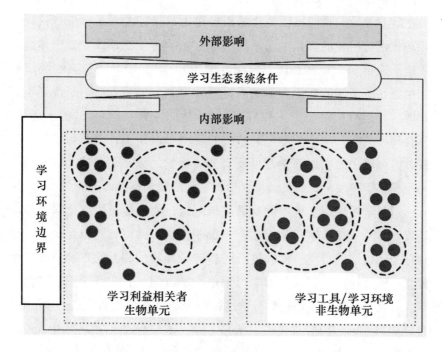

图2—17　学习生态系统Ⅱ

通常认为，自然生态系统包括生物成分、非生物成分，以及在特定的物理边界内它们之间的相互关系。由此，学习生态系统由整个学习过程链中的利益相关者、学习环境、特定边界组成。

● 学习生态系统中的生物成分（biotic units），是学习共同体和其他利益相关者，如讲师、助教、内容提供者、教学设计者、学科专家，构成学习生态系统的有机部分（living parts）。

● 学习工具（learning utilities）或学习环境是非生物成分（abiotic u-nits），包括学习媒体、技术和工具等，构成无机部分（non-living parts）。

● 学习环境边界（learning environmental boundaries），类比生态系统中的特定物理边界（physical boundaries），定义了学习系统中的物理和逻辑边界，也被特定地称为学习生态系统条件（learning ecosystem condi-tions）。这些条件是由外部和内部共同影响决定的，如知识的演变、教育目标、学习任务、文化和社会因素、社会期望、个人企事业组织、政府、公共服务以及非营利组织等。

在学习领域，我们比较关注的相互作用与相互关系是和信息流以及知识转化密切相关的。像生态系统一样，在学习生态系统中，个体能够自发地形成群组，并在个体与群组水平上与学习环境、其他伙伴互动。学习生态系统条件的变化会影响系统的行为和它的要素。为了保证生态系统的良好运行，每个个体和群组必须调整自己，找到合适的生态位，以适合环境条件。这个学习生态系统的模型可以用于任何学习情境，如传统教室环境中的面对面学习以及商务环境下的数字化学习。这只是给出一个框架，事实上，每种情境下生态系统的要素都是动态的。

通过对学习生态系统中的要素进行限定，他们提出数字化学习生态系统（ELES）。在数字化学习生态系统中，学习共同体可以是个体，也可以是个体组成的群体，能够进行同步或者异步的相互协作和互动。个体的学习特征包括学习风格、学习策略、学习偏好、先前知识、能力水平等。其他利益相关者是在教与学过程中扮演重要角色的成员，如讲师、助教、知识专家、内容提供者、学科专家、教学设计专家。另外，还包括提供 IT 基础设施和平台、支持教与学活动开展的 IT 技术支持人员等。数字化学习生态系统中的学习工具包括静态和动态的学习媒体，涵盖内容和教学方面，还包括以外部资源形式呈现的背景知识，如 Wikipedia、数字图书馆等。技术层面包括基础设施和学习平台、学习内容管理系统（LCMS）、学习管理系统（LMS）、内容传递系统（CDS）及各种终端设备（如笔记本电脑、台式机、播客、PDA 等）。学习生态系统条件通常是动态变化的，受到内部和外部多种因素的影响，如教学策略、课程设置、技术、文化、社会因素等。

（三）整合性学习模型

陈琦和张建伟为了从生态学的视角说明信息技术在课程教学中的整合，提出整合性学习模型，如图 2—18 所示。[①] 模型描述了学习生态系统的基本组成。学习生态系统是指由学习社群（learning community）及其物

---

① 陈琦、张建伟：《信息时代的整合性学习模型——信息技术整合于教学的生态观诠释》，《北京大学教育评论》2003 年第 3 期。

理的和虚拟的学习环境构成的自成一体的实体。模型最外层是外部社会文化环境；由此向里是学习环境，学习环境包括学习社群和信息资源两个侧面；再向内是技术中介层，技术作为学习者与学习环境互动的中介工具，发挥着学习监控、信息处理、社群互动、媒体的功能；再向内则是学习活动层，有四种典型的学习模式，即个别接受学习、个别探究学习、合作接受学习和合作探究学习；学习者社群处于系统的中心地位。

该模型的特色在于，突出社会文化大环境对学习环境的影响，突出技术在学习者与学习环境互动过程中的中介作用，突出学习活动的核心地位以及学习者的中心地位。

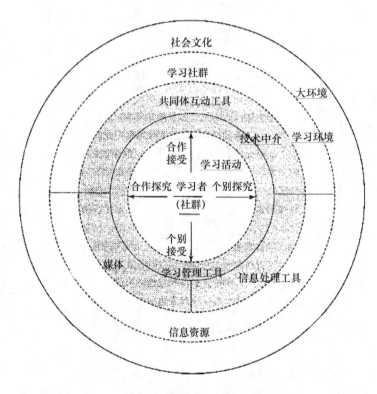

图2—18 整合性学习模型

（四）生态化虚拟学习环境构成模型

张立新教授认为，按照生态学的观点，生态化虚拟学习环境指能体现生态学基本规律和原理，具备自我调控、自我完善、自我发展能力的，以学习者为中心，对学习者的学习产生直接或间接影响的各种因素的统合。① 它是以学习者为主体的，由物理环境、社会环境和规范环境构成的复合性功能实体。三类环境作为系统中的生态因子，相互依存、相互影响，共同构成生态化虚拟学习环境，如图2—19所示。物理环境是学习者进行学习活动的虚拟空间及融入其中的各种学习资源，包括软件资源、硬件资源和信息资源；社会环境是指学习主体与学习同伴、助学者、管理者等成员之间的相互关系；规范环境的形成有赖于人们对虚拟学习过程中学习模式的设计、教学策略的选择和规则制度的制定。

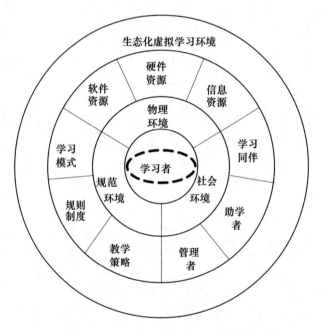

图2—19 生态化虚拟学习环境构成

（五）远程教学生态系统

曾祥跃从生态学视角将远程教学生态系统的生态主体分为物种、种群和群落三个层面。② 物种和种群分为学生、教师和教学服务人员三种；

———————

① 张立新、李世改：《生态化虚拟学习环境及其设计》，《中国电化教育》2008年第6期。
② 曾祥跃：《网络远程教育生态学》，中山大学出版社2011年版，第108—111页。

生态环境分为学习资源环境、学习支持服务环境、教学服务环境和教学管理环境等；生态系统中的相互作用包括种群内的相互作用、种群之间的相互作用、生态主体与生态环境的作用以及生态系统与外界系统（社会环境）的相互作用。一个健康的虚拟学习生态系统的维持，有赖于虚拟学习环境的"生态平衡"，即主体因子内部之间的互动和主体因子与环境因子之间的互动平衡。

二 资源有机观：资源作为有机生命体

学习资源是网络学习环境的核心要素，学习者与学习资源的交互是远程教学交互的核心。多媒体技术、互联网以及语义分析技术等的发展，使学习资源的交互性越来越强，改变了学习资源的生成与发展特征。正因为此，有研究者提出将学习资源视为有机生命体，进一步凸显学习资源在学习生态系统中的重要地位。

艾琳（Irene Karaguilla）认为，学习工具应该被视为生物体（biological beings）而不是教学机器（cause-and-effect machines）。据此，他提出数字化学习生态系统模型，将学习内容视为数字化物种（digital specie），与人（actors，human specie）共同作为生物成分，将环境中其他支持交互的条件，包括硬件、软件、网络、数据库以及教学支持等作为非生物成分。数字学习生态系统中的互动关系包括生物要素内部之间的互动以及生物要素与非生物要素之间的互动。①

杨现民、余胜泉更进一步地将学习资源视为可进化发展的有机生命体，认为学习资源与有机生命体一样，也存在产生、成长、成熟、消亡的生命周期。② 据此，他们提出泛在学习环境下的学习资源进化模型，如图2—20所示。

以资源进化模型为基础，杨现民、余胜泉进一步提出泛在学习生态系统模型（ULESM），如图2—21所示。系统最外层是社会生态系统，它

---

① Irene Karaguilla Ficheman, "Roseli de Deus Lopes Digital Learning Ecosystems: Authoring, Collaboration, Immersion and Mobility", *The Eighth IEEE International Conference on Advanced Learning Technologies*, 2008.

② 杨现民、余胜泉：《泛在学习环境下的学习资源进化模型构建》，《中国电化教育》2011年第9期。

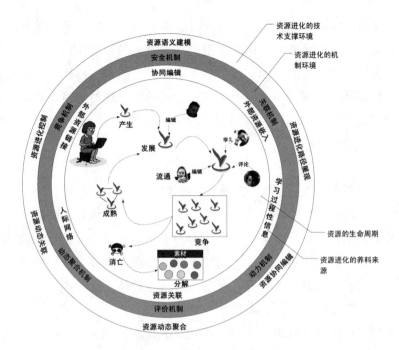

图 2—20 泛在学习环境下的资源进化模型

是学习生态系统发展的外部环境；中间层是泛在学习生态系统持续发展的基础和保障环境，包括资源规范环境、学习理论指导、技术标准支持、运行机制保障；内层是泛在学习系统的生态要素及其之间的关系，包括有机体和无机环境，其中有机体包括资源种群和用户种群，无机环境包括学习终端、学习服务、基础支撑环境等。①

模型将学习资源视为有机体，作为关键物种，与用户种群共同作为学习生态系统的生态主体，凸显了学习资源作为有机生命体所具有的交互性特征，同时突出资源作为用户种群内部人际关系网构建的纽带作用。模型将泛在学习生态系统中的关键要素及其之间的相互关系、外部的影响因素都清晰地描述出来，让我们看到一个自然、动态、生成的系统关系。同时，此模型也突出技术在支撑学习资源生态化、学习系统生态化中的作用。但是，在教学维度上，该模型更加适用于非正式学习，对为达成特定目标而开展正规的教育教学活动的支持还有待进一步商榷；在

---

① 杨现民、余胜泉：《生态学视角下的泛在学习环境设计》，《教育研究》2013 年第 3 期。

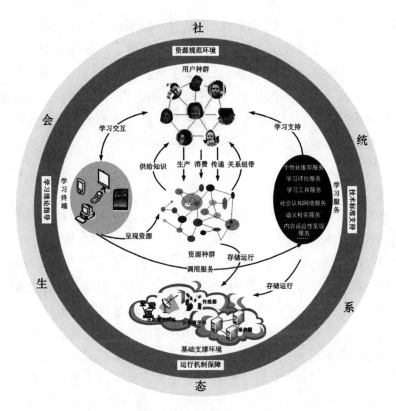

图2—21　泛在学习生态系统模型（ULESM）

社会维度上，学习共同体（用户种群）的交互过程中还需要有一定的社会规范给予约束。

三　生态化设计

生态化设计（eco-design）是设计领域的一个专门术语，来源于如何对自然的物质与功能进行合理的利用、循环，并用于社会经济发展，从而满足人们的生产与生活、社区与区域可持续发展的各种需要。从目前国内外的理念来讲，生态化设计就是一种在现代科学与社会文化环境下，运用生态学原理和生态技术，实现社会物质生产和社会生活的生态化。[①] 生态化设计与绿色设计、可持续发展的设计内涵是基本相

---

① 杨京平、田光明：《生态设计与技术》，化学工业出版社2006年版，第1—10页。

同的，只是从不同的角度来描述，侧重点不同而已。生态化设计这一概念产生之前，一般被表述为环境保护、环境修复、环境净化等，多用于产业、产品、建筑、景观、室内设计等领域。生态化设计在现实领域中的应用是关注人与自然的关系，关注设计过程对环境的影响，通常以减少自然能源的消耗和保护自然环境为根本原则，寻求人与自然的可持续发展。在文献调研过程中发现，这一术语目前也在教育和数字化学习领域中应用。

（一）教学的生态化设计

在教育领域，于世华针对传统教学中教学内容泛化、课堂生成性资源不能被很好地利用等问题，提出"教学内容的生态化设计"。[①] 他认为，教学内容是动态生成的，内在的"活性"越大，"有机性"越强，就越容易把握外在的现场资源。"教学内容的生态化设计"强调以学生为本，关注教学过程中动态生成资源的有效利用，主张通过设计使教学内容的各个部分形成一个有机的整体，各自能相互利用、相互促进。聂颖从"以生为本"的原则出发，讨论了物理教学内容的生态化设计：第一，处理教材要有灵活性，科学探究更加有效；第二，设计教案要有预设性，为动态生成拓展空间；第三，捕捉"生活性"，创设问题情境；第四，开发"错误性"学生资源，实现课堂有效教学；第五，重视思想性，提升创新能力。[②]

（二）数字化学习的生态化设计

在 e-Learning 领域，戈德·麦卡拉（Gord McCalla）[③] 从 AIED（artificial intelligence in education）的角度提出了 e-Learning 系统设计的生态化方法——基于目标的学习者信息获取与利用。相比语义，他更加关注语用，提出的"生态化"主要针对三个重要方面：一是关于内容的信息的逐步累积；二是关注终端应用（end-use），即真实用户如何使用内容的信息；三是基于目标的应用，即信息只在最终的应用情境中被解释。随着

---

① 于世华：《教学内容的生态化设计》，《天津师范大学学报》（基础教育版）2006 年第 2 期。

② 聂颖：《浅谈物理教学内容的生态化设计》，《数理化学习》（教育理论版）2012 年第 9 期。

③ McCalla, G., "The Ecological Approach to the Design of E-Learning Environments: Purpose-based Capture and Use of Information about Learners", *Journal of Interactive Media in Education*, No. 7, 2004, pp. 1–23. Special Issue on the Educational Semantic Web. < http: //www. jime. open. ac. uk/2004/7 >.

时间的持续，系统累积越来越多的信息。基于目标的决策机制类似生态系统中的"自然选择"，决定什么信息是有用的，什么信息是无用的。对于终端应用数据信息的获取，与传统的标准化对象范式不同，生态化的方法提供了一种更自然的获取方式。元数据就是学习模型，而不是来自标准本体的术语，学习者与学习对象的交互过程中，元数据会自动添加，这样就能够获取终端应用数据，而无须人为添加初始的元数据。元数据并未被赋予初始意义，而是在特定目的或特定学习者的情境中被动态解释的，在不同的情境中可以代表不同的意义。生态化方法关注学习者参与技术支持的真实的学习活动来达到他们的目标，对目标的清晰表示有助于精确计算与目标相关的数据，从而使得基于特定目标的数据挖掘和聚类机制成为可能。这种生态化方法的特点在于：以学习者和他们的目标为中心，关注终端应用信息，关注情境（context），关注进化和适应等。学习者数量越多，这种方法会越有效果。

四 小结

生态学视角的研究越来越受到关注，"生态"一词在 e-Learning 领域应用十分频繁，但是大多仅停留在对"生态"表面的解释上，并没有深入地挖掘生态的深层内涵，更没有将生态有效地整合到 e-Learning 中，更谈不上将生态化的理念真正地落实到设计实践上。对于如何创设与形成网络学习生态，仍然没有相应的理论体系。本书恰恰从这个缝隙寻求突破，深入挖掘生态的理念与方法，以期将生态的理念真正地融入对网络学习环境概念、结构的理解上，并以此指导网络学习环境的设计实践。

第四节 网络学习环境发展脉络与现状分析

发展现状是从网络学习环境形态以及实践的角度来分析当前的发展特点以及存在的问题，从而为我们的研究定位提供实践参考。

一 人机关系视角的网络学习环境形态发展变化

网络学习环境的发展依赖社会的发展、信息技术的进步，它随着社会环境的变化而变化。从计算机与网络技术的发展历程可以洞见学习环境信息化形态的变化，我们将人与计算机看作"人机共生"的生态。从这个角度来看，人机关系经历了"多人一机""一人一机""多人多机""一人多机"的发展历程。① 学习环境形态随之发生变化，如表 2—5 所示。

表 2—5　　　　　　　　　学习环境的信息化生态发展历程

计算机与网络技术	人机关系	学习环境的信息化生态
大型机、通信网	多人一机	—
PC、MPC	一人一机	计算机辅助教与学 个别化教学系统
Internet	多人多机	远程教与学 网络学习环境
泛在网络	一人多机	泛在学习 泛在学习环境

（一）"多人一机"阶段

1946 年，世界上第一台计算机出现。1954 年，美国军方的半自动地面防空系统将远距离的雷达和测控器所探测到的信息，通过通信线路汇集到某个基地的一台 IBM 计算机上进行集中的信息处理，再将处理好的数据通过通信线路送回到各自的终端设备。这种以单个计算机为中心、面向终端设备的网络结构，实现主机系统和远程终端之间的数据通信，是计算机网络的雏形。这样的系统中除了一台中心计算机之外，其余终端不具备自主处理功能，此时的中心计算机仍是昂贵的大型机，利用分时办法使得许多用户同时共用一台机器，人机构成"多人一机"关系。这时候计算机网络刚刚发展，尚未用于教育领域，也就不存在网络学习环境。

————————————

① 祝智庭：《关于教育信息化的技术哲学观透视》，《华东师范大学学报》（教育科学版）1999 年第 2 期。

（二）"一人一机"阶段

20 世纪 50 年代中期，斯金纳发起程序教学运动。[①] 受程序教学的影响，计算机辅助教学逐渐发展起来。1959 年，第一个计算机辅助教学（CAI）系统诞生。20 世纪 70 年代，PC 机出现，人机构成"一人一机"关系，也有力推动了计算机辅助教学的发展。20 世纪 80 年代中后期，多媒体技术出现，多媒体个人计算机系统（MPC）用于教学，人机虽然仍是一对一的关系，但是多媒体技术极大地激发人的各种感官的潜在机能。这一时期，学习环境的典型形态是个别化教学系统，适合学习者的个别化学习，尚不具备网络互连的功能。

（三）"多人多机"阶段

1969 年，美国国防部高级研究计划局（Advanced Research Projects Agency，ARPA）提出将多个大学、公司和研究所的多台计算机互连的课题。当时的 ARPA 网只有 4 台计算机，到了 1972 年，发展到有 50 多家大学和研究所与 ARPA 网连接，1983 年入网计算机已经达到 100 多台。ARPA 网络中，通信双方都是具有自主能力的计算机，而不是终端机。进入 20 世纪 90 年代，Internet 的建立将分散在世界各地的计算机和网络连接起来，形成覆盖世界的大网络。许多人同时上网操作，共享许多联网计算机的硬件、软件以及信息资源，人机构成"多人多机"关系。这时候网络远程教育才真正开始发展起来，网络课程、网络教学平台等飞速发展，网络学习环境的形态逐步完善起来。

（四）"一人多机"阶段

泛在计算（ubiquitous computing），或称为普适计算（pervasive computing），或环境智能（ambient intelligence），最早由前 Xerox PARC 首席科学家马克·韦泽（Mark Weiser）在 20 世纪 80 年代后期提出，目前相应的产品正处于开发阶段。泛在计算的核心理念便是"为每个办公室每个人提供成百上千的无线计算设备"，人机将构成"一人多机"关系。泛在技术的理念就是实现任何人、任何时间、任何地点学习任何内容。在云计算技术的支持下，每位学习者拥有云端个人学习环境，这是对之前

---

① 尹俊华、庄榕霞、戴正南：《教育技术学导论》，高等教育出版社 2002 年版，第 21 页。

B2C、C2C 网络访问模式的彻底颠覆。这一技术的实现，将使学习时空变得更加灵活，学习活动方式变得更加多样、便捷。

二　功能视角的网络学习支撑环境的发展历史轨迹

从人机关系视角的网络学习环境形态的发展变化中，我们可以洞悉人机生态的发展与进化历程。从另一个角度来看，网络学习支撑环境功能设计的侧重点是不断变化的，从内容管理系统到学习管理系统，到学习内容管理系统、学习活动管理系统，再到通用网络新教学平台，逐步地朝着形成一个相对完整的网络教学支撑环境的方向发展。

（一）内容管理系统

内容管理系统（Content Management System，CMS）是指利用信息技术协助组织和个人实现数字内容的创建、储存、分享、应用、更新，并在企业个人、组织、业务、战略等诸方面产生价值的支撑工具的集合。在教育领域，它泛指各类教学资源库，功能仅限于资源管理。

（二）学习管理系统

学习管理系统（Learning Management System，LMS）源于培训自动化系统，侧重在网络上对学籍、教务、教学过程、行政事务等进行管理的平台。该系统的主要功能是记录学习者的学习历程，目的是简化对学习和培训进行管理的程序，帮助学习者自主安排学习过程，并提供与其他同伴交流的空间，管理者和教师可以通过 LMS 来了解学习者的学习情况，做出正确的决策。LMS 记录了学习者学习过程中的相关学习记录，以进行深层分析，进而了解每位学习者的学习状态及学习瓶颈，并依据分析结果给予学习者适合的学习方向及辅助。

（三）学习内容管理系统

学习内容管理系统（Learning Content Management System，LCMS）是 LMS 学习管理功能与 CMS 内容管理功能的集合。LCMS 是传统课件管理系统的发展版，旨在帮助设计、创建、发布和管理网络课件。LCMS 能够将网络课程划分成适当的学习对象（learning object）来管理，让学习资源能够重复利用，减少开发成本。学习对象可以依据学习者的需求，与其他学习对象搭配、组合成一套完整课程并通过学习管理系统进行发布。

（四）学习活动管理系统

学习活动管理系统（Learning Activities Management System，LAMS）的初衷在于以学习活动为载体集成，尽管学习对象在学习支持系统中非常重要，但是只有学习对象并不能构成有效的教学，必须将这些学习对象构成一定的结构，并和具体的学习行为和服务集成，而集成的最佳载体就是学习活动。在学习活动管理系统中，一系列经过详细规划的学习活动序列取代原来的学习对象，成为教师的设计对象和学生的学习对象。教师设计教学的过程，主要体现在对学习活动的设计上。[①]

（五）通用网络教学平台

通用网络教学平台则是在过去的集中学习系统基础上的进一步发展，集成了内容管理、活动管理、学习管理等系统的核心功能，全面地支持对整个学习过程与资源的管理、组织、分析、评价，形成一个相对完整的网络教学支撑环境。

通用网络教学平台也经历了逐步发展的过程。从教学交互的角度来说，网络学习平台最初是简单的第一代点播式教学平台，学习者随时随地点播音频、视频课件，查阅电子教案等教学内容，学习者和资源的交互占主导地位。随着技术的发展，第二代交互式教学平台发展起来，网络学习平台的交互功能逐渐增强，逐步集成视频会议系统、聊天工具、BSS 讨论系统、内部电子邮件系统，给学生提供学习导航、在线离线课程、答疑辅导、讨论、在线自测等服务，学习者与资源、学习伙伴、教师的交互都得到强化。随着 Web 2.0 的兴起，网络学习平台的社会化功能得以增强，第三代社会化教学平台得以迅速发展。利用智能化搜索引擎、RSS 聚合、Blog（利用评论、留言、引用通告功能）、Wiki 以及其他社会性软件等工具，学习者可以建立起属于自己的学习网络，包括资源网络、伙伴网络。学习网络处于不断的增进和优化状态，从而支持集体智慧的分享与创造。从教学模式的角

---

① 曹晓明：《中小学教师教育技术能力培训支撑环境的建模和开发研究》，博士学位论文，北京师范大学，2006 年。

度来说，网络学习平台从支持单一的教授型教学模式，发展到支持协作活动、研究型活动等多元教学模式。

三　国内外典型的网络学习环境/平台比较分析

当前，国内外有许多网络教学平台，严格来说，许多平台称不上是环境，因为它们大多仅是作为发布资源和提交作业的简单功能平台，但可将其视作网络学习环境的"不成熟形态"。

从网络学习平台的教育目的层面来说，它既有面向正式学习的，又有面向非正式学习的；面向正式学习层面的平台既有面向学历教育的，也有面向非学历教育的。从教育对象层面来说，它有面向中小学生的，也有面向大学生、研究生、自考生的，还有面向社会工作人员的，等等。从教学内容的层面来看，有面向正规学历教育课程的，也有面向非正规学历教育课程的，还有针对职业技能培训的，等等。也就是说，网络学习平台是纷繁多样的。在书中，我们主要关注面向正式学习的，以课程为单位进行组织的，学习者为成人（如大学生、研究生、自考生等），可以是高等院校混合教学中应用网络教学平台的状况，也可以是网络教育学院应用网络教学平台教学的情况，还可以是像 MOOCs 这种由某个教育机构开展的、以课程为组织单位的、面向高等院校的平台。

（一）平台选取及简介

综合以上考虑，依据服务功能定位，将平台分为五大类型：面向广播电视大学的平台、网络教育学院教学平台、远程教育公共服务平台、MOOC 平台、高校辅助教学平台，并选取相应类型的国内外典型平台，共 10 个，各平台简介如表 2—6 所示。

（二）基于"修订版 Edutools"的平台功能比较

Edutool 曾是国际著名的网络教学平台评估网站，目前已经关闭，对于网络教学平台的最新评价指标是 2006 年的版本。清华大学韩锡斌教授等人于 2014 年结合网络学习平台的最新发展动态，对 Edutools（2006）的指标进行补充调整，得出如表 2—7 所示的网络教学平台评价指标休

表2—6   国内外典型网络学习平台简介

类型	典型平台	平台简介
广播电视大学	电大在线	电大在线远程教学平台是根据从中央到地方各级电大教学及教学管理需求开发的，旨在向电大学生提供丰富的教学资源和完善的学习支持服务。平台目前已发展成为集用户管理、课程及资源管理、在线辅导、在线作业、在线测评、多媒体课件点播、网络会议、网上实验、教学过程监控等功能为一体的平台
远程教育公共服务	奥鹏教育	2002年由中央电大和电大在线远程教育技术有限公司共同组建的，旨在建设第三方的中央电大公共服务体系，由远程教育中心、学习中心和管理中心组成
网络教育学院	北京外国语大学网络教育学院	网络教育学院是在教育部批准的全国部分高校试点的在线学历教育和非学历教育的平台，主要面向从业人员的继续教育
MOOC平台	Coursera[1]	MOOCs是大规模在线开放课程的简称，这三大平台是国外MOOC平台的典型代表。平台课程全部由世界知名高校制作，免费面向全世界开放，任何感兴趣的学习者均可以注册课程，因此，通常每门课程的学生数量巨大。课程尚无完备的认证机制，也尚属于非正规的学习
	Udacity[2]	
	edX[3]	
高校辅助教学平台	Black Board[4]	Black Board（简称BB）教学平台由美国康奈尔大学计算机系的教师研发，1998年成为Black Board公司的主营业务。经过十多年的发展，BB已经成为全球用户数最多的商业网络教学平台，主要包括教学传递系统、网络学习社区、内容管理系统和学生评价系统四个核心模块[5]
	Moodle[6]	Moodle（Modular Object-Oriented Dynamic Learning Environment，模块化面向对象的动态学习环境）是由澳大利亚Martin Dougiamas开发的，是完全免费的开源网络教学软件
	Sakai[7]	Sakai是2004年由美国斯坦福大学、密歇根大学、印第安纳大学和麻省理工学院合作发起的一项开源内容管理系统计划，主要致力于技术促进教学和学习科学研究

续表

类型	典型平台	平台简介
高校辅助教学平台	清华教育在线⑧	清华教育在线（THEOL）平台是 1999 年开始由清华大学教育技术研究所研发，目前已经在全国近 400 所院校应用，平均每天有 100 余万师生登录使用，核心模块包括通用网络教学平台、研究型教学平台、精品课程建设与评审平台、资源中心管理系统、课程资源共享联盟支持平台、教学管理系统、教学评价系统等

资料来源：①https：//www. coursera. org/.

②https：//www. udacity. com/.

③https：//www. edX. org/.

④Wikipedia. Blackboard Inc. http：//en. wikipedia. org/wiki/Blackboard_Inc，2013 – 08 – 27.

⑤转引自韩锡斌、葛文双《MOOC 平台与典型网络教学平台的比较研究》，《中国电化教育》2014 年第 1 期。

⑥Moodle. http：//docs. moodle. org/25/en/About_Moodle.

⑦Sakai. http：//www. sakaiproject. org/about-sakai.

⑧清华大学教育技术研究所：清华教育在线创新应用模式，http：//tnet1. theti. org/evaluate/infoSingleArticle. do？articleId = 1065&columnId = 1022。

系。① 体系涉及 3 个一级维度、10 个二级维度、42 个三级指标。Edutools 网站还提供了 169 条具体的评价细则。在本书中，我们暂时不考虑系统技术特征这个一级维度，仅考虑学习管理工具维度和系统支持工具维度。

表 2—7　　　　　　　　网络教学平台评价指标体系

一级维度	二级维度	三级指标
学生管理工具	效能工具	书签
		日历/任务
		导航和帮助
		课内检索
		异步/同步
	交流工具	讨论区
		文件交换

① 韩锡斌、葛文双：《MOOC 平台与典型网络教学平台的比较研究》，《中国电化教育》2014 年第 1 期。

续表

一级维度	二级维度	三级指标
学生管理工具	交流工具	课程邮件
		日志笔记
		实时聊天
		视频服务
		电子白板
	学生参与工具	分组
		自评互评
		学生社区
		学生档案
系统支持工具	课程设计工具	内容共享/复用
		课程模板
		课组管理
		定制外观
		教学设计工具
		教学标准兼容
		自动测试评分
	课程发布工具	课程管理
		教师帮助
		在线打分工具
		学生跟踪
		身份认证
	课程管理工具	课程权限设置
		托管服务
		注册系统
	硬件/软件	服务器、数据库与浏览器要求
		服务软件
		移动服务支持
	安全/性能	用户登录安全和访问速度
		错误预防与报告
	兼容/整合	国际化/本土化
		API

续表

一级维度	二级维度	三级指标
系统技术特征	兼容/整合	第三方软件整合
		数字校园兼容
	定价/许可	公司、版本、成本
		源码与附加产品

参考这些标准，我们对所选取的 10 个平台进行比较和分析，平台在学习管理工具和系统支持工具维度上的比较如表 2—8 所示。通过对这些平台的比较与分析，以期发现当前网络学习环境平台的发展现状、特点与趋势。从表 2—8 中可以看出，从效能工具上看，在书签的提供上，平

表 2—8　　国内外典型平台在学习管理工具和系统支持工具维度上的比较

维度	指标	电大	奥鹏	网院	Coursera	Udacity	edX	BB	THEOL	Moodle	Sakai
效能工具	书签	无			无			无		有社会化书签	
	日历	有			无			有			
	导航帮助	有，基于功能模块的			基于知识单元的导航，有帮助文件			基于功能模块的导航		基于知识单元和功能模块的导航	
	课内检索	有			支持关键字检索		无	支持按分类、标题和关键词搜索			
	异步/同步	支持同步异步学习，但不支持脱机作业			支持同步学习和脱机作业						
维度	指标	电大	奥鹏	网院	Coursera	Udacity	edX	BB	THEOL	Moodle	Sakai
交流工具	讨论区	有			有知识点讨论区和课程讨论区			课程讨论区		有知识点讨论区和课程讨论区	
	文件交换	不支持			不支持	基于 wiki 的笔记	不支持	支持			
	课程邮件	站内信			支持平台注册的外部邮箱			支持外部邮箱和内部邮箱			
	日志笔记	可以做笔记			无			有			

续表

维度	指标	电大	奥鹏	网院	Coursera	Udacity	edX	BB	THEOL	Moodle	Sakai
交流工具	实时聊天	有，第三方			无			第三方聊天室		系统自身聊天室	
	视频服务	有相关软件			无			提过第三方视频插件集成			
	电子白板	有			无			功能较强	借助第三方实现	需要安装第三方插件或进行二次开发	
维度	指标	电大	奥鹏	网院	Coursera	Udacity	edX	BB	THEOL	Moodle	Sakai
学生参与工具	分组	有，可视小组			无			支持作业分组	支持作业和研究型学习分组	支持作业分组	
	自评互评	有			同伴互评			无	支持研究型学习的自评互评	无	
	学生社区	有			无	自建Wiki工具	无	系统本身自建的学习社区或课程博客			
	学生档案	有			视频和测试进度与完成标志	课程进度的简单显示	测试完成标记	基于学习者学习情况的档案		对学习者学习情况的跟踪	独有的电子档案袋管理工具
维度	指标	电大	奥鹏	网院	Coursera	Udacity	edX	BB	THEOL	Moodle	Sakai
课程设计工具	内容共享	可以			不对外共享			好		较好	
	课程模板	有			需要设计开发和定制			系统提供模板支持，应用性强			
	课组管理	有			无			课内支持分组管理			

续表

维度	指标	电大	奥鹏	网院	Coursera	Udacity	edX	BB	THEOL	Moodle	Sakai
课程设计工具	定制外观	有			无			课程界面设置	有多种模板可供定制	课程界面设置	
	教学设计工具	有			给教师提供的少			功能强大,操作简便			
	教学标准兼容	有			IMS、SCORM			IMS,SCORM	CELTSC	SCORM	IMS,SCORM

维度	指标	电大	奥鹏	网院	Coursera	Udacity	edX	BB	THEOL	Moodle	Sakai
课程发布工具	自动测试评分	有,功能一般			功能强大完善			功能强大		功能完善	
	课程管理	有			给教师提供的少			基于教师角色的课程管理		多用户强大的课程管理	
	教师帮助	有			教师不直接参与答疑和指导			讨论答疑区、常见问题		讨论答疑区	
	在线打分	有,支持客观题自动打分			支持系统自动评分,不支持教师在线打分			较强的评分和成绩反馈支持		较强的评分和成绩反馈支持	
	学生跟踪	有,功能一般			功能一般			功能好		功能一般	

维度	指标	电大	奥鹏	网院	Coursera	Udacity	edX	BB	THEOL	Moodle	Sakai
课程管理工具	身份认证	有			注册认证登录			注册认证登录		允许访客浏览课程,注册认证登录	
	课程权限设置	有			管理员为教师和学生设置不同的权限			系统为教师和学生设置多种不同权限身份,参与不同权限活动			
	托管服务	无			自己维护平台服务			主机服务+公司托管		主机服务	主机服务与托管

续表

维度	指标	电大	奥鹏	网院	Coursera	Udacity	edX	BB	THEOL	Moodle	Sakai
课程管理工具	注册系统	有			通过平台用户自己注册			系统控制添加用户注册		E-mail 注册、系统手动添加用户注册或第三方社交账户注册	

台之间差异较大，大部分平台没有提供这个功能；从交流工具上看，MOOCs 的三大平台比其他平台都显得弱势，它们只有简单的讨论区功能，而日志笔记、实时聊天、视频服务、电子白板则都没有，而其他平台却大多能提供这些功能；从学生参与工具上看，清华在线平台的功能最为完善和强大，对于分组和互评的支持都很好，MOOC 平台不支持分组，但支持同伴互评作业。在学生档案方面，Sakai 平台最为完善，提供独立的电子档案袋工具（open source portfolio），MOOC 平台则只有最简单的功能。

从课程设计工具上看，MOOC 平台为教师提供的课程写作工具很少，它的制作和发布依赖专业团队的支持，其他平台则都提供了相对应的课程设计工具，只有 MOOC 平台不支持内容的共享复用。MOOC 平台的课程模板不是教师所能直接选取和设计的，而是需要根据课程需求进行单独定制，其余平台中，教师都可以进行选择和创建课程模板。课程发布工具上，MOOC 平台有着最为突出的自动测试评分功能，这也是适应此平台人数众多、难以手动批阅的方式而诞生的。在 MOOC 平台上，教师不会直接指导学生学习，也不支持教师的在线手动评分。学生跟踪方面，清华在线和 BB 平台都有着许多内置的学习分析工具来支持和统计学习者的学习情况，并为学习者提供相应的反馈。

整体上看，诞生最晚但产生着最大影响力的 MOOC 平台，在功能上远不及其他平台。在对交互的支持上，MOOC 不能支持师生的直接交互，交互则最为集中地体现在社区中学生之间的自组织交互上。MOOC 平台实现脱离教师的评价功能，采用自动评价和同伴互评的方式。而且，MOOC 平台上的课程一般会融合利用 Facebook 和 Twitter 等工具进行社会化交互，体现混搭的使用特征。

四　小结

网络学习环境整体发展处于一个变革的阶段。由于云计算技术、人工智能技术的发展，网络学习环境正在朝着实现更加"人化"的教与学的方向努力，而不仅仅是过去的"工具化"的教与学。

（一）网络学习环境的发展现状与特征

从简单的学习资源库到学习管理系统，再到学习内容管理系统、学习活动管理系统，再到通用网络教学平台，典型的网络教学平台在前期过于重视各种功能的完善与堆叠，形成完善的功能，却并未真正地将在线教育的价值彰显出来。

（1）各种网络教学平台的功能和形式越来越同质化，功能在工具低层次徘徊，并不能够弹性地适应新技术的发展和新型教学理念的发展。

（2）MOOC平台则放大了在线教育的免费开放特征，并尝试以还原真实课堂的方式进行全方位改造，功能不全面，但内容却是精益求精，吸引了全世界各地的巨量学习者的参与。

（二）网络学习环境发展存在的问题

当前网络学习环境存在不够个性化、主线不清晰、模块化所造成的学习空间割裂等诸多问题，从生态的角度来说，将其概括为以下两点。

（1）就目前的网络教学平台来看，它没有形成一个真正的学习者依赖的学习环境。在各种教学功能的实现上，技术的发展越来越能够更好地支持各种教学功能的实现，平台正在朝着功能越来越完善的方向发展。但是，教师与学习者仍然仅仅体会到它的"工具性"，很难融入学习环境，由此，环境不能够因为学习者的积极参与而"活"起来。环境能够"活"起来，最根本的仍然是依靠平台上的资源以及在平台上所开展的活动。然而，当前依托平台的活动与资源仍然不能够恰当地满足学习者的学习需要，因此无法长期可持续地吸引学习者参与其中。

（2）网络课程和学习管理系统都在朝着成为一个真正的网络学习环境的方向发展，致力于为用户提供良好的教与学的体验。然而，很多平台离实现这一目标还有相当的差距，表现在平台访问速度低、教学平台活动设计单一、学习者无法获得良好的用户体验等。

（三） 网络学习环境的未来发展趋势

随着越来越凸显联通特性的技术与学习理念的发展，网络学习环境正在朝着更为整合化、泛在化、智慧化、个性化和人性化的方向发展。

● 整合化：混搭多种工具、多种媒体形式，具备更加完善的、一体化的教学功能，为学习者提供整合的学习空间。

● 泛在化：泛在计算技术的发展，使得环境能够更好地支持以随时随地学习为特征的泛在学习，支持基于平板、手机等移动终端的移动学习，支持教育机构的正式学习与工作和生活场所的非正式学习无缝连接等。

● 智慧化：随着人工智能技术的发展，环境的学习能力增强，使得环境的"智慧"增加，其本身具备与学习者进行交互与通信的能力。

● 个性化：随着大数据的产生以及与之同时发展起来的教育数据挖掘和学习分析技术的兴起，学习环境能够根据学习者的技术使用特征、访问路径、网络使用习惯等变量确定他的特征，并据此提供相应的内容、活动以及评价方面的反馈。

● 人性化：环境不仅仅注重功能的实现，更加注重教师与学习者的用户体验。这是一种根本理念的变化，从工具化到人化，从简单的功能实现到全新的服务设计，从而使得技术发挥出巨大的优势，带给教师和学习者深度的、优化的活动体验。

第五节　总结

国内网络学习环境的研究当前处于初级阶段，基础性、本土化的基本理论研究欠缺。基础性的理论研究在任何一个研究领域都是非常必要的。网络学习环境设计的基础理论研究，一方面可以为环境的设计、构建与应用提供指导；另一方面，可以促进该领域逐步走向成熟。本土化的研究有助于解决我国当前网络教与学存在的问题，使网络学习环境能够弥补当前传统教育教学存在的缺陷，使其作用得到最大化的发挥。

众多研究者认为网络学习环境不同于传统的学习环境，因其依赖网络、多媒体、通信等技术，但是真正的不同不仅仅在于技术，而在于教与学方式的真正变革。技术如何被更好地应用，即网络学习环境本身的设计思想以及其中的学习模式的研究才是最重要的，才是能够促进该领域发展的核心。

　　网络学习环境下的教与学，是一种不同于传统教学的社会实践，这种实践是依赖网络学习环境的硬件平台、资源以及教与学活动的开展。这些都离不开设计，其应用过程研究与效果检验也离不开实证。

第 三 章

研究定位、逻辑与研究设计

本章旨在对研究逻辑和核心问题进行界定，并对研究思路与方法进行规划。首先，对网络学习环境这一学术概念进行界定；其次，将本书试图构建的理论框架定位于设计理论、实践框架；再次，本书框架遵循贯一设计的原则与方法，有着协调一致的理论基础，包括哲学基础、生态学基础、心理学基础、学习论基础，都统一在生态主义的认识论框架之下，细致地分析这些理论基础及其对相关研究的指导作用；最后，在以上对环环相扣的理论基础推演的基础上，对生态化提出几点约束性规定。这些共同决定着本书的研究逻辑、研究子问题、研究思路与方法。

第一节　网络学习环境：复杂统一体

本部分首先总结了国内外学者对学习环境、网络学习环境的界定，并在对站点/平台、空间、系统三者与环境的概念对比中进一步厘定网络学习环境的概念。

一　多维视角的网络学习环境界定

学习环境是和教与学活动的开展相伴相生的，其历史与教育的历史一样久远。但是，学习环境的研究热潮却是 20 世纪 80 年代随着建构主义学习理论的流行和信息技术的快速发展而掀起的。我们已经对学习环境研究的历史与逻辑进行了梳理，接着同样采用文献研究的方法，在对学习环境这一术语的定义进行梳理总结的基础上，提出本书对网络学习环境的理解。表 3—1 和表 3—2 分别为学习环境和网络学习环境的定义汇总。需要说明的是，首先，在学习环境研究的历史过程中出现的多种称谓，如教育环境、学校环境、班级环境、教学环境等，实际上指代的意义相同——学习环境，只是在不同的哲学指导范式下看待学习环境的角度不同，环境的范围也有所区分，我们在梳理过程中对这些称谓不做区分。其次，和网络学习环境同义或近义的表达方式更多，这个术语通常涉及三个维度：技术维度、教学维度、功能定位，如表3—3所示。根据这三个维度，甚至可以出现 $10 \times 3 \times 6$ 种（甚至更多）不同的称谓。在这些称谓中，数字化（digital）和电子（electric，e-Learning）是最为宽泛的，涵盖各种技术支持的 e-Learning 环境。远程学习环境则包括网络学习环境，因为现在提到的网络学习环境中的"网络"一般仅指互联网 Internet，而远程学习环境通常会包括依托广播电视网络而构建的学习环境。虚拟学习环境（VLE）更多地关注基于虚拟现实技术、3D 技术建立的学习环境。泛在学习环境、移动学习环境、智慧学习环境则属于网络学习环境的特殊形态。混合学习环境强调面对面环境与网络环境的结合。最后，对网络学习环境的英文称谓，如 online learning environment、Internet-based learning environment、Web-based learning environment、network learning environment、Web-supported learning environment，都作为我们文献调研的范畴。

表3—1 　　　　　　　　学习环境的概念汇总

提出者	概念描述
Knirk F. G., 1979[①]	教学环境是由学校建筑、课堂、图书馆、实验室、操场以及家庭中的学习区域所组成的学习场所[②]
Brent G. Wilson, 1995[③]	学习环境至少包含两方面的要素：一是学习者；二是学习者进行使用工具和设备、收集和解释信息、与其他人交互等活动的环境（setting）或空间（space）。他同时定义了建构主义学习环境的三个特征：一是学习者共同学习和相互支持的场所（place）；二是学习者使用大量的工具和信息资源；三是学习者进行达成学习目标和问题解决的活动。建构主义学习环境指，"学习者在追求学习目标和问题解决的活动中可以使用多样的工具和信息资源，并相互合作和支持的场所"

续表

提出者	概念描述
朱晓鸽，1996[④]	学习环境指的是一种面对面发生在学生与学习资源交流的学习过程
Kirschner，1997[⑤]	学习环境是学习者能找到充分的信息资料和教学辅助手段的地方，借助学习环境，学习者能够有机会根据自身的情况及其与他人的关系构建定向基础，决定他们将介入的目标与活动
Jonassen，1999[⑥]	学习环境是学习者共同体一起学习或相互支持的空间，学习者控制学习活动，并且运用信息资源和知识建构工具来解决问题
Thomas & Saye，2000[⑦]	学习环境是为学习者发挥主体性学习角色提供充裕的机会和支持性的条件
卢锋、吴伟敏，2001[⑧]	学习环境应该不只是指学习者可以在其中进行自由探索和自主学习的场所，而且指学习者与教学材料、支持系统之间进行交流的过程中所形成的氛围
武法提，2000[⑨]	学习环境是学习活动展开过程中赖以持续的情况和条件。"情况"是学习活动的起点和某一时刻的状态，"条件"则是学习活动继续进行的保证。学习环境中的"条件"，包括物质条件和非物质条件，物质条件主要指学习资源，非物质条件包括我们常说的学习氛围、学习者的动机状态、人际关系，此外还包括系统采用的教学模式和教学策略
何克抗、李文光，2002[⑩]	学习环境是学习资源和人际关系的组合。学习资源包括学习材料（即信息）、帮助学习者学习的认知工具（获取、加工、保存信息的工具）、学习空间（比如教室或虚拟网上学校）等。人际关系包括学生之间的人际交往和师生人际交往
Norton & Wiburg，2002[⑪]	学习环境应包括物理、知识和情感三个方面，即进行教学的物理空间（物理环境）、支持学习目标的软件、工具（知识环境）和与学习结果一致的体现适合学生的正确的价值氛围（情感环境）[⑫]
黄甫全，2002[⑬]	学习环境就是影响人的学习生命存在及其活动的各种文化因素的综合
陈琦、张建伟，2003[⑭]	学习环境是指学习者在学习过程中可能与之发生相互作用的周围因素及其组合，它包括学习者可能要利用的内容资源、技术工具，也包括可能会发生交往关系的人，如教师、同学等，还包括作为学习活动的一般背景的物理情境和社会心理情境

续表

提出者	概念描述
钟志贤，2005[15]	所谓学习环境是指促进学习者发展的各种支持性条件的统合。促进学习者发展规定了学习环境存在创设的指向或意义；各种支持性条件包括各种资源工具、人、活动、师生关系等要件；统合说明了围绕学习者发展将各种支持性条件实现统整的可能性和必要性
Feng Wang & Hannafin，2005[16]	学习环境是基于技术的教与学的系统，在此系统中，学生通常通过教师、学习支持工具以及技术化的资源来掌握知识和技能

资料来源：①Frederick G. Knirk，*Designing Productive Learning Environments*，N. J.：Educational Technology Publications，Inc.，1979.

②转引自田慧生《教学环境论》，教育科学出版社 1996 年版，第 5 页。

③Wilson，B. G.，"Metaphors for Instruction：Why We Talk about Learning Environments"，*Educational Technology*，Vol. 35，No. 5，1995，pp. 25 – 30.

④朱晓鸽：《论学习环境设计》，《中国电化教育》1996 年第 7 期。

⑤ ［荷兰］Kirschner，P.：《旨在获得学习能力和专业能力的学习环境设计》，盛群力、沈敏译，《远程教育杂志》2004 年第 4 期。

⑥Jonassen，D.，K. Peek，B. Wilson，*Learning with Technology：A Constructivist Perspective*，Merrill，1999.

⑦B. Thomas，J. Saye.，"Implementation and Evaluation of a Student-Centered Learning Unit：A Case Study"，*ETR & D*，Vol. 48，No. 3，2000，p. 79.

⑧卢锋、吴伟敏：《网络学习环境的特征与设计》，《中国远程教育》2001 年第 7 期。

⑨武法提：《基于 WEB 的学习环境设计》，《电化教育研究》2000 年第 4 期。

⑩何克抗、李文光：《教育技术学》，北京师范大学出版社 2002 年版，第 187 页。

⑪ ［美］Priscilal Norton、Karni M. Wiburg：《信息技术与教学创新》，吴洪健、倪男奇译，中国轻工业出版社 2002 年版。

⑫转引自王静《美国网络学习环境的研究》，硕士学位论文，华东师范大学，2005 年。

⑬黄甫全：《当代教学环境的实质与类型新探：文化哲学的分析》，《西北师大学报》（社会科学版）2002 年第 9 期。

⑭陈琦、张建伟：《信息时代的整合性学习模型——信息技术整合于教学的生态观诠释》，《北京大学教育评论》2003 年第 3 期。

⑮钟志贤：《论学习环境设计》，《电化教育研究》2005 年第 7 期。

⑯Feng Wang，Michael J. Hannafin，"Design-Based Research and Technology-Enhanced Learning Environments"，*ETR&D*，Vol. 53，No. 4，2005，pp. 5 – 23.

表 3—2　　　　　　　　　　　　网络学习环境概念汇总

提出者	概念描述
李立新，2002[①]	网络学习环境包括网络技术平台、网络学习资源、网上学习社区等一切网络学习系统赖以存在和发展的全部外部条件
任为民，2002[②]	远程教育中的网络学习环境包括：适应各地使用的信息传输网络（计算机、电信和数字卫星网络）、完备的教学平台与丰富的教学资源以及完善的学习支持服务体系
肖健宇，2002[③]	基于 Web 的学习环境（WBLE）指的是一种教育网站，它是教育工作者（或机构）利用 Web 技术（信息管理、信息通信及信息创建工具）来实现教育理念，达到教育目的
Tolboom，2003[④]	网络学习环境是指在使用互联网的过程中，用来支持、组织学习过程和促进学习交流活动的硬件、软件与教育内容的统一体
李盛聪、杨艳，2006[⑤]	网络学习环境是指基于网络平台的（包括计算机、电信、卫星电视网络相融合的综合传输系统），以学习者为中心的，支持其学习活动的显性与隐性因素的总和。显性环境由处于学习个体周围的、可见的一切物质要素构成，是一种物化环境，包括学习者周围的空气、噪音、光线等自然性要素，也包括网络、计算机、远程学习系统、学习资源库等可见的有形的人为性要素。隐性环境则是指影响学习的无形环境，包括学习者个体的观念、学习动机、情感、意志等心理因素，人际交互（包括自我交互）以及蕴含在学习活动中的教学策略、学习策略等
朱惠娟，2009[⑥]	网络学习环境可以理解为在网络技术条件支持下，利用各种移动终端设备，以学习者为中心，由网络学习资源、网上学习工具、交流协作通道、虚拟学习共同体和在线评价手段等要素所构成的特定的学习环境系统
谢幼如、尹睿，2010[⑦]	根据黄甫全的学习环境的文化定义，网络学习环境是指借助计算机和网络技术影响学生的学习生命存在及其活动的各种文化因素的总和。由于网络具有信息高度共享、信息传输快捷化、信息处理智能化等强大优势，网络学习环境的"文化性"表现在：创新的终身学习体系与学习型组织体系、开放的多层次协作文化以及包容的多元学习价值观

续表

提出者	概念描述
美国的信息技术网站 WhatIs. com，2011[⑧]	虚拟学习环境是一系列教学和学习的工具的集合，通过这些工具在学习过程中引入计算机和网络来强化学生的学习体验。虚拟学习环境的基本要素包括课程规划、学生跟踪、对教师和学生的在线支持、在线交流（E-mail、在线讨论、聊天、网络出版）和链接到外界的课程资源
黄荣怀、杨俊锋、胡永斌，2012[⑨]	智慧学习环境是一种能感知学习情境、识别学习者特征、提供合适的学习资源与便利的互动工具、自动记录学习过程和评测学习成果，以促进学习者有效学习的学习场所或活动空间

资料来源：①李立新：《网络学习环境与学习者》，《中国远程教育》2002 年第 9 期。

②任为民：《电大网络学习环境的建设》，《现代远程教育研究》2002 年第 3 期。

③肖健宇：《基于 Web 学习环境的现状与发展方向》，《中国电化教育》2002 年第 2 期。

④Jos Tolboom，"How to Organize a Digital Learning Environment：From Technology to Use"，http：//www. academia. edu/871442/How_to_organize_a_digital_learning_environment_from_technology_to_use，2003/2012 - 11 - 02.

⑤李盛聪、杨艳：《网络学习环境的构成要素及特征分析》，《电化教育研究》2006 年第 7 期。

⑥朱惠娟：《云计算及其在网络学习环境构建中的应用初探》，《中国电化教育》2009 年第 4 期。

⑦谢幼如、尹睿：《网络教学设计与评价》，北京师范大学出版社 2010 年版，第 197 页。

⑧Virtual Learning Environment（VLE）or Managed Learning Environment（MLE），http：//whatis. techtarget. com/definition/virtual-learning-environment-VLE-or-managed-learning-environment-MLE，2011 - 03/2012 - 11 - 2.

⑨黄荣怀、杨俊锋、胡永斌：《从数字学习环境到智慧学习环境——学习环境的变革与趋势》，《开放教育研究》2012 年第 1 期。

表 3—3　　　　　网络学习环境相关术语的表述维度

技术维度	教学维度	功能定位
在线/网上/（online，Internet-based）	学习（learning）	环境（environment）
网络（metworked，web-based/supported）	教学（teaching）	系统（system）

续表

技术维度	教学维度	功能定位
远程（distance）	教育（educational）	社区（community）
数字化（digital）		空间（space）
电子（electric，e-Learning）		平台（platform）
虚拟（virtual）		课程（course）
泛在（ubiquitous，U-Learning）		
移动（mobile，M-Learning）		
智慧（intelligent，smart）		
混合（blended）		

二　关键词辨析

综观上述国内外学者对网络学习环境的界定，对于网络学习环境的定位，研究者有多种认识：站点、平台、学习场所、活动空间、工具的集合、各种因素的集合、全部条件的集合、统一体、系统等。为了清晰给出对网络学习环境的界定，我们首先辨析几组概念。

（一）站点/平台与环境

站点/平台更多的是指静态搭建起来的、用于学习活动开展的场所，就如家居中的"房子"本身；环境更关注一种整体的影响，往往强调活动过程中各种要素如氛围等对学习者的影响，就如家居中各种装饰形成的风格、家庭中的和睦氛围。

（二）空间与环境

空间的本义是："在哲学上，与时间一起构成运动者的物质存在的两种基本形式。空间是指物质存在的广延性；时间是指物质运动过程的持续性和顺序性。空间和时间具有客观性，同运动着的物质不可分割。没有脱离物质运动的空间和时间，也没有不在空间和时间中运动着的物质。空间和时间是无限和有限的统一。就宇宙而言，空间无边无际，时间无始无终；而对各个具体事物来说，则是有限的。"[①] 空间是哲学层面的抽象概念，网络学习必然是在网络空间中开展的，网络学习环境更为具体，

---

① 夏征农：《辞海》（彩图缩印本），上海辞书出版社 1999 年版，第 1170 页。

但绝对脱离不了时间和空间。

（三）系统与环境

《辞海》中如此解释系统："自成体系的组织；相同或相类的事物按一定的秩序和内部联系组合而成的整体。在自然辩证法中，和要素相对。由若干相互联系和相互作用的要素组成的具有一定结构和功能的有机整体。按照不同的分类法，可将系统分为物质系统和抽象系统、人工系统与天然系统、动态系统与静态系统、封闭系统与开放系统等。始终一贯的条例、顺序，如系统化、系统学习等。"① 网络学习系统可以从技术层面来理解，也可以从教学层面来理解。从技术层面看，"网络学习系统＝网络学习平台"；从教学层面来理解，网络学习系统包含教与学的过程，包含学习活动等，"网络学习系统＝学习者＋网络学习环境"，涵盖整个网络教与学过程的全部要素。但是对于网络学习环境来说，它是离不开学习者的，我们将学习者与学习环境视为一个整体展开研究。从这个层面来说，网络学习环境与教学层面的网络学习系统的研究范畴是统一的。

三　对网络学习环境的界定

《不列颠百科全书》（*The Encyclopedia Britannica*）将环境定义为："作用于一个生物体或生态群落上并最终决定其形态和生存的物理、化学和生物等因素的综合体。"② 《辞海》对环境的解释为："环绕所辖的区域：周匝。指围绕人类的外部世界，是人类赖以生存和发展的社会和物质条件的综合体。"③ 从环境的本义来看，环境是一种条件/因素综合体，有着一定的作用对象、作用目的和作用过程。作用对象体现了环境所围绕的中心事物，中心事物不同，环境的范围也不相同；作用目的则体现了环境本身的功能性特征；作用过程则体现了环境的动态特征。综合以上种种分析，我们从环境本身、作用对象、作用目的、作用过程几方面对学习环境和网络学习环境的内涵进行界定。学习环境是作用于学习者并能够促进其学习

---

① 夏征农：《辞海》（彩图缩印本），上海辞书出版社 1999 年版，第 2300 页。

② 《不列颠百科全书》（国际中文版）（修订版），中国大百科全书出版社 2007 年版，第82 页。

③ 夏征农：《辞海》（彩图缩印本），上海辞书出版社 1999 年版，第 891 页。

的各种因素的综合体。网络学习环境是学习环境的一种，它的特殊性在于网络技术的融入。网络为学习者的学习创设了一种完全不同的空间，革新了学习者的学习方式，并使得环境作用于学习者的过程发生很大的变化。网络学习环境是网络学习平台及其承载的作用于学习者并用以"支持完整的教与学过程、促进学习者发展"的各种因素/条件的综合体/统一体。网络学习环境的作用对象是网络学习者；作用目的是支持学习过程，促进学习者发展；作用过程是学习者借助网络进行的学习活动。

（一）环境：复杂统一体

对环境本身的定位，网络学习环境是学习场所、活动空间、各种因素的集合、全部条件的集合、统一体；学习场所表明了网络学习环境的功能，空间则是学习活动开展所必需的，条件/要素的集合/统一体才是环境本身。同时，复杂统一体强调各种要素并不是简单地组合或叠加，它们之间存在复杂的非线性关系，都为形成一个统一的有机整体服务。

（二）作用对象：个体成人学习者

对于网络学习环境的作用对象定位，几乎所有的界定都认同学习者。这里的学习者既可以指个体，也可以指学习者共同体。在本书中，我们从个体学习者出发来考虑学习环境，其他学习者也作为环境的一部分。

从个体学习者的角度来说，个体学习者差异很大，针对不同年龄段的学习者，从小学生到中学生、大学生、研究生，以及继续教育的学习者，网络学习环境设计存在很大差异。本书主要针对本科生、研究生、继续教育的学生等成人学习者，他们能够更好地自我导向学习。

（三）作用目的：支持完整的教与学过程，促进学习者发展

对于网络学习环境的作用目的，研究者持有多种观点，如"支持学习者进行达成学习目标和问题解决的活动""用来支持、组织学习过程和促进学习交流活动""影响学生的学习生命存在及其活动""强化学生的学习体验""促进有意义学习""促进学习者有效学习""促进学习者发展"等；它们之间也存在一致性，实质就是"有利于/促进学习者的学习"。环境这一集合中，要素不是盲目设计的，也不是盲目组合的，要素及要素的统合有着共同的指向性，那便是"支持学习过程，促进学习者发展"。

我们研究的网络学习环境是能够支持完整的教与学过程的，因此，如果只是单纯的资源网站，它也能够从一定程度上支持学习者的学习，

但不作为我们的研究范畴。

（四）作用过程：技术支持的教与学

对于作用过程，网络学习环境是借助学习过程、学习活动对学习者产生影响的。环境中的各个要素在作用目的的导向下相互作用，协同工作，整合成一股统一的力量，促进学习者的发展。

（五）作用情境：多种类型

1. 正式学习与非正式学习

当前的网络学习环境多式多样，有面向正式学习的，也有面向非正式学习的。我们研究的是面向正式学习的网络学习环境。

2. 纯粹在线学习与混合式学习

面向正式学习的网络学习环境可以分为两种类型。

一种是用于纯粹的网络学习，学习资源的发布、学习活动的开展、学习支持服务的提供等都是借助网络学习平台进行的。网络学习是学生的主要学习方式，这种类型主要是指面向远程教育的，如网络教育学院等。当然，远程教育环境除了网络学习环境外，还包括以卫星广播和电视为传播手段的支撑环境。

另一种是用于混合式学习中，作为课堂面对面教学的辅助手段，现在大学以及中小学都有使用，只是面授和远程的比例有所不同。中小学课堂上，面对面学习仍然是其主要的学习方式，有些大学已经将远程作为主要的教学方式。

我们的研究侧重第一种类型，几乎没有面授，仅提供在线的环境与支持，对于第二种类型中高校将远程作为主要教学方式的情形也属于我们的研究范围。

第二节　理论框架：追求平衡与和谐的设计理论

本书旨在搭建网络学习环境生态化设计的理论框架。这套框架是涵盖设计思想、设计理论基础、设计原则、设计方法的系统化的设计理论，是一套实践框架而并非操作性流程，在框架的搭建过程中，尽可能地考虑平衡各种要素。

一　设计理论

设计理论本质上是规定性的，与描述性理论有很大区别。西蒙（Simon，1969）指出，描述性理论和设计理论的区别在于它们分别是"自然的科学"和"人为的科学"。设计理论旨在为实践者运用什么样的方法达到不同目标提供直接指导，而描述性理论则试图为由现象导致的结果提供一个深层理解。[①] 设计理论的提出有可能建立在描述性理论之上，也有可能完全从实践中总结而来。本书要做的设计理论既建立在描述性理论基础之上，又建立在对实践案例的分析总结之上，遵循"（理念——描述性理论）+实践总结——设计理论（如何设计，如何做，技术层面）"的研究逻辑。

二　实践框架而非操作性流程模型

已有的网络学习环境设计模型可以分为两大类，一类是设计实践框架，指明操作的指向以及考虑的要素，对设计实践有较强的指导力，但又不是具体的操作流程。如乔纳森的建构主义学习环境设计是以问题解决活动为主线，考虑如何围绕问题解决或项目完成来提供相应的支持，既是要素模型，也是设计模型，但并非直接指导实践操作的流程。汉纳芬、钟志贤的框架都属于这种类型。还有一类就是武法提教授提出的两个模型及闫寒冰的远程教学设计流程，这些是实用主义的框架，是直接指导具体操作的工程化的流程。由于这种流程化模型不能够将要素之间的复杂联系可视化，往往容易造成对网络学习环境设计线性化的理解，因此，我们倾向于建构前者——设计实践框架。

三　追求平衡与和谐

（一）技术与教学的平衡

网络学习环境发展到今天，它的可持续发展一直是困扰远程教育工作者的难题。如何在技术环境中更好地开展教学，又如何在教学过程中更好地应用技术，只有技术与教学有效地整合起来，并且在教师、学习

---

① 转引自［美］查尔斯·M. 赖格卢斯《教学设计的理论与模型：教学理论的新范式》（第2卷），裴新宁、郑太年、赵健译，教育科学出版社2011年版，第10—11页。

者形成的共同体中形成一种良好的生态，网络学习环境才能够更好地发挥它的作用（见图3—1）。

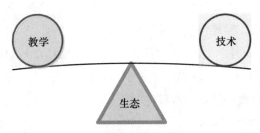

图3—1 平衡教学与技术的生态

网络学习环境生态化设计试图体现当前 Web X.0 时代新技术支持学习的新特性。这里更为关注新技术对于网络学习环境生态创设能够产生有效影响的角度，会参考已有研究者对新技术教育教学应用的探讨有选择性地加以思考，如微博、Twitter、Facebook、博客、Wiki 等。同时，在这些技术推动下产生的新的课程理念，如微课程、MOOCs 等，我们也会在设计框架中有所考虑。

（二）教与学的平衡

"教"的角色由控制转向促进、服务：无论是面对面学习环境还是网络学习环境，它们承担着"教"的角色，不同的是，在传统教学设计视域下，"教"的角色意味着控制；而在学习环境的视域下，"教"的角色更多地体现为促进和服务，旨在使学习者自主控制学习过程。在社会化媒体的支持下，学习者构建个人学习环境已经成为在线学习的重要方式。

传统教学设计仅设计"教"，对教学过程中的社会关系关注较少，设计基于角色分明的"师—生"关系。网络学习环境则为创设民主的互动氛围创造了条件。学习共同体中，学科专家、助学者、同伴与学习者之间的互动在网络学习环境中扮演着重要角色。

（三）预设与生成的平衡

对教与学过程中具体要素预设得越具体，就意味着变化的弹性越小。教学设计预设的成分多，形成教对学的控制，学习者的自由度较小，课堂交互过程中的生成性内容往往不能被利用起来。学习环境设计并不是完全没有预设，也不一定是减少预设，而是在预设的理念上有所变化。

并非所有的要素都要有清晰明确的预设。首先，目标是必须有预设的，作为一种教育环境，我们设计的目的就是要人为地对学习者产生影响。我们对学习者是有预期的，这种预期通常是指向学习者更好地发展。其次，任何社会活动都是有一定规则的，学习活动规则是必须有预设的，这主要涉及一些操作方法以及最终的评价规则。这些规则用于规范和约束学习者的学习行为。最后，预设的学习资源要有丰富的内容和形式，例如，可以包括与所学习内容相关的背景知识，同一课程可以以多种媒体形式呈现等，提供的学习工具也要丰富多样，这样才能给学习者留有选择的空间和余地。除了预设的学习资源外，当前生成性资源也逐渐成为知识的重要来源。学习资源、工具的选择与使用是灵活的，活动的参与是灵活的，学习者达成预设的目标不一定是其唯一目的，丰富、灵活、开放的学习环境同样有助于学习者追求自己的个性化学习目标。

（四）情感目标与知识目标并重

促进个体的身心健康发展是当今教育界的共识，这就要求教育不仅仅是传授知识，更应当关注学生情感、态度、价值观的培养。网络学习环境的研究是立足于满足教育需求，这是其研究的落脚点。网络学习环境的根本目的是创设促进学生个性化发展的环境，而绝不仅仅是提供学习者学习知识与技能的场所。

第三节　理论基础：贯一设计[①]

理论基础是设计理论的基石，几乎每一个网络学习环境设计模型都有其背后的心理学基础、教学论基础、技术基础、文化基础和实用基础的支撑。本书遵循贯一设计的原则，有着协调一致的理论基础。

贯一设计是"建立在已有的人类学习理论和研究基础上的过程和程序的系统执行"[②]。贯一方法强调核心基础和假设的精致协调，强

---

① ［美］戴维·H. 乔纳森：《学习环境的理论基础》，郑太年、任友群译，华东师范大学出版社 2002 年版，第 2—5 页。

② Hannafin, M. J., Hannafin, K. M., Land, S. M., & Oliver, K., "Grounded Practice and the Design of Constructivist Learning Environments", *Educational Technology Research and Development*, Vol. 45, No. 3, 1997, pp. 101 – 117.

调方法与手段以与其认识论一致的方式相联系。贯一设计并不提倡和假设某种特定的认识论和方法论对设计具有内在的优先权，而是提供一个框架，将不同的设计实践和相关思想系统的基本信条融合在一起。贯一设计要求同时考虑每一个基础，以使各基础之间的协调性能够达到最优的程度。随着各基础之间交叉的增多，设计也就越具有贯一性。

本书遵循贯一设计的原则，在生态主义思想的指导下，以有机整体论、生态系统理论、生态心理学、生态学习观、生态教学论为基础（见图3—2），让设计理论框架保持在生态的认识论框架之下。需要特别指出的有以下几点。

（1）这些理论本身就具有贯一性，它们都是生态主义思想指导下对不同的对象范围展开研究而衍生出的理论。

（2）生态化设计以这些理论中的某些观点作为核心的指导思想，有利于更好地解释和衍生生态化设计理论。

（3）对于生态的运用上，我们主张全面客观地理解这一术语。对于生态这一术语的运用，本书超越已有研究仅仅是对概念应用的层面，并且超越狭隘地将生态限定于生态系统的范畴，而是更加客观全面地理解生态。理解生态可以从多种角度：若是从生态系统的角度，会更加关注其自组织与生态平衡机制；若是从有机整体的角度，整体感知、整体认知都是生态心理学的核心观点；若从循环的角度，持有感知—行动循环观点的生态学习观也是一种对生态的理解。

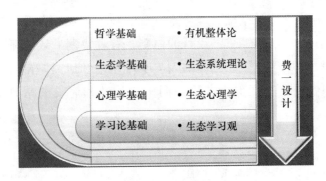

图3—2 贯一的理论基础

一　哲学基础：有机整体论

（一）基本观点

整体论本身是一种发展中的哲学，有研究者将其分为朴素整体论、机械整体论、有机整体论、辩证整体论四种。① 朴素整体论是指认为世界是一种动态整体的观点；机械整体论认为世界是由分子、原子等离子机械地拼合起来的，整体是部分的总和，并且整体内部构成和运动方式遵循线性决定论的原则；有机整体论也称为系统整体论，认为世界是以系统的形式存在的，并且系统是一种有机整体，整体具备系统整体的新质，同时，作为有机整体的系统，不断地与周围环境进行物质、能量、信息的交换；辩证整体论则更为辩证、宏观地看待整体，认为整个社会是一种内外交互作用的复杂的系统整体，客观世界和精神领域存在内外关系，构成复杂的、交互作用的整体，这种整体把"矛盾""系统"和"过程"统一起来加以研究和优化处置。这四种整体论都是用系统的、整体的观点来考察有机界，只是它们对整体的阐释与理解存在差异。有机整体论更强调生命系统的组织化、目的性特征，后来成为一般系统论的理论基础。②

贝塔朗菲对有机整体论的研究最为系统，其基本观点是：第一，组织化观点。生物体是具有复杂组织结构的有机整体，这种结构是有层级的，高层级具有低层级所没有的新特征，高层级的生命运动往往不能用低层级的运动原理来解释。这种有序组织起来的有机体具有独特的整体性，并且不可还原，因此各个部分的活动只能在整体联系中考察。第二，自调节观点。生命机体具有自组织、自适应的特性，能够根据外界环境的变化调整自身的结构以及相应部分的功能，即使受到损伤后也能够及时地自我恢复，从而持续维持有序的生命活动和相对稳定的状态。第三，动态性观点。生命机体是动态的非平衡稳态系统，它不断地进行新陈代谢以维持自身的生存。第四，开放性观点。生命机体是开放系统，它不断与外界进行物质、能量、信息的交换，并通过反馈机制来维持系

---

① 冯国瑞：《整体论的发展形态及其重要意义》，《光明日报》2008 年 4 月 22 日第 11 版。

② 冯契、尹大贻、朱立元、朱贻庭等：《哲学大辞典》，上海辞书出版社 1985 年版。

统的稳态和有序性，或系统受外界扰动时通过自发涨落而达到新的稳态和更高层次的有序。系统的终极状态并不由初始状态决定，而是由动态过程以及反馈等机制决定。

（二）何以指导研究

有机整体论与还原论相对，它是一种哲学思想，是整体论的一种，是生态学的重要思想，但不是专属于生态学的思想；从另一角度看，生态学也是有机整体论的最佳例证。

有机整体论并不是说不能够将整体分成部分或要素来考察，而是说要始终把部分放在整体中考察，注重整体的生态特征和生态功能。系统中的各要素是整体性的基础，它们在相互作用过程中表现出来的性质和行为对系统的整体性起着关键性的作用。系统整体如果失去其中一些关键性要素，也难以形成完整的形态而发挥作用。①

学习者与网络学习环境之间互联互动，共同形成相互作用、相互影响、不可分割、协同进化发展的有机整体。整体中的各种要素都在教与学的目的之下，相互作用，共同实现教与学的功能。因此，本书是在教与学的目的和功能导向下的，从整体角度分析与设计网络学习环境。

二　生态学基础：生态系统理论

任何一个生态系统都是由多个要素结合而形成的统一的有机整体。相比极为抽象的有机整体理论，生态系统理论为我们理解学习者与学习环境形成的网络学习生态系统的内部运动规律提供了更为直接的理论支持。

（一）基本观点

1. 生态

生态学最初的研究是在生物领域。1866 年，德国动物学家海克尔（Ernst Haeckel）最早使用"oekologie"（ecology）一词来描述动物与它的有机以及无机环境之间的关系。生态学（ecology）一词源于希腊文，由"oikos"和"logos"两个词根组成："oikos"意为"住所"或"栖息地"；"logos"意为"科学"。后来，生态学演变为一门研究有

---

① 蔡晓明：《生态系统生态学》，科学出版社 2001 年版，第 22—23 页。

机体与环境之间关系的科学。其中，环境包括其他的有机体以及周围的事物。①

　　当前，生物领域的生态学研究已经相对成熟，生态学思想在其他领域的蔓延却一直在持续，甚至由于生态的内涵始终保持着与生存、生命、生产的密切关联，同时又有总体性、整体性和全面性的指称，它已经成为一个颇具哲学意味的术语。目前普遍使用的生态概念一般具有两种词性。一是作为形容词，生态即"生态的"，指有利于生物体生存、对一切生命持续存在有所帮助的，如生态工业、生态农业、生态食品、生态建筑、生态城市等。二是作为名词，生态指环境总体以及包括人在内的物与物的相互关系，即一种利生性的总体关联，如自然生态、社会生态、文化生态、生态环境等。②

　　2. 生态系统

　　生态系统本质上也是有机整体，但是它更为具体地揭示了系统的运行机制，尤其是生物领域中有机体与环境的相互作用关系，对于帮助人类科学合理地认识环境有着重要的意义。生态系统是生态学领域最核心的概念，甚至有研究者将生态学定义为"研究生态系统的结构和功能的科学"，足见生态系统在生态学中的核心地位。1935 年，英国生物学家坦斯利（A. G. Tansley）最早将生态系统（ecosystem）界定为特定地点的生物群落或集合及与之相关的物理环境（ta biotic community or assemblage and its associated physical environment in a specific place）③。这个定义明确将有机体与环境视为一个不可分割的整体，但是并没有明确提到相互关系和相互作用。后来，他从物理领域借鉴"系统"这一术语，强调生命因素和非生命因素之间的交互。④ 现在，《不列颠百科全书》⑤ 将生态系统定义为"在特定空间内，生命有机体、他们的生存环境以及他们之间

　　① http：//www. britannica. com/EBchecked/topic/178273/ecology.

　　② 余治平：《"生态"概念的存在论诠释》，《江海学刊》2005 年第 6 期。

　　③ Tansley, A. G. , " The Use and Abuse of Vegetational Concepts and Terms ", *Ecology*, Vol. 16，1935，pp. 284 – 307.

　　④ 转引自 Christian Gütl, Vanessa Chang, "Ecosystem-based Theoretical Models for Learning in Environments of the 21st Century", *International Journal of Emerging Technologies in Learning*（*iJET*）, 2008，pp. 50 – 60。

　　⑤ http：//www. britannica. com/EBchecked/topic/178597/ecosystem.

的相互作用关系的复合体。"（complex of living organisms，their physical environment，and all their interrelationships in a particular unit of space.）生态系统的概念看似简单，实际上它却包含复杂的内涵。这种复杂体现在，生态系统这种复合体不是各种要素的简单集合，而是生物与非生物成分通过能量流动、物质循环和信息传递而相互作用、相互依存形成的一个生态学功能单位。它和物理系统有着很大的区别，主要表现在生态系统中含有复杂的生命有机体，是一个自组织、自调节的主动系统，一个与环境协同进化的动态平衡及开放系统。[①]

（二）何以指导研究

网络学习环境生态化设计的目的是搭建生态化的网络学习环境，构建网络学习生态。"生态"既作为形容词，又作为名词，强调一种利于学习者的学习与发展的总体关联。学习者与网络学习环境互联互动形成的整体可被视作一个生态系统——网络学习生态系统，同样存在物质流动、能量循环等自组织的机制。这为我们更加深入地分析网络学习环境的结构、更为清晰地解释学习者与网络学习环境的生态化互动关系提供理论依据。

三　心理学基础：生态心理学[②]

（一）基本观点

生态心理学是"运用生态学的视角与方法，研究生存环境与人的心理、行为之间相互作用的一门学科"。生态学的视角与方法决定了生态心理学有着以下几点研究假设：（1）有机体不能被视为分离性的存在与活动，每个有机体都与其他有机体联结在一个复杂的关系网络中。（2）所有的动物既受其内部力量的影响，同时也受到外部力量的影响。（3）生命的有机体适应，即它们以取得与所处的环境和谐的工作关系来活动。

生态心理学摆脱二分式思维的局限，以"人与环境不可分的匹配对""人与环境一体的生活背景"为研究对象，强调人与环境是不可分的匹配对、统一的整体。在世界观上，生态心理学持有与机械世界观相对立的生态世界观，认为世界不是一个物理学的世界，而是生态水平的世界，

---

① 方萍、曹凑贵、赵建夫：《生态学基础》，同济大学出版社 2008 年版，第 75 页。
② 秦晓利：《生态心理学》，上海教育出版社 2006 年版。

是相互联系且相互依赖、运动发展的、有自身的层次与结构的世界；在思维方式上，即为整体性思维方式对分析式思维方式的超越；在研究对象上，不同于传统的心理学以实验室情景展开研究，生态心理学强调自然情景、现实生活世界。生态心理学比较典型的观点是由吉布森（Gibson）提出的直接知觉论、给养理论以及里德的选择主义模型。

1. 直接知觉论

吉布森倡导一种理解有机体知觉的外在论框架，他认为，知觉是有机体行为与环境的双向联结。知觉引导行为，行为于是被结构化，使知觉以一种生产性的方式向环境施加压力。他摒弃感知觉分离的观点，认为知觉是整体经验，主张环境知觉是直接的，并未被心理表征所中介。

2. 给养

"给养"（affordance）一词是生态心理学家吉布森所创造的，后也被译为可供性、承担性、示能性、功能可见性、符担性、动允性、支持能力等。吉布森将"给养"界定为环境的给养是它供给或供应给动物的，无论是好的还是坏的（The affordance of the environment are what it offers the animal, what it provides or furnishes, either for good or ill）。[①] 给养是属于环境的，是环境提供给有机体的，所供给与供应的可能是好的，也可能是坏的。吉布森的意思是以此术语来表示与环境和动物都相关的某种意义，而现有的词汇中没有可以表达这一意义的。[②] 也就是说，给养试图阐释有机体的行为与环境之间存在的特定的自然结构关系。关于给养，有以下典型的观点。

（1）给养强调有机体与环境是不可分的整体

吉布森这样定义动物与其环境的关系："动物"与"环境"这两个词构成不可分的匹配对，每个词都暗指另一个，没有其周围环境就没有动物可以生存。环境暗示有一个动物（或至少是一种有机体）被包围，这意味着在地球表面没有生命之前，并不构成一种环境。[③]

---

① Gibson, James J., *The Ecological Approach to Visual Perception*, Boston: Houghton Mifflin, 1979, p. 27.

② Ibid., p. 127.

③ Ibid., p. 8.

（2）给养暗含着环境是由有机体来决定的

给养是指物体可以提供给有机体的可资利用的性质，给养有机体意味着提供或供给他，如椅子对人来说有可坐性，一个锤子对人来说有可握性并可敲击。由此，环境应界定为动物可资利用的中等尺度世界的一系列相关的给养。[①] 物理环境本身并不构成一种环境，环境应是可感、可嗅、可听、可尝及可看的。因此，只有环境中给养有机体的实体才构成有机体的环境。由于不同的实体对不同的有机体有不同性质的给养，因此，即使其所处的物理世界相同，它们的环境也不同。

（3）给养不因有机体需求的变化而变化

吉布森的给养思想源于完形心理学家考夫卡的思想。考夫卡（Koffka）在《完形心理学原理》一书中指明："每一种事物都说明了它是什么……水果说'吃我'；水说'喝我'；雷声说'害怕我'；妇女说'爱我'。"[②] 但是，完形心理学始终提供给有机体的与有机体的主观状态相关，而吉布森的给养概念则更强调给养的客观性，不因有机体需求的变化而变化。

（4）给养强调有机体的行为和环境之间客观存在对应关系

吉布森看到了有机体行为与环境的结构关系。有机体行为与环境中实体的给养相关联，这使我们对有机体与环境的关系的认识发生了根本性变化。在此之前，有机体的行为要么是有机体对环境刺激的反应，要么是有机体有意识的主观信念与期望的反映，生态心理学从更为根本和整体的层面上揭示了行为与环境的自然相关。[③]

首先，给养是指物体的引导或要求行为的性质，它们并不必须行为，即行为不一定会对给养反应，这就与行为主义的刺激区别开来。实体能够为有机体的行为提供机会，同样的实体能够为不同有机体的行为提供

---

① Clune, A. C. , Using the World to Understand the Mind: Evolutionary Foundations for Ecological Psychology, Ph. D. dissertation, UMI Microform 9967796, Bell & Howell Information and Learning Company, 2000, p. 50.

② Koffka, *Principles of Gestalt Psychology*, New York: Harcourt, Brace, 1935.

③ Clune, A. C. , Using the World to Understand the Mind: Evolutionary Foundations for Ecological Psychology, Ph. D. dissertation, UMI Microform 9967796, Bell & Howell Information and Learning Company, 2000, p. 56.

不同的机会。例如，光滑的水面对水虫来说可以起支撑的作用，而对大象则不能。

其次，有机体的行为是被当前的意图与给养所共同引导。勒温（Lewin）的场理论（field theory）表明，行为（B，Behavior）是由个体（P，Person）和环境（E，Environment）共同作用的结果。因此，环境设计可以试图使有机体更可能遭遇或利用特定的给养而不是其他的给养，这是环境设计的根本意义所在。

最后，有机体的行为与其世界之间存在的结构性的相互关系（mutuality）不是偶然的，而是为进化过程所滋养。① 动物生存在"小生境"中，而"小生境"是一套给养。物理世界为有机体提供了无限的给养（这里所指的并不是资源的无限性，而是可供利用的性质的无限性），这些给养构成有机体的生境，为有机体所占据，而有些则未被有机体所占据。由此可见，给养是有机体与其环境在漫长的共同进化过程中形成的。

3. 选择主义模型

里德（Reed）认为，认识既不是对世界的拷贝，也不是对世界的建构，而是使我们在多事的、变化的世界中保持活跃与变化的生物的过程。② 里德的选择主义模型的假设是，给养的可获得性（与非可获得性）对单个有机体的行为构成选择的压力，行为受到给定生物的环境的给养的调节。因此，心理学的恰当主题是环境中的动物及其动力互补关系。心理学的基本概念既不是心灵也不是行为，而是给养：环境能提供什么。他对行为与意识是这样解释的："生态心理学坚持行为与意识是动物发现和利用其周围环境中的关键资源——价值和意义——的方法。"意义是从对环境的给养的学习中自然进化而来的，其中包括对给养的觉察，也包括了解如何利用它们。价值不是创造的，而是通过对给养的学习而现实化的。

信息之所以至关重要，是因为有关环境与自我的信息是给养的知识

---

① Clune，A. C.，Using the World to Understand the Mind: Evolutionary Foundations for Ecological Psychology，Ph. D. dissertation，UMI Microform 9967796，Bell & Howell Information and Learning Company，2000，p. 52.

② Reed E. S.，*Encountering the World: Toward an Ecological Psychology*，New York: Oxford University Press，1996，pp. 1 – 13.

之源。在环境中存在着与给定生物有关的给养的信息，动物则拥有进化而来用于提取这种信息的知觉系统。里德详细论述了指示给养的信息，如指明正在行进的动物的行进目的地的眼动信息、指明动物应对环境时的调节机制的本体感受信息等。动物凭借知觉系统取得这些信息，进而动物的功能系统与行为控制会发生作用。

（二）何以指导研究

生态心理学从"人与环境的复杂统一体"出发研究人与环境的关系，认为有机体与环境在多元互动过程中共同进化，形成互利共生的相互作用关系。给养是从生态心理观描述环境规律的便利术语，它从更为本质的层面论证了有机体与环境之间的结构关系，为我们理解学习者与网络学习环境的互动关系、定位网络学习环境生态化设计提供了重要的理论参考。

1. 对理解学习者与网络学习环境互动关系的启示

不同于以往割裂学习者与网络学习环境的观点，给养是一个表示既与学习者相关又与学习环境相关的术语。给养观照下的学习者与学习环境存在相互适应与进化的生态化互动关系，形成不可分割的统一整体。

网络学习环境可视为学习者可资利用的一系列相关给养的复合体所形成的生境，一方面，环境中的不同实体从不同的方面给养着学习者；另一方面，给养较多的是指环境中实体具有的性质，一整套的给养构成生境。显然，生境不仅是给养简单的叠加，一整套的给养以非线性、复杂的方式联系起来，协同作用来给养学习者。

2. 对网络学习环境设计的启示

根据生态心理学的观点，学习者的当前意图与学习环境的给养共同引导学习者的学习行为，网络学习环境设计可以试图使学习者更可能遭遇或利用特定的给养而不是其他的给养。从这个角度来看，网络学习环境生态化设计实际上可以定位为给养的设计，试图使学习者更可能地遭遇或利用有助于其学习的、符合其需求的给养，或者说，尽可能地优化环境的给养。

四　学习论基础：生态学习观

（一）基本观点

生态学习观以生态心理学对人与环境关系的解释为基础，从整体性、适应性和多元性的角度来审视学习，认为"学习产生于对源于环境的给养的互动性感知以及作用于环境的行动"①。不同于行为主义、认知主义、建构主义等学习理论人为割裂学习者与学习环境的整体联系的方法，生态学习观始终从学习者和具体环境的属性（特别是其对行为的给养）二者之间的交互与整体关系出发，对学习者、认知、问题解决、动机等现象与问题有着完全不同的解释。② 从环境的给养和行动者的效能交互决定的视角，生态学习观将学习视为"感知—行动"的循环系统。这一系统中，学习者作为"感知—行动"系统中的信息探测者（而不是操纵复杂符号的信息加工机器），学习通常被作为一种积极的过程，学习、问题解决和动机则是意图驱动行动者（自组织系统）与信息丰富的环境交互作用的结果。③

1. 学习者作为信息探测者

生态学习观采用一种不同于认知理论的隐喻看待进行思维活动的人，即人是老练的信息探测者而不是操纵复杂信号的信息加工设备，他可以探测不同种类的信息。当然，这也隐含着环境中充满有趣的信息供我们探测。

2. 学习发生的重要机制：感知—行动循环

"行动者—环境"之间连续的动态交互是生态心理学的基本分析单位。在这一交互过程中，行动者在不断的探测过程中，形成"感知—行动"的循环。这一循环是探测者工作的结果，正是这种循环，使得个人和环境耦合起来。④

---

① ［美］戴维·H. 乔纳森：《学习环境的理论基础》，郑太年、任友群译，华东师范大学出版社 2002 年版，序第 3 页。

② Gibson, J. J., *The Ecological Approach to Visual Perception*, Hillsdale, N. J.: Lawrence Erlbaum Associates, 1986. Gibson, J. J. "The Theory of Affordances", in R. E. Shaw & J. Bransford (Eds.), *Perceiving, Acting and Knowing: Toward an Ecological Psychology*, Hillsdale N. J.: Lawrence Erlbaum Associates, 1977. Young, M. F., "Instructional Design for Situated Learning", *Educational Technology Research and Development*, Vol. 41, No. 1, 1993, pp. 43 – 58.

③ ［美］戴维·H. 乔纳森：《学习环境的理论基础》，郑太年、任友群译，华东师范大学出版社 2002 年版，译者前言第 3 页。

④ Gibson, J. J., *The Ecological Approach to Visual Perception*, Hillsdale, N. J.: Lawrence Erlbaum Associates, 1986. Kugler, P. N., Shaw, R. E., Vicente, K. J., & Kinsella-Shaw, J. M., "Inquiry into Intentional Systems I: Issues in Ecological Physics", *Psychological Research*, Vol. 52, 1992, pp. 98 – 121.

学习是在学习者与环境的交互中发生的，这一交互过程中的"感知—行动"循环是引发学习的最重要机制。个体在"感知—行动"过程中改变了环境，从而在环境与行动者之间形成新的"效能—给养关系"。这种新的"效能—给养关系"又能够支持新一轮的感知与行动。环境中的这种由"感知—行动"的动态循环引起的体验，能够引起探测者（学习者）的提高或调整，这一过程称为学习。学习的进行不再是储存与再现的机制，经过调节的探测者不必为行动而再现信息，而是通过探测与其能力相耦合的新给养，使得系统以之前无法进行的方式运作，从而实现探测者与环境的不断进化。

3. 给养和效能共同决定的交互

行动者与环境这一动态系统的交互是由给养和效能共同决定的。给养是环境的属性，效能是个体采取行动的能力，二者是交互决定的。[①] 给养并不是环境的固有属性，它是由客体（与行动者属性相关的）的属性与行动者属性共同决定的，描绘了与一个特定的行动者（行动者必须具有效能）的关系，而且是在具体情境之中的内在属性。效能也不单单是个体长期的、稳定的属性，它是变化、动态的，依赖于特定的情境（时空限制）和特定的意图。给养与效能的关系可以比喻为："给养提出建议而效能进行处理。"例如，门把手有给养作用，可以转动，但是只是对于能转动把手的行动者才有给养作用。相对的专家可以看作高级的探测者，他们能够探测到相对的新手所探测不到的给养。对于个人而言，如果他有特殊技能（先前的经验水平），当前又有目标和意图，那么具体的物体有较高的可探测性（信息被观察者探测到的可能性）。对于学习和思维的生态观而言，共同决定的动态系统是其核心观点。

4. 意图的导向性与动态性

（1）学习者是意图驱动的系统

学习者是意图（intention）驱动的系统，在探测信息时往往有着一定的目标和意图，而目标和意图是在他们和信息丰富的环境交互作用中构设出来的。随着"感知—行动"循环的展开，行动者的意图以及环境的

---

① ［美］戴维·H. 乔纳森：《学习环境的理论基础》，郑太年、任友群译，华东师范大学出版社 2002 年版，第 138 页。

给养将这一循环导向于一个目标。实际上，将系统的目标或者结果描述为状态矢量空间中的区域更为准确，这样就允许多元化的生成，而不是唯一确定的答案。

意识驱动系统这一观点暗含在给养概念之中。虽然门把手对于正常的成人而言有可以转动这一给养，但是只有当行动者有一个相关的目标（例如走出房间）的时候，他们才会认识到这种给养。这也就意味着，虽然环境中存在无限的有关给养的信息，但是只有那些有具体意图的行动者才会在某一特定情境下探测到这种信息。

（2）意图的动态性与意图动力

学习者作为复杂系统，他可以受到驱动，同时追求多个目标，这就涉及意图动态性（dynamics of intention）问题。而且，一旦多个目标中的一个目标占先，在学习者朝向这一目标行动的时候，就会出现附加的意图动力（intentional dynamics）问题。正是这种动态性，而不是简单的内部状态或外部奖赏，最能体现在个人和环境之间持续进行的耦合性交互。意图的动态性（变化的目标）提供了引入新目标的机会（由教师或吸引人的环境），这对于生态教学观来说是根本性的。[1]

（3）学习作为注意和意图的引发

意图使得学习者注意的中心指向于与当前任务相关的环境的给养，而与可能吸引他的其他东西隔离开来，这样任务就成了吸引物，行为围绕这一吸引物组织起来。[2] 从教学的观点看，当学习者不能领会教学意图时，就明显地难以提高动机。学习者没有相应的意图，动机可能表现出朝不同的方向狂奔，行为变得无组织地活跃。因而要在引起注意之前先引发意图。

（4）意图弹簧（意图的可传递性）

肖（Shaw）等人描述了意图弹簧的例子，向我们展示了在一个情境中，指导者的目标（意图）可以传递给学生。意图是通过反复的尝试传

① Barab, S. A., Cherkes-Julkowski, M., Swenson, R., Garrett, S., Shaw, R. E., & Young, M., "Principles of Self-organization: Ecologizing the Learner-facilitator System", *The Journal of The Learning Sciences*, Vol. 8, No. 3&4, 1999, pp. 349 – 390.

② Shaw, R. E., Kadar, E., Sim, M., & Repperger, D. W., "The Intentional spring: A Strategy for Modeling Systems that Learn to Perform Intentional Acts", *Journal of Motor Behavior*, Vol. 24, No. 1, 1992, pp. 3 – 28.

递给学习者的，伴随对环境中相关信息的注意的引导。在这一过程中，指导者的反馈起着重要作用，指导者向学生连续地提供反馈，不断得到来自学生的输入，指导者进而决定何时减少支撑或引导，指导者反馈的内涵就成了对于意图和注意的引导。意图弹簧的关键属性是与实践和反馈一致的，实践指反复的尝试，反馈指耦合的感知—行动系统的双重性，实践和反馈的运作促进意图和注意的调节。

5. 自动运作/自适应

生态心理学注重自动（熟练）运作/自适应。认识是同个人世界的认知接触，不是依赖于规则，而是依赖于积极的感知。对于认知心理观而言，当'感知—行动'的动态展开产生准确的表现时，活跃的学习才会发生。例如，对于驾车的学习来说，'感知—行动'的调适机制支持常规驾驶技能的协调，因而可以合理地认为，一个人开车的时间越长，他在处理典型情境时就协调得越好、越熟练。其中很重要的是，反复的尝试以及反馈和行动的逐渐耦合，在耦合的过程中，逐渐形成自适应的系统。

6. 问题解决和动机

从生态心理学的观点看，必须把问题解决和动机看作感知—行动系统本身自然出现的属性。问题解决和动机被描述为行动者和环境之间的交互作用，这种交互作用存在于意图驱动的进行"感知—行动"的行动者和信息丰富的生态系统之间。

从生态心理观看，动机不是个人头脑内部的激发行为的力量，而是"行动者—环境"交互作用的一个属性。动机源于目标和给养指向这些目标的行动的环境之间的密切耦合，具有过程性和动态性。当环境对于朝向既定目标的行动有引导作用的时候，它就是激励性的环境；激励性的环境可能不同程度地推动行动者向目的地前进，此时可以说，行动者动机受到激发，实际上是交互作用被激发起来。动机与意图的动态性是紧密相关的，当行动者采纳一个新目的时，他或多或少会受到动机激发，其程度依据意图的动态性和当前环境的给养与这些目的的匹配性而定。当前情境的给养和采取的目的耦合得越紧密，个人越是浸润于一个"感知—行动"循环之中，这一循环被导向于一个单一的目的和经验流。正是目标和环境给养的逐步耦合，我们可以将其更准确地描述为具有激励性的特征。

7. 反思性实践

郑葳等人以生态思维审视学习过程，并结合活动理论和共同体的文化建构理论，将学习视为"作为信息探测者的学习者通过积极主动的活动，借助有目的的反思实践，对其情境（物质及社会环境）所能提供的给养进行调适的过程"①。所有的有意义的学习都是通过学习者的"意图—活动—反思……"的循环互动过程得以实现的。学习不仅是针对物理世界的认知活动，同时也是一种社会性的交往实践。而且，学习者必须坚持与自我的不断对话，即反思性的实践。在此过程中，学习者不仅建构了对世界的意义，同时也形塑了具有主体身份的"自我"。他所提出的生态学习观较之前的进步在于，提出了反思性实践的概念，从而将给养中对于行动的支持部分更为凸显出来。

（二）何以指导研究：网络学习环境生态化设计的原则

传统的学习理论存在着要么过分关注学习者的内部心理（如认知主义），要么过分关注学习环境的外部刺激（如行为主义），造成学习者与学习环境人为的二元分裂。生态学习观是一种不同于信息加工和刺激反应的强有力的观点，它真正关注学习者与学习环境的双向互动和整体性，对于引导我们理解认知和开发学习环境有着重要的指导意义。

笼统的学习过程可以概括为"外界环境—与学习者感官相互作用—在大脑皮层的活动—现实环境中的行为"，是环境与学习者相互作用、学习者个体内外部活动共同进行的过程。生态化学习不会集中关注在某一阶段或部分的活动情况，它会更关注整体过程。从生态学的视角看，人与环境的互动过程是知识获取的基本方式。环境对于学习者的意义在于，学习者在具体的行动中对给养进行探测，行动使学习者的注意力集中于所要达到的目标。对于生态心理观而言，所感知的东西从一开始起就有其本身的意义——可以直接感知为行动的结果。学习是在多种场合、多种水平上，通过多种形式相互作用和相互联系而发生的。② 环境给养学习

① 郑葳、王大为：《生态学习观及其教育实践启示》，《教育研究与实验》2006 年第 1 期；郑葳、王大为：《生态学习观：一种审视学习的新视角》，《心理科学》2006 年第 4 期。

② Looi C. K. , "Enhancing Learning Ecology on the Internet", *Journal of Computer Assisted Learning*, Vol. 17 , No. 1 , 2001 , pp. 13 – 20.

者，不同的环境给养不同的思维和行为，学习者自身的意图和效能会影响其对给养的感知。学习是根据环境给养调试感知的过程，是对来源于环境并作用于环境的给养相应感知的结果。学习者根据环境的给养调试自己，并以某种方式作用于环境，当他们对环境的感知能力和作用能力变化时，学习便发生了。①

网络技术扩展和改善了人际互动、人机互动、人与资源的互动等，催生了多样化的相互作用与相互联系。人工智能技术的应用，则增强了网络学习环境的自组织性和适应性。总之，技术在支持生态化学习、培植网络学习生态方面发挥着重要的作用，这使得生态学习观在技术时代受到更多的青睐。依据生态学习观，我们从学习的视角提出对网络学习环境生态化设计的几点认识。

1. 学习环境设计是目标导向下优化收益的过程

环境对于其给养的潜在学习而言是有差异的，教学设计者可以创设环境，以使在这些环境中对某些目标的追求能够获得最佳的收益。② 专家水平的教学设计者能够探测到这些预设环境的给养，用它们鼓励学生确定新的目的。他们还能够创设促成朝向这些目标前进的学习环境，这些环境的给养与目标非常一致，能够促成最佳表现。

2. 学习环境生态化设计应使学习者浸润于环境之中

学习者作为信息的探测者，那么只有学习者浸润于信息丰富、交互丰富的环境中，才能不断地进行感知—行动的循环，并且不断在交互的过程中生成新的目的，促进新一轮的循环。因此，生态化设计注重通过编制精巧的故事、录像、游戏、虚拟真实等场景，设法使学习者浸润于新的环境。这些场景包含丰富的信息，能够支持丰富的交互。

3. 学习环境设计应及时引发学习者的意图

学习者的行为是由环境的给养和学习者的意图共同决定的，而且，意图会引导学习者的注意力，因此，设法使学习者理解教学者的意图，并由此引发学习者的自我意图。当学习者具备环境能为其给养

---

① 高文：《学习科学的关键词》，华东师范大学出版社 2009 年版，第 12 页。

② ［美］戴维·H. 乔纳森：《学习环境的理论基础》，郑太年、任友群译，华东师范大学出版社 2002 年版，第 135—136 页。

大量行动的意图时，意图就会引导学习者关注与学习任务相关的环境的给养。

4. 学习环境要给养有意义的真实活动

从生态认知观看，所有的学习都是情境性的。真实活动的价值在于，它能够通过真实的工作/应用情境来调适作为新手探测者的学习者，从而使他们真正适应专家工作的环境对于行动的给养，也就能够促进学习者从新手到专家的成长与转变。

第四节　研究逻辑：如何生态化？

针对网络学习环境生态缺失的问题以及设计存在的机械还原取向，以有机整体论、生态系统理论、给养理论以及生态学习理论为基础和依据，我们提出网络学习环境生态化设计的理论框架，作为一种解决方案的尝试。本书的逻辑如图 3—3 所示。基于对其理论基础的深入剖析，对于网络学习环境的生态化设计，我们从以下方面进行思考。

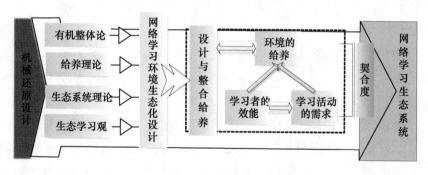

图 3—3　网络学习环境生态化设计研究逻辑

第一，任何网络学习环境设计都依托一定的学习观与教学论，网络学习环境生态化设计以生态学习观以及与之对应的生态教学论为直接理论依据。学习是学习者与学习环境的互动过程，学习环境在以不同的方式给养学习者的学习，技术的全部价值在于创设一个能够有效给养学习者的环境。

　　第二，网络学习环境生态化设计立足于将学习者与学习环境视为一个有机整体，关注学习者与学习环境的互动特性。由此，我们以给养来审视学习者与网络学习环境之间的生态化互动关系，以网络学习生态系统审视学习者与学习环境构成的有机整体。给养既与学习者相关，又与网络学习环境相关，是一个能够体现学习者与学习环境整体关系的术语，由此能够从关注二者互动的角度指导网络学习环境的设计。各种给养关联互动，形成一个统一的整体，这个整体显然不是各种给养的简单叠加，而是在网络学习生态系统的物质流动和能量循环中动态形成的。

　　第三，"给养"（affordance）描述了学习者与学习环境之间的一种关系存在。学习环境中存在着给养学习者的诸多可能性，而学习者的感知觉和行动则决定了学习环境给养学习者的有效性。因此，学习环境应当以影响学习者的感知觉和行动的方式来给养学习者。也就是说，网络学习环境设计应当遵循学习者在学习环境中的感知觉和行动规律。

　　第四，网络学习环境生态化设计是设计与整合给养的过程。环境的给养是可设计的，给养设计的意义在于，使学习者更可能遭遇或利用特定的给养而不是其他给养，并尽可能地创建正面的给养，以诱导学习者特定学习行为的发生。不同类型的学习目标需要不同的环境给养，导向着给养的设计。

　　第五，当网络学习环境契合学习者需求和效能的时候，它就能促进学习者的学习，就是生态化的网络学习环境。因此，学习环境与学习者的契合度，是衡量网络学习环境设计是否生态化的关键。

　　因此，网络学习环境生态化设计是以促进生态化学习为目标，设计与整合给养以建立学习环境的给养与学习活动、学习者效能匹配关系的过程。给养并不单单只是属于环境的，它还受到学习者目标及效能的影响，换句话说，学习者的学习行为是由环境的给养和学习者的目标及效能所共同决定的。因此，给养的设计要围绕学习活动的需求，并考虑匹配学习者的目标与效能，从而促进环境的给养与学习者效能的耦合。网络学习环境中，给养与学习者效能交互作用、共同决定，从而在知识流动与能量循环的过程中形成互联互动的网络学习生态系统，有效地给养每一位学习者的学习过程。

第五节 研究内容与方法

一 研究子问题

本书的目的是构建网络学习环境生态化设计的理论框架。基于上述研究逻辑，我们提出四个环环相扣的子问题。

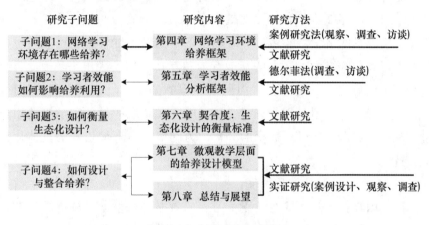

图3—4 研究内容与方法

子问题一，网络学习环境中存在哪些给养？这些给养是如何影响学习者的感知、认知、行为的？

子问题二，学习者的行为是由网络学习环境的给养和学习者的效能共同决定的，在网络学习环境设计时，需要考虑学习者的效能。那么影响学习者对网络学习环境的给养感知与产生行动的效能究竟包括哪些方面？

子问题三，究竟如何衡量环境是否实现了生态化的设计？

子问题四，如何设计与整合学习环境的给养？我们最终的落脚点是如何设计网络学习环境的问题。

二 研究内容与方法

针对提出的四个子问题，本书主要通过文献研究法、案例研究法、Delphi方法、设计研究法等研究以下四方面的内容。

（一）网络学习环境的给养框架

研究内容：本部分旨在以"给养"来解释学习者与网络学习环境的生态化互动关系，从给养多维分类的视角确立不同给养是如何从不同侧面影响学习者的，同时以"生态系统"来审视不同给养的复合生境，论证不同层面给养之间的作用关系，并在案例研究中将给养具体化，从而建立可供设计参考的网络学习环境的给养框架。

研究方法：本部分主要采用文献研究法和案例研究法得出结论。一方面，对学习环境给养的相关文献进行深入的检索、归纳、分析；另一方面，给养是网络学习环境给养教和学的行为的可能性，它可以通过教师和学习者与网络学习环境的互动行为和互动规律表现出来。因此，我们采用案例研究法，通过对一门网络课程的分析，收集两方面的数据：一是平台记录的学习过程数据；二是录屏方式获取的教师和学生使用环境的观察性数据。通过对数据的分析，为网络学习环境给养的具体化提供支持。

（二）学习者效能分析框架

研究内容：本部分旨在建立学习者的效能分析框架，分析学习者哪些方面的效能会影响其对网络学习环境中给养的感知与产生行动。通过精心的设计，网络学习环境可以为学习者提供各种支持，但并非所设计的各种要素都能够被学习者所感知或充分利用。而且，即使是在同一环境中，学习者所感知或利用的要素也不相同。影响学习者感知并利用环境要素的原因有两方面：学习者自身因素和学习环境设计方面。从学习者自身来说，我们将影响他感知并利用环境要素的能力归结为学习者效能，具体定义为："学习者感知学习环境的信息、与学习环境中的要素进行交互以完成学习任务的能力。"我们进一步研究确立了学习者效能的构成因素与关键影响因素。

研究方法：本部分采用 Delphi 法得出结论。我们总共进行 3 轮专家访谈，在第 1 轮访谈结束后，将所有要素聚为两类：一类是学习者效能构成要素；另一类是学习者效能影响因素。经过后续两轮的访谈和相关文献的讨论，我们最终确立了结论。

（三）契合度：生态化设计的衡量标准

研究内容：对于完善的网络学习环境设计理论框架，它需要一个衡量标准。本部分旨在提出生态化设计的衡量标准，回答"到底什么样的设计才能够称得上是生态化设计"的问题。我们以个人—环境匹配（Person-Environment fit，P-E fit）理论为依据，提出"学习者—学习环境契合度"（简称契合度）的概念，并界定为"学习环境的给养与学习者效能的匹配程度"，以此作为约束生态化设计的条件/原则，也作为衡量设计是否生态化的指标。在此基础上，参考中国香港学者张伟远建立的标准化的网上学习环境测评量表和 eCampusAlberta 设计的质量标准，本书从"教育给养—学习者"契合度、"社会给养—学习者"契合度、"技术给养—学习者"契合度三个方面搭建了契合度的结构。

研究方法：对于契合度各维度的构建，主要采用文献研究的方法，在已有的网络学习环境质量评价标准的基础上建立。

（四）微观教学层面的给养设计模型

研究内容：本部分旨在讨论如何设计与整合学习环境的给养，以学习环境与学习者的契合为约束条件，并在设计过程中考虑促进网络学习生态系统的物质循环和能量流动。我们定位在微观教学层面，提出给养设计模型，模型应能够有效地支持依据学习活动的需求选择与设计相应的给养，并考虑匹配学习者的效能，从而设计出学习者与学习环境相契合的学习生态。

研究方法：采用文献研究法和实证研究法。首先，基于已有研究提出微观教学视角的给养设计模型；其次，应用所提出的模型进行具体的案例设计及应用，并根据调查教师和学生得到的反馈提出模型应用与完善的建议。

第 四 章

网络学习环境的给养框架

　　本章要解决的子问题是："网络学习环境中存在哪些给养？这些给养是如何影响学习者的感知、认知、行为的？"基于此问题，我们从揭示学习者与学习环境的关系出发，以"给养"来解释学习者与网络学习环境的生态化互动关系，从给养多维分类的视角确立不同给养是如何从不同侧面影响学习者的。同时，以"生态系统"来审视不同给养的复合生境，论证不同层面给养之间的作用关系，并在案例研究中将给养具体化，从而建立可供设计参考的网络学习环境的给养框架。

　　学习环境的给养指明学习环境为学习者的学习行为所提供的可能性或机会。从生态心理学和生态学习观的角度出发，网络学习环境的研究者和设计者所需要的是更好地理解环境的给养，理解应用环境给养的学习者是如何知晓行动的可能性的。也就是说，学习环境存在"什么样的给养学习行为的可能性"或"什么学习行为是被它们支持的"，重点揭示"在不同的情境下，什么学习行动能够比较容易地起作用"。本章从给养的角度分析网络学习环境的哪些要素可以从哪些方面、以何种方式支持学习者的何种行为，从而建立网络学习环境的给养框架。给养框架有助于我们理解学习者与网络学习环境之间的互动关系和互动规律，从而为我们以有效地给养学习者感知与行动的方式设计给养提供基础与依据。

　　我们采用文献研究法和案例研究法对该问题展开研究，一方面，对给养的相关文献进行深入的检索、归纳与分析，形成网络学习环境给养的多维结构与理解视角；另一方面，给养是网络学习环境给养教和学的行为的可能性，它可以通过教师和学习者与网络学习环境的互动行为和互动规律表现出来。因此，我们采用案例研究法，对一门依托清华在线教育平台的网络课程进行为期一学期的追踪观察，收集两方面的数据：一是平台记录的学习过程数据；二是录屏方式获取的教师和学生使用平台的观察性数据。通过对数据的分析，为网络学习环境具体化给养的归纳提供一定的支持。

　　本章的结构安排如下：首先，论证"给养"何以能够作为解释学习者与学习环境生态化互动关系的术语。其次，从给养多维分类的视角建立学习环境的给养结构，结构反映了学习环境给养学习者的不同层次与不同方面。再次，总结给养的描述模型，以明确环境给养的表述方式，为设计过程中描述给养提供方法支持。最后，网络学习环境各层面的给养不是孤立存在的，也不是简单叠加，而是以整体方式作用于学习者。我们以网络学习生态系统来审视学习者与学习环境给养互动的整体，并进一步从给养的角度分析网络学习生态系统的要素结构、关系结构、功能性区域，从而使得网络学习环境的结构更为清晰，并在此基础上确定核心的设计要素/可设计给养。此外，结合之前的理论分析，对所选取的案例进行数据收集与分析，将网络学习环境的给养具体化，并给出具体给养示例及解释性定义。

第一节　作为关系本体的给养

　　给养既是一个动词，又是一个名词。作为动词（afford），可以说学习环境给养学习者，描述的似乎是环境对学习者的单向支持；作为名词（affordance），它描绘的则是环境与有机体之间的生态化关联——表示既与有机体相关又与环境相关的意义。名词的"给养"一词是生态心理学家吉布森创造的，字典中只有"afford"一词，没有"affordance"。哈特森认为，给养具有一个关系本体，即作为关于环境的使用者与环境使用之间的关系存在。[①] 我们将"给养"引入网络学习环境的研究，尝试以此理解学习者与网络学习环境的生态化互动关系。这一生态化互动关系体现

────────────

① 转引自贺斌、祝智庭《学习环境给养设计研究透视》，《电化教育研究》2012 年第11 期。

在两个方面：学习者与学习环境的自然相关关系以及动态适应关系。

一　学习者与学习环境的自然相关

"给养"是关乎环境和行动者双方的术语。它是指环境中的物体/实体所具备的支持/预期有机体特定类型的感知和行动可能性的特征/属性。这些属性/特征内在地与有机体的行动相关联，并且外在地提供信息，以使它们能够被有机体感知到。给养事实上指明了实体能够支持行动者的哪些行为，潜在地或者明显地支持行动者的哪些行为，并且暗含着行动者需要具备哪些方面的效能。也就是说，给养是环境中的实体所具备的属性，这些属性决定了实体如何可能被使用。给养或者直接感知到的意义是内在地附属于行动的。

生态心理学家吉布森最早提出的"给养"概念阐明，给养是属于环境的，是环境提供给有机体的，所供给与供应的可能是好的，也可能是坏的（The affordance of the environment are what it offers the animal，what it provides or furnishes，either for good or ill.）。[①] 乔安娜（Joanna McGrenere）和韦恩（Wayne Ho）认为，吉布森的给养定义强调三个基本属性：一是给养指在环境中为行动者提供行动的可能性，这种可能性的存在与特定的行动者的行动/行为能力密切相关；二是给养的存在是独立于行动者的经验、知识和文化背景所决定的感知能力的，或者存在，或者不存在，没有中间状态；三是给养不会随着行动者需求和目标的变化而变化。这揭示了给养三个方面的特征：首先，给养是属于环境、客观存在。其次，给养是物体能够诱导行为的属性。[②] 盖弗（Gaver）认为，给养是与人交互的属性，当给养被感知到时，感知与行动之间会形成一种直接联系。[③]最后，实体具备诱导某种特定行为的属性，但有机体未必能够感受到，

①　Gibson，James J.，*The Ecological Approach to Visual Perception*，Boston：Houghton Mifflin，1979，p. 27.

②　McGrenere，J.，& Ho，W.，"Affordances：Clarifying and Evolving a Concept"，*Graphics Interface*，2000，pp. 179 – 186.

③　Gaver，William W.，"Technology Affordances"，Robertson，Scott P.，Olson，Gary M. and Olson，Judith S.（eds.），*Proceedings of the ACM CHI 91 Human Factors in Computing Systems Conference*，New Orleans：Louisiana，1991，pp. 79 – 84.

还会受到有机体的感知意图与效能①的影响。

环境的职能由有机体决定。没有有机体就没有环境，环境与有机体是不可分割的统一整体。例如教室，如果没有学习者，就不能够称为一个学习环境。它的职能可以是多种多样的，但恰恰是因为有了学习者，才能称为学习环境。学习环境给养学习者，学习者感知给养并作用于环境，二者形成给养关系。

二　学习者与学习环境的动态适应

"给养"反映了学习者与学习环境的动态适应过程。从给养的观点来看，学习是学习者与学习环境的相互作用过程。吉布森是在对人类认知和感觉的生态化方法中提出的，根据他的观点，个体不是创造，而是发现给养。② 也就是说，给养不单纯地指网络学习环境中的实体要素，同时指明或暗示着这些实体要素支持教学者与学习者开展学习活动的可能性。并且，这种可能性不单单是由环境决定的，它也与学习者感知给养的意图、效能密切相关。随着学习者对环境的熟悉及其效能的不断提高，他们就能够更好地感知信息并采取与自身意图相关的行动。贺斌、祝智庭也提出将给养视为一种互惠关系的观点，将环境给养定义为："在人与环境的交互过程中，由环境的属性或属性组合（如结构）所提供的，可被直接感知的、并能诱发有意图的活动或行为（包括对内调控或对外办事），以实现一定效用（usefulness/utility）的动态的互惠关系。"③ 但是，这种关系不是一种互惠，而是一种耦合——生态化的动态适应，"你中有我，我中有你"。正如阿尔布雷克特森（Albrechtsen）、安德森（Andersen）、博德克（Bodker）和佩特森（Pejtersen）所断言的，给养并非环境或行动者的固有特征，而是"随着行动者和环境的情境耦合而进化的动态元素"④。为了形

---

① 注：这里提到学习者感知给养的"意图"与"效能"。这两个术语源于生态学习理论。意图的概念是比较容易理解的，它与目标、动机、目的相关；对于效能的概念，我们则将其理解为胜任能力，能够胜任感知和行动的能力，将在下一章详细阐释。

② Gibson, J. J. "The Theory of Affordances", in R. E. Shaw & J. Bransford (Eds.), *Perceiving, Acting and Knowing: Toward an Ecological Psychology*, Hillsdale N. J.: Lawrence Erlbaum Associates, 1977.

③ 贺斌、祝智庭：《学习环境给养设计研究透视》，《电化教育研究》2012 年第 11 期。

④ Albrechtsen, H., Andersen, H., Bodker, S., Pejtersen, A., *Affordances in Activity Theory and Cognitive Systems Engineering (Internal Report)*, Denmark: Riso National Laboratory, 2001.

象地描绘学习者与学习环境的这种关系，笔者借鉴了太极八卦的表现形式来呈现给养观照下学习者与学习环境形成的生态化结构，如图4—1所示。

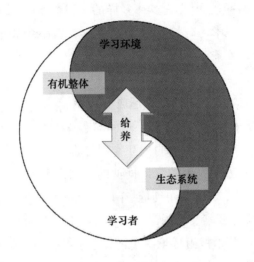

图4—1 学习者与学习环境的生态化关系

三 小结

给养从生态学的层面揭示了有机体与环境的关系，它将生态心理观与认知的线性模型区分开来。线性模型单纯强调学习者或者环境中的一个方面，以静态的、割裂的观点看待学习者和环境。"给养"则以整体的、动态的观点看待学习者与学习环境之间的关系，始终立足二者互联互动所形成的有机整体，将二者自然地联系起来，体现学习者与学习环境的生态化的交互过程。这对于我们用以解释学习者与网络学习环境之间的生态化交互规律有着非常重要的意义。网络学习环境生态化设计就是要创设一种学习生态，学习者和学习环境不断进行交互、适应与进化。

此外，给养作为一种关系本体，还提供了一种弥合技术和教学之间鸿沟的途径。科诺尔（Conole）和韦勒（Weller）指出，给养的概念潜在地提供了一种弥合技术和教学之间鸿沟的途径。给养允许将技术和教学以概念术语的方式进行描述，从而能够促进为特定的教学选择合适的技术，以及为达成理想的结果选择合适的教学法。①

第二节　学习环境的给养结构

学习环境中有着多种要素，要素之间有着复杂的联系。要素以及这些联系的给养也是繁多复杂的，正是这些给养的综合/复合给养着学习者。实际上，这些给养始终是以一种整体的力量来支持学习者学习的，原则上不可分开讨论。但是从设计层面来讲，给养设计是为了引发用户/学习者的特定意图与行为，那么，为了能够更好地设计给养，就必须清楚地分析环境中不同要素的属性以及它们的实际使用之间的关系。因此，研究者从多种不同的视角对繁多复杂的给养进行分类，这更多的是为了评价环境是否为学习者提供了多层面的给养。这些不同层面、不同类型的给养扮演着不同的角色，从不同的方面以不同的方式给养着学习者的行为、心理过程等感知与行动。这些不同类型的给养并不是孤立地作用于学习者的，学习环境的给养是多维度、多层面给养的复合，学习者的行为应该是由多种给养复合的效果所引导的。

为了明确不同层面给养在网络学习环境中的不同作用，本节从三个层面给养分类的视角建立了学习环境的给养结构，如图4—2所示。第一层面是对真实的给养和可感知的给养的区分；第二个层面是对功能给养、感官给养、认知给养、物理给养的区分；第三个层面是对教育的、社会的、技术的给养的区分。除了这三个层面外，从设计的角度，我们还区分了正面和负面的给养。该结构试图展现学习环境中给养的层次与类型，是导向环境的功能与给养的设计的。

一　真实的给养与可感知的给养

当学习环境设计完成后，在设计者看来，它能够给养设计者意图导向的学习活动；在教师和学习者眼中，又会对环境所提供的可能性有不

---

① Conole, G., Weller, M., "Using Learning Design as a Framework for Supporting the Design and Reuse of OER", *Journal of Interactive Media in Education*, No. 1, 2008, Retrieved October 8, 2014, from http://jime.open.ac.uk/article/2008-5/336.

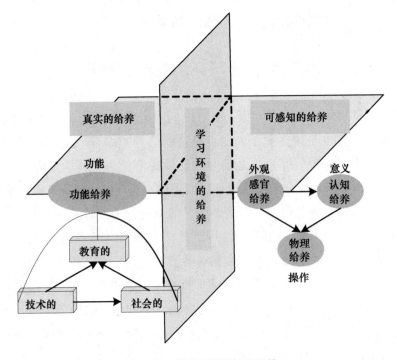

真实的给养

可感知的给养

学习环境的给养

功能

功能给养

外观
感官
给养

意义
认知
给养

物理
给养

操作

教育的

技术的

社会的

图4—2 学习环境的给养结构

同的看法；不同的观察者对环境所能提供的给养有着不同的认识。但是学习环境的给养是个有限集合，尽管无法确定边界在何处。我们将学习环境能够给养学习活动的所有可能性作为真实的给养，然而，并非所有的可能性都能被学习者转化为行动的现实，学习者感知到的它所能够提供的可能性与教师感知到的它所能提供的可能性都是这一有限集合的子集。于是，学习环境的给养也就产生了真实给养与感知到的给养的区分。

生态学习观告诉我们，学习是学习者在与学习环境的交互过程中发生的，"感知—行动"循环是学习发生的重要机制。学习者有意图地从学习环境中感知信息，并从所感知的信息中发现操作事物/行动的线索[1]，从而在感知—行动的循环中，其自身的效能逐步朝着专家水平提升。我们将学习者所感知的信息与环境所支持的行动/行为区别开来，视为两种不同类型的给养。学习者所感知的为行动/操作事物提供线索

———————

① 学习者能否感知信息与发现线索取决于他们自身的效能。

的信息称为可感知的给养，而环境所支持的行动或行动的可能性称为真实的给养。

追溯起来，最早区分两类给养的是美国认知心理学家诺曼（Norman）。① 他强调给养需要被感知并需要认知成分的参与，区分了实际的/真实的（actual）和被感知的（perceived）给养。他将给养解释为，"给养是指物体被感知的属性和真实的属性，主要是指那些决定物体如何可能被使用的基本属性"（The term affordance refers to the perceived and actual properties of the thing, primarily those fundamental properties that determine just how the thing could possibly be used.）。例如，一把椅子能够给养"坐"，同样也能够"被搬"。哈特森（Hartson）同样强调理解两个术语之间差异的必要性。他解释到，诺曼所提到的真实的给养指的是物理属性，而被感知的给养指的是认知给养或者一个设备的外部特征，这些外部特征能够对如何恰当地操作它提供线索。给养是真实世界中由物体决定的行动的可能性，它们是环境中实体的属性，同时实体提供可用的感知它们的信息，以便支持行动者的生存和生活。乔安娜（Joanna McGrenere）和韦恩（Wayne Ho）认为，诺曼所提出的"给养"概念包含四个特性：一是被感知属性可能是或者不是实际的属性，但仍然是给养，个体的感知觉包含在给养中；二是被感知的给养对如何使用物品的属性提供建议或线索；三是被感知的给养独立于行动者的知识、经验和文化而存在；四是被感知的给养能够使行为更简单或更复杂。②

盖弗（Gaver）根据连续统思维，考察给养（affordance）和感知信息（perceived information）两个维度，描述了四种水平的给养：虚假的给养（false affordance）、可感知的给养（perceptible affordance）、合理的拒绝

① Norman, D. A., *The Design of Everyday Things*, New York: Doubleday, 1990, pp. 17 – 35; Norman, D. A., *The Psychology of Everyday Things*, New York: Basic Books, 1988; Norman, D. A., *Things That Make Us Smart*, Massachusetts: Addison-Wesley, 1993; Norman, D. A., *The Invisible Computer*, Massachusetts: MIT Press, 1998; Norman, D. A., "Affordances, Conventions and Design", *Interactions*, Vol. 6, No. 3, 1999, pp. 38 – 43; Norman, D. A., "Affordances and Design", From: http: //www. jnd. org/dn. mss/affordances-and-design. html.

② McGrenere, J., & Ho, W., "Affordances: Clarifying and Evolving a Concept", *Graphics Interface*, 2000, pp. 179 – 186.

（correct rejection）、隐藏的给养（hidden affordance），如图4—3所示。由一个物体所带来的行动的所有可能性中，一部分是会被个体有效地感知到的，这些称为可感知的给养；反之，一个物体能够给养个体可能无法感知到的不同的行动，这些称为隐藏的给养；一个物体也会有误导个体判断的属性，个体认为它能够给养某个特定的行动，实际上它却不能，这些称为虚假的给养；一个物体能够创造不采取行动的可能性，也就是说，感知信息暗示个体某个行动不能够被执行，这些称为合理的拒绝。根据阿尔布雷克特森、安德森、博德克和佩特森的观点，盖弗的分类关注的是人机交互能否被给养所支持。哈特森也认为，盖弗将设计中的给养视为一种关注技术的优点和缺点的方法，尤其是技术在提供给人们如何使用它们的可能性方面。盖弗的分类框架表明，被感知的信息与给养并非完全一致，这种观点强调了产品外在信息设计的重要性。

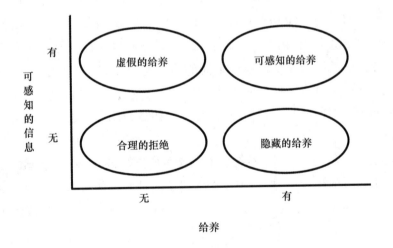

图4—3　盖弗的给养分类框架

资料来源：Gaver, William W., "Technology Affordances", Robertson, Scott P., Olson, Gary M. and Olson, Judith S. (eds.), *Proceedings of the ACM CHI 91 Human Factors in Computing Systems Conference*, New Orleans: Louisiana, 1991, pp. 79 – 84.

在诺曼研究的基础上，麦克格雷内尔（McGrenere）和何（Ho）区分了物体的功用/有用性（utility/usefulness）和物体的可用性（usability）。①
有用性与物体"给养的行动"或"所创造的行动的可能性"相关；可用
性则与"它所提供的感知信息"或"被感知到的它可能做什么"密切相
关。也就是说，可用性指向被感知的给养，有用性指向真实的给养。基
施纳（Kirschner）等人认为，一个有实用价值的系统必须满足两个条件：
必要的功能（utility）和较高的可用性（usability）。② 前者指系统所提供
的功能；后者指系统能够帮助使用者高效地完成任务，即应用的便捷性。
也就是说，给养提供的不一定是清晰可见的功能，但它可以通过信息的
设计被更好地认识或感知。

　　这两种类型给养的区分对于网络学习环境研究有着重要的启示与意
义，可以概括为五点。第一，学习环境能够提供尽可能多的学习的机会
或可能性，但并非所有的都能够被学习者感知到。第二，学习环境可能
提供真实的给养，也可能提供不真实但可被感知的给养。③ 第三，对于不
同的学习者来说，环境是不同的，因为学习者感知到的给养不同，这与
他们感知给养的意图和效能相关。第四，这种区分暗示了学习者对于给
养的利用机制，学习者感知给养的方式和给养的设计方式共同决定给养
是否能够被感知到，并且学习者对给养的感知与利用方式决定了给养如
何更好地设计才能够有效地增加给养的可感知度。如图4—4所示，真实
的给养对应着网络学习环境的有用性/环境的功能，可感知的给养是用以
指明给养的信息，对应网络学习环境的可用性/用户操作界面。真实的给
养之所以能够被学习者感知到，是由于环境中存在用以指明给养（为行
动或操作提供线索）的信息。学习者直接感知的是这些信息（亦即所说
的可感知的给养），并通过这些信息将真实给养所支持/预期的行动的可
能性转化为现实。第五，它对于设计有着重要的启示与意义，设计物体
的功用（utility）与设计物体的可用性（usability）是相关的，但也是相

　　① McGrenere, J., & Ho, W., "Affordances: Clarifying and Evolving a Concept", Proceedings of
Graphics Interface 2000 May15 - 17, 2000, Montreal, Quebec, Canada: pp. 179 - 186. Last retrieved
Sep. 3, 2014, from: http://www.graphicsinterface.org/proceedings/2000/177/PDFpaper177.pdf.

　　② Kirschner P., Strijbos J., Kreijns K., et al., "Designing Electronic Collaborative Learning
Environments", Educational Technology Research and Development, Vol. 52, No. 3, 2004, p. 47.

　　③ 贺斌、祝智庭：《学习环境给养设计研究透视》，《电化教育研究》2012年第11期。

对独立的，这就是有用性（usefulness）和可用性（usability）的区别。诺曼认为，物体被感知的属性比其真实属性更重要，在设计中要更加关注被感知的给养。麦克格雷内尔和何指出，清晰地区分设计的两个方面是非常关键的：设计给养和设计具体说明给养的信息是不能混淆的。[①] 人机交互领域的研究者大部分过分关注可用性，却以有用性为代价。设计者必须关心创造有用的（useful）行动，创造真实的可能性。一个有用的设计必定具备用户恰好需要的功能，来支持用户有效地完成工作，达成目标。设计的有用性（usefulness）是由设计支持/给养什么样的行动（或者说设计支持行动的可能性），以及这些给养是否与用户的目标相匹配，是否允许他们完成必需的工作所决定的。设计的可用性（usability）可以通过清晰地设计具体说明这些给养的感知信息来加强。可用的设计具有具体说明给养的信息，对终端用户的各种特征（如文化习惯、专业水平等）做出说明。

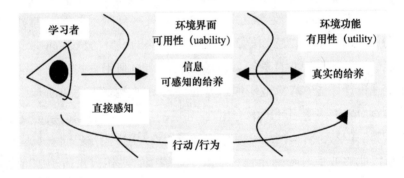

图4—4　真实的给养与可感知的给养

网络学习环境生态化设计有用性和可用性的良好平衡，通过创建与学习者目标相匹配的给养来进行功用（utility）的设计；通过对用以指明给养的信息的设计进行可用性（usability）的设计。设计过程要凸显与预期的学习行为相关的特征/属性，使给养易于被感知到，不断提升学习环

① McGrenere, J., & Ho, W., "Affordances: Clarifying and Evolving a Concept", Proceedings of Graphics Interface 2000 May 15–17, 2000, Montreal, Quebec, Canada: 179–186. Last retrieved Sep. 3, 2014, from: http://www.graphicsinterface.org/proceedings/2000/177/PDFpaper177.pdf.

境的易用性、互动性和感染力，增强学习者的学习体验。①

二　感官给养、认知给养、物理给养、功能给养

在网络学习环境设计过程中，真实的给养固然重要，它决定了环境能否有效地支持学习者完成活动、达成目标。然而，可感知的给养则是提升学习者学习体验的关键。可感知的给养与环境/系统的可用性密切相关。对于可用性，Web 易用性大师尼尔森（Nielsen）通过对计算机系统可接受性的解析（见图 4—5），揭示出可用性是计算机系统实际可接受性中的易用性属性，与实用性并列，包括计算机系统要满足用户易于学习、高效、易记忆、错误少、主观满意等要求。ISO 9241 – 11 "交互系统的以人为中心的设计过程标准"（human-centered design processes for interactive system）中将软件可用性定义为：产品在特定使用环境下为特定用户用于特定用途时所具有的有效性（effectiveness）、效率（efficiency）和主观满意度（satisfaction），对特定用户而言，还包括产品的易学程度、对用户的吸引程度、体验感受等。尼尔森把可用性看作产品自身具备的易用的特征；ISO 的定义把可用性看作产品使用的结果，包含系统（产品、任务、环境、用户）产生的效果，其中包含用户的满意度，描述为避免挫败、使用产品的积极态度等。

图 4—5　Nielsen 软件可接受性划分②

---

① 贺斌、祝智庭：《学习环境给养设计研究透视》，《电化教育研究》2012 年第 11 期。

② Jakob Nielsen：《可用性工程》，刘正婕译，机械工业出版社 2004 年版，第 16 页。

可用性作为可感知的给养的设计原则更为适合，而对于可感知的给养的具体层次结构，我们倾向于采用哈特森的观点。哈特森认识到给养概念对于人机交互（Human-Computer Interaction，HCI）的重要性以及这个术语经常被误用，于是提出一套与交互设计相关的术语集，将给养概念分为互补的部分，试图创造这个领域的通用语言。他提出的四种互补类型的给养分别为：物理给养（physical affordance）、认知给养（cognitive affordance）、感知给养（perceptual affordance）和功能给养（functional affordance）。[①]

（1）物理给养是指帮助、支持、促进、使用户能够物理地操作的设计特征，与用户界面制品的"可操作性"（operability）特征相关联。例如按钮的大小，它需要足够大以能够支持准确地单击。

（2）认知给养是指帮助、支持、促进、使用户能够思考某事或知道什么的设计特征，与用户界面制品的"语义或意义"相关联，决定产品能够提供给用户的意义（semantics/meaning）。例如按钮标签，帮助用户知道当点击的时候会发生什么。

（3）感觉给养是指帮助、支持、促进、使用户感觉某事物的设计特征，如看、听、感受等，它与用户界面制品的感觉能力（sense-ability）特性相关联。例如标签上的字体大小，字体足够大可以让用户更容易读。

（4）功能给养是指帮助、支持、促进、使用户完成工作的设计特征，也就是说，它指的是系统功能。例如，一个系统内在的对一系列数字进行分类的功能，会被用户以点击"分类"按钮的方式调用。

感知给养、认知给养和物理给养与可用性概念（usability）相似，都属于可感知的给养。感知给养最贴近学习者所能直接感知到的信息，它对于支持认知和物理给养是必需的，是这两种给养的"配角"。认知给养最贴近功能给养/真实的给养，因为学习者经过认知的参与，更能够理解设计者的意图，从而引导相应的行为与行动的发生。物理给养则是操作层面的，它与功能给养所提供的行动/行为的可能性相

---

① H. Rex Hartson, "Cognitive, Physical, Sensory, and Functional Affordances in Interaction Design", *Behavior & Information Technology*, Vol. 22, No. 5, 2003, pp. 315–338.

联系，但二者不是一回事儿。或者说，功能给养所附带的效用（utility）或有目的的行动必须借助物理给养所支持的操作来实现。功能给养则相当于真实的给养。由此，我们将给养的分类框架进行了进一步的调整，如图4—6所示。

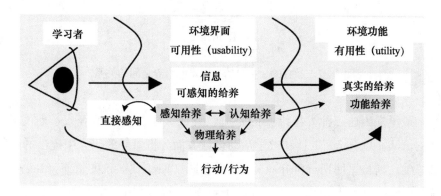

图4—6　感官给养、认知给养、物理给养与功能给养

在网络学习环境设计中，应当设法将四种类型的给养有效地联结起来。增强可用性的关键，就是设计感官给养、认知给养和物理给养；增强有用性的关键，是设计功能给养。

三　教育的给养、社会的给养、技术的给养

网络学习环境整体服务着教与学活动的开展，它主要支持两大功能：社会功能——联通人、教育功能——联通知识与智慧。从这一角度出发，网络学习环境的给养可以划分三个层面：教育的、社会的和技术的。从教育的给养角度，网络学习环境支持教与学活动的开展；从社会的给养角度，支持学习者学习的"人"既有个体，又有小组，还有共同体；从技术的给养角度，在网络学习环境中，无论是教育给养还是社会给养的供应，都是以信息通信技术（计算机、网络、多媒体等）为中介的，技术的给养为教育的给养和社会的给养提供了基本的支撑；教育的给养是最根本性、最核心的，技术的给养和社会的给养的设计是为了保障和辅助教育的给养，服务于教育的给养；三种类型给养之间的关系如图4—7所示。在网络学习环境中，教学和社会联系都是依托技术发生的，技术

支持下的教与学的活动和技术支撑的学习共同体，三个层面的给养是不可分割的。

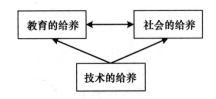

图4—7　教育的、社会的、技术的给养之间的关系

最早提出这三种类型给养的是荷兰开放大学的基施纳等人，他们是在尝试从 e-Learning 工具和教学活动设计方面分析给养的研究中提出的。[①]基施纳、斯特里博斯（Strijbos）、克雷恩斯（Kreijns）和贝尔斯（Beers）认为，给养有两大特征：一是有机体和环境之间必须存在互惠关系，给养必须是可感知的（perceivable）、有意义的（meaningful），以便它们能够被使用，以支持或者有可能支持某一行动；二是必须有"知觉—行动"的耦合关系，一旦有需求，给养必须能够支持某种行动，以满足需求。[②]据此，他们将给养的概念推及协作学习环境，认为"在教育领域，给养通常是技术的（technological）、教育的（educational）和社会的（social）情境和给养的整合，不同的教育情境中有着不同的社会化方式以及技术支持手段"。我们借鉴了基施纳等人的分类，并结合其他研究者提出的一些观点，对这三种类型的给养进行更为清晰、细致的阐释。

（1）教育的给养：也有研究者称为教学给养或学习给养。它所表明的是环境支持学习发生的能力/可能性，或者说促使特定学习发生的教育

① Kreijns K., Kirschner P. A., Jochems W., "The Sociability of Computer-supported Collaborative Learning Environments", *Educational Technology & Society*, Vol. 5, No. 1, 2002, pp. 8 – 22; Kirschner, P. A., "Can We Support CSCL? Educational, Social and Technological Affordances for Learning", In P. A. Kirschner（Ed.）, *Three Worlds of CSCL: Can We Support CSCL?* Heerlen, The Netherlands: Open University of the Netherlands, 2002, pp. 7 – 47.

② Kirschner P., Strijbos J., Kreijns K., et al., "Designing Electronic Collaborative Learning Environments", *Educational Technology Research & Development*, Vol. 52, No. 3, 2004, p. 47.

干预（教学法）的属性与学习者特征之间的关系。教学法既指教的方法，又指学的方法①，被转化成一系列的任务和程序，被教师和学习者在某个特定的情境下运用，实现特定的教学和学习目标。教育给养与教与学的活动的给养相关，与支持性的方法、技术、材料和目标相关。彼得·诺马克（Peeter Normak）提出学习动力的生态化方法，学习给养（learning affordance）在其理论框架中被描述为："从属于某一个共同体的、有着特定目标的学习者，当他与特定学习环境中的元素（人、学习材料、工具等）相互作用时所感知到的某种东西。"②

（2）社会的给养是指环境的社会交互属性，指明在线学习环境对社会情境的促进作用。它是嵌入环境中，作用是支持社会化，与学习者的社会性交互密切相关。对于不同的教学法来说，需要不同的社会给养的支持。例如，对于小组学习来说，要求必须联通网络上的学习者并且组成小组。

（3）技术的给养是指信息通信技术（ICT）基础设施和人们对它们的使用之间的关系。③ 对技术的给养的清晰描述，能够有助于理解传播和呈现技术如何能够被最有效地用来支持学习和教学，帮助找到使用工具的最好方法或者达成目标的最好工具。科诺尔（Conole）和韦勒（Weller）指出，给养的概念潜在地提供了一种沟通教学和技术桥梁的方法。④ 通过允许将技术和教学描述为一个概念术语，给养能够促进选择适合特定教学的技术，以及选择合适的教学来适应想要的结果。技术作为社会的和教育的情境的中介，并引发特定的网络学习行为，我们说技术给养学习和教学。

---

① Conole, G., "Capturing practice: The role of mediating artefacts in learning design", in L. Lockyer, S. Gennett, S. Agostinho, and B. Harper, *Handbook of Research on Learning Design and Learning Objects: Issues, Applications and Technologies.* University of Wollongong, 2007.

② Normak, P., Pata, K., & Kaipainen, M., "An Ecological Approach to Learning Dynamics", *Educational Technology & Society*, Vol. 15, No. 3, 2012, pp. 262 –274.

③ Conole, G. & Dyke, M., "What are the Affordances of Information and Communication Technologies?", *ALT-J*, Vol. 12, No. 2, 2004, pp. 113 –124.

④ Conole G., Weller M., "Using Learning Design as a Framework for Supporting the Design and Reuse of OER", *Journal of Interactive Media in Education*, No. 1, 2008, Retrieved October 8, 2014, from http: //jime. open. ac. uk/article/2008 –5/336.

　　从设计意义上说，基施纳指出，CSCL 环境的有用性（utility）设计更注重教育和社会的给养，而可用性（usability）设计则与技术的给养相关，偏重于人机界面的设计。[1] 具体来说，教育的给养决定着特定学习活动如何发生，是给养设计的核心部分；社会的给养必须能够预测学习者的社会交互意图，支持他们对社会交互的需求；技术的给养是指环境的可用性、易用性等属性，设计应遵循以用户为中心的设计原则，应用交互设计的方法，关注学习者的学习体验。网络学习环境设计首先要根据目标的需要确定教与学的活动，并由此设计教育的给养，进而根据教育的给养来确定对社会的给养以及教育的给养的需求，在以上基础上提升学习者的学习体验。

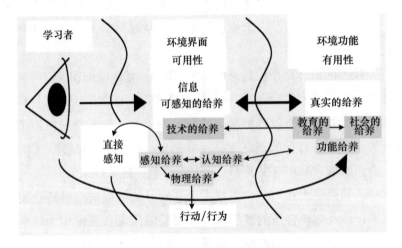

图4—8　网络学习环境的给养框架

四　正面的给养与负面的给养

　　迈尔（Maier）指出，给养是理解设计过程的强有力工具，设计的目的就是为了创建和改变给养，它并不是创建能够运行的人工制品，而是创建能够被使用的人工制品。[2] 所以，他提出基于给养的设计（affor-

① Kirschner P. , Strijbos J. , Kreijns K. , et al. , "Designing electronic collaborative learning environments", *Educational Technology Research and Development*, Vol. 52, No. 3, 2004, p. 47.

② Maier, J. R. , & Fadel, G. M. , *Understanding the Complexity of Design.*, In Complex Engineered Systems. Springer Berlin Heidelberg, 2006, pp. 122 – 140.

dance-based design，ABD)①，设计的过程就是具体说明一个人工制品具有某些正面的给养（positive affordance）而不具有某些负面的给养（negative affordance)。正面的给养和负面的给养能够描述对于制品的预期和非预期的方面。例如，发动机的功能是将电能转化为转动动能，它给养转动，这是期望、需要的，因此将其归类为正面的给养；但是，由于发动机内部的各种电阻，发动机也会产生热量，这些是不需要、不期望的，因此，将其归类为负面的给养。设计者必须根据用户的需求，决定哪些是需要的给养，哪些是不需要的给养。在设计过程中，通过有意识地分析设备概念的正面和负面的给养，设计的时候可以消除或减少负面的给养。环境的设计本质上就是创建与修改正面的给养，以诱导与支持相应行为发生，同时还要消除（或减少）负面给养，以避免非预期行为的发生。②

　　ABD 方法给我们的重要启示在于，在设计过程中，不仅仅可以简单地设定预期或期望的功能，还可以通过分析不期望的一些因素来减少或消除负面的给养。正负面给养的划分对于我们解释网络学习环境给养的结构并没有太大帮助，但对于我们设计网络学习环境却有着重要的启示。网络学习环境的可用性设计就是在有用性设计的基础上注重学习者学习体验的提升，这可以看作通过设计过程主动地增加正面的给养。基于给养的设计方法还提醒我们，在设计过程中应当分析可能产生哪些不期望的行为或因素，并通过有效的设计来干预或制止。

五　小结

　　除了上述的给养类型，贺斌、祝智庭在批判性地总结已有的给养概念与分类框架的基础上，创造性地提出学习环境给养的生态框架，认为给养包括认知给养、物理给养、感官给养、操纵给养、情境给养，并强

---

　　① Maier, J. R., Fadel, G. M., "Affordance Based Design: A Relational Theory for Design", *Research in Engineering Design*, Vol. 10, No. 1, 2009, pp. 13 – 27; Jonathan R. A., Maier, "Foundations of Affordance Based Design", http://www.clemson.edu/ces/credo/classes/ Lect4014.pdf: 2012 – 03 – 03.

　　② 贺斌、祝智庭：《学习环境给养设计研究透视》，《电化教育研究》2012 年第 11 期。

调各种给养之间良好适应性的互动与互惠的网状联系。杰维特（Jewitt）提出另一种类型的给养——具象给养（representational），将材料和有机体的社会方面联系起来。① 乔丹（Jordan）等人提出空间的给养（spatial），指地点的属性、其中物体的属性与它们的实际使用之间的关系。② 劳巴尔（Raubal）和弗兰克（Frank）将空间给养分成四种类型，分别代表不同的任务情形：个体使用者、使用者和个体实体、使用者和多种实体、一组使用者。③ 赫夫特（Heft）强调，环境中的地点对于个体和个体组成的小组有着功能性的意义/作用。④

虽然我们对给养进行不同层面的分类，但是各种不同的给养不是孤立作用的，所有的给养始终是以整体形式出现的。每种不同的给养以不同的机制发挥着作用，对应着不同方面的学习者行为，也对应着不同的设计要求和设计原则。生态化的网络学习环境应具备可感知的、有意义的、全面的、整合的、动态的给养，并通过提供各种机制，保障给养与学习者形成互动共生的良好生态关系。

第三节　给养的描述模型⑤

只有清晰地描述与表达网络学习环境的给养，才有助于为我们的设计提供最直接的依据与支持。为此，我们系统化地总结了已有的描述给养的方法与规则，结合网络学习的特点进行了相应的修订，并试图将给

① Jewitt, C., "Multimodality and New Communication Technologies", In P. Levine, & R. Scollon, (eds.), *Discourse and Technology*: *Multimodal Discourse Analysis*, Washington, D. C.: Georgetown University Press, 2004, pp. 184－195.

② Jordan, T., Raubal, M., Gartrell, B., and Egenhofer, M., "An Affordance-Based Model of Place in GIS in 8th Int. Symposium on Spatial Data Handling", SDH'98, Vancouver, Canada, 1998, pp. 98－109.

③ Raubal, M., Frank, A., "Interoperability of Data Access: Modeling People's Interaction Processes with Affordances", Institute for Geo-information, Technical University of Vienna, Austria, 1999.

④ Heft, "The Ecological Approach to Navigation: A Gibsonian Perspective", In J. Portugali (ed.), *The Construction of Cognitive Maps*: *The GeoJournal Library* 32, Kluwer Academic Publishers, Dordrecht/Boston/London, 1996, pp. 105－132.

⑤ Moura, H. T. D., "A Methodological Framework for Bringing Multimodality and Affordances to Design of Technology-Enhanced Learning Environments", *Illinois Institute of Technology*, 2008, pp. 294－304.

养和设计原则联系起来，以期为设计提供直接的参考。

给养的描述模型是为了写出或者描述不同类型的给养、它们组合的结构以及支持要素。本部分系统化地总结了描述给养的模型，从简单到复杂，从一组众所周知的命名给养的原则开始，转向更复杂的模型，描述与一个给养相关的各种相互关联的要素，进而转向更复杂的一组原则，允许描述一组给养组合起来的结构。模型中包含许多命名、写出或描述给养的方法或规则，我们对每个模型和过程都以案例进行说明。四种描述给养的模型在将视线从分析转向设计原则的过程中是有用的，逐步递进地揭示给养的组成。这有助于我们从一个统一的角度理解各种不同类型、不同层面的给养。

一　基本模型

基本模型给出给养的 3 种简单的描述方式，如表 4—1 所示。第一种方式是"易于（easy to/ease of）＋动词"，例如"易于阅读"。事实上，它指明一些特性的复合，包括"一种字体类型""适当的字体大小""在特定的介质上""代表特定的内容"等，这些特性的复合来给养易于阅读的行动。第二种方式是使用名词，在动词后面加一个后缀"ability"，表示支持一种能力、行动或状态，例如可攀爬（climb-ability）、可读性（readability）、沟通能力（communicability）、社会能力（sociability）等。第三种方式是基于吉布森对给养的描述，他在描述一些支持不同姿势或移动的表面时提供了下面的例子：（1）能够站在上面的支撑表面（给养休息的地方）；（2）能够走在上面的表面（给养步行的表面，并且如果是

表 4—1　　　　　　　　　　　　描述给养的基本模型

规则	示例
a) 易于（easy to/ease of）＋动词	易于阅读
b) 动词＋能力（ability）	可攀爬
c) 能够（able）＋介词＋动词＋的＋"提供给养的物体/地点/物质"	能够在上面攀爬的表面

对于陆地生物的移动，表面必须有近乎水平和坚硬的底层，不包括水面）；（3）垂直坚硬表面（给养碰撞）。以这种方法，他提出"能够（able）+介词+动词+的+'提供给养的物体/地点/物质'"的给养描述方式。

二 简化模型

简化模型是基本模型的变种，它将给养和原则描述结合起来，如表4—2所示。同基本模型一样，此模型适用于不必要细致地描述给养的情境。这里提到的设计原则，包括适应信息摄入的感知偏好，通过丰富的互动机会支持意义建构等。每一条设计原则都与使得行动成为可能的一个或多个给养相关，如适应信息摄入的感知偏好与包容性（inclusiveness）密切相关，通过丰富的互动机会支持意义建构与沟通性（communicability）相关。由此，给养描述应该将给养和设计原则结合起来，从而使得理解意义和参考情境更为容易，如包容性——适应摄入信息的感知偏好，互动性——提供丰富的意义建构机会。以这种方式，同一原则可能会关乎不止一条给养；可能有不止一条原则与一个单个给养相关。

表4—2 描述给养的简化模型

规则	示例
a）基本模型给养描述 + 原则描述	易于使用（或可用性，或者一个可用的鼠标）+ 支持性技术

三 相关模型

拉斯马森（Rasmussen）将吉布森的给养描绘为"目的层级塔"，并认为给养可能以这种格式来结构化。他提出描述给养及其结构的一种方式，即将给养和目的层次之间的关系清晰地表述为"为什么""如何"和"是什么"。[①] 基于吉布森对环境的给养与主体的效能的区分，帕

---

① Rasmussen, J., *Information Processing and Human-machine Interaction: An Approach to Cognitive Engineering*, New York: North-Holland, 1986.

塔（Pata）提出给养书写的规则，包括环境中活动的主体与支持他们实现目标的工具或人工制品之间的关系。[①] 基于吉布森的观点，主体对给养的感知是在活动中动态变化的，主体和环境之间的关系使得每个人都能够在特定的时刻感知到环境的一组特定的给养。主体有着某些特定的效能，在环境中使用工具或人工制品进行一些活动；环境有着确定的给养。基于此，就出现了描述给养的三大重要元素：主体（效能如目标，做什么等）；活动、行动或操作（如何实现目标）；中介（包括环境、工具、人工制品）。给养也就被描述为支持/阻碍主体通过特定的行动达成目标的属性。这样给养描述就不仅包含一个元素，如可读性，而是包括至少 2 个要素、行为动词和主体名词（e. g. track_person）、行为动词以及人工制品名词（e. g. comment_artifact）、行为动词和主体名词以及人工制品名词（e. g. reuse_community_artifact）、行为动词和主体名词以及主体目标（e. g. reflect_community_meaning）、行为动词和人工制品名词以及制品形容词（e. g. share_aggregated_artifact）、行为动词和活动名词（e. g. capture_lecture）、行为动词和活动名词以及活动形容词——主体或制品相关的属性（e. g. present lecture one "to" many）。

　　相关模型就是充分考虑描述属性和它们被主体在特定情境下使用之间的关系的重要性。它的描述规则及相应的解释如表 4—3 所示。

表 4—3　　　　　　　　　　描述给养的相关模型

规则	解释
（1）｛主体｝［谁/是什么］+	某人或某物的名字 +
（2）｛目标和环境｝［为什么 & 在哪里］+	描述目标以及其发生的地点（行为动词、名词、介词和名词）+
（3）｛by｝［介词］+	介词 by +
（4）｛为达成目标所采取的行动｝［怎么做］+	支持目标实现的行为动词 +

---

　　① Pata, K. , "How to Write an Affordance Description?", Blog entrance, http：//tihane. word-press. com/ 2007/02/01/ho w-to-write-an-affordance-description/.

续表

规则	解释
（5）｛作为中介的工具或人工制品｝［通过哪种途径/方式］	描述工具、人工制品和它们属性的名词与形容词
（6）｛给养｝［属性和使用之间的关系］	描述给养的名词

为了清晰地说明相关模型描述给养的规则与方法，我们给出以下两个例子。

例1：假定情形，Jane 为了换掉墙上的一个灯，他要爬到一个轮椅上，并且不能从上面落下。这些关系可以被描述为：｛Jane｝ + ｛换掉墙上的灯 BY 爬上｝ + ｛稳定的，中等高度的椅子，可以锁轮｝：｛可攀爬；稳定性｝，如表4—4 所示。

表4—4　　　　　　　　　给养描述的相关模型例1

｛Jane｝ +	｛换掉墙上的灯	BY	爬上｝ +	｛中等高度的椅子,可以锁轮｝	：｛可攀爬｝；｛稳定性｝
主体	目标动词，对象，环境		支持动词	中介工具及其属性	给养

例2：假定情形，John 通过鼠标和计算机屏幕上的信息选择一个 Web 链接。这些关系可以被描述为｛John｝ + ｛选择 Web 链接 BY 点击｝ + ｛重量轻，坚硬表面的鼠标，有两个按键｝：｛可点击；可移动；可追踪｝，如表4—5 所示。

表4—5　　　　　　　　　给养描述的相关模型例2

｛John｝ +	｛选择计算机屏幕上的 Web 链接	BY 点击｝ +	｛鼠标,轻的,坚硬表面的,有两个按键｝
主体	目标动词，对象，地点	支持动词	中介工具及其属性
：｛可点击｝；｛可移动｝；｛可追踪｝			
给养			

从上面的例子可以看出，在支持特定行动的时候，多种给养或者说给养的多个方面被结构化在一起。依据杰维特（Jewitt）的观点，给养需

要被组合在一起，而不是孤立地考虑，因为多个或多层面给养组合形成的结构所具有的意义通常和单个给养是不一样的。[①]

四 扩展模型

扩展模型将相关模型和感知到的行动的可能性、实际使用以及被错过的行动的机会结合起来，如表4—6所示。

表4—6 描述给养的扩展模型

构成规则
（1）相关模型 + （2）感知到的行动的可能性 + （3）实际使用 + （4）被错过的行动的机会

第四节 给养的复合：网络学习生态系统

网络学习环境的各种类型的给养不是孤立存在的，对学习者的作用也不是简单叠加的效果，而是具有复杂的关系和一定的结构。生态世界是层级性的统一，交互性的复杂关系是基本的特征。拉斯姆森（Rasmussen）和维森特（Vicente）指出，任何真实世界情形中都存在大量的互相关联的给养可供活跃的有机体使用，这些给养组织在一起形成一定的结构，来传达重要的、与目标相关的信息。[②] 沃伦（Warren）提出给养能够以顺序或嵌套的结构相互关联。[③] 我们则以生态系统的视角来审视这种由给养复合而成的关系与结构——网络学习生态系统，同时，引入生态心

---

① Jewitt, C., "Multimodality and new communication technologies", In P. Levine, & R. Scollon, eds., *Discourse and technology*: *Multimodal discourse analysis*, Washington, DC: Georgetown University Press, 2004, pp. 184 – 495.

② Rasmussen, J. & Vicente, K. J., "Coping with Human Errors Through System Design: Implications for Ecological Interface Design", *International Journal of Man-Machine Studies*, Vol. 31, 1989, pp. 517 – 534; Vicente, K. & Rasmussen, J., "Ecological Interface Design: Theoretical Foundations", *IEEE Transactions on Systems*, *Man and Cybernetics*, No. 22, 1992, pp. 589 – 606.

③ Warren, B., "Constructing an Econiche", In P. Flach, J. Hancock, J. Caird & K. Vicente (eds.), *Global Perspectives on the Ecology of Human-machine Systems*, Hillsdale, N. J.: Lawrence Erlbaum, 1995.

理学中"功能性区域"的概念来分析网络学习生态系统的结构。大量证据证明，环境是由质性不同的功能性区域构成的，个体和这些区域相互作用。我们对网络学习环境进行不同功能性区域的划分，这些不同的区域从不同的方面为学习者的学习行为提供给养。例如，学习共同体作为一个功能性区域，就是为合作、协作等活动提供社会给养；学习资源作为一个功能性区域，则主要提供认知给养，为学习者的意义建构提供互动环境。

　　基于此，我们对网络学习生态系统的要素与关系结构进行分析，并从功能性区域划分的角度对各要素及关系进行重新梳理。每一功能性区域都可以从特定的方面来给养学习者的学习，各个功能性区域相互联系、相互作用，共同创设网络学习生态。

一　网络学习生态系统构成要素

　　从生态系统的视域来解析网络学习环境，学习者与网络学习环境构成的整体可以视为网络学习生态系统。类比自然生态系统，网络学习生态系统是一个人工生态系统，它既是一种实体存在，更是关系存在。作为一种实体存在，网络学习生态系统是由许多要素构成的一个整体；作为一种关系存在，各要素之间存在复杂的相互作用关系，这些复杂联系是形成网络学习生态的必要条件。在本书中，我们假设社会环境对网络学习环境有着充足的信息和能量输入，因此暂不考虑社会大环境对网络学习环境的影响，仅考虑网络学习环境的内部要素。我们通过文献综述与比较的方法，对已有研究所提出的网络学习环境的要素进行系统的总结，得到如图4—9所示的网络学习生态系统的要素构成框架。

二　网络学习生态系统关系结构

　　网络学习生态系统错综复杂的各种关系中，最重要的就是由学习共同体所决定的社会关系结构以及由教学要素所决定的教学关系结构。

　　（一）社会关系结构

　　网络学习生态系统是为了更好地促进教与学活动这一目标而建构的

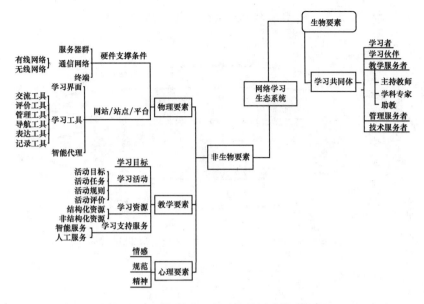

图4—9 网络学习生态系统的要素构成框架

人工生态系统,人是唯一的活动主体,统称为生物要素/生态因子。这些生物要素按照其所承担的角色与功能,可以分为学习者、学习伙伴、教学服务者、管理服务者、技术服务者,他们及其互动关系构成学习共同体。其中,学习者与学习伙伴是网络学习环境中学习的主体,环境随着主体而变化。对于学习者个体而言,学习伙伴也是其学习环境的成分,"你是我的环境组成部分,我也是你的环境组成部分"。教学服务者、管理服务者、技术服务者分别从教学、学习过程管理、技术支持的维度为学习者提供支持服务,其中最核心的是教学服务者。教学服务者一般有主讲教师、学科专家、助教三种角色,承担着活动组织、学习指导、生态维持等职责。

对于要素之间的作用关系,学习者与学习伙伴之间构成竞争与合作关系,竞争包括在获得教师的支持方面、学习成果评价方面,合作则体现在学习者与学习伙伴之间对学习资源、学习反思、学习成果的共享,以及学习者与学习伙伴在学习活动上的协作。三类服务者与学习者之间构成服务与被服务的供需关系,三类服务者之间形成协同工作关系,如图4—10所示。只有共同体中的每一成员都能够各司其职、精诚合作,形成互利共生的关系，网络学习生态系统才能够持续发展。

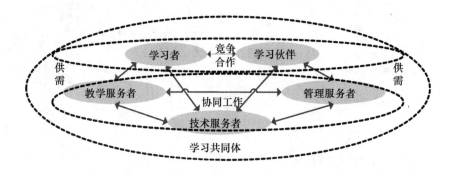

图4—10 网络学习生态系统生物要素之间的关系

（二）教学关系结构

网络学习生态系统的核心职能是开展教与学的活动，教学要素则是相对抽象的，我们将其细分为学习目标、学习活动、学习资源、学习支持服务，它们的关系如图4—11所示。

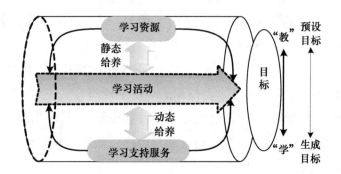

图4—11 网络学习生态系统教学要素之间的关系

1. 学习目标

学习目标起着最重要的导向作用。与以往的教学目标不同，这里的目标既包括"教"方的预设目标，也包括"学"方自主生成的学习目标。当前，大部分网络学习环境的设计仍然是以学科或课程为组织单位，这就决定了培养目标仍然是其设计的根本依据。设计者依据培养目标确定课程目标，进而确定教学目标、活动目标。① 培养目标、课程目标、教学目标、活动目标虽然是在对学习者需求进行分析的基础上制定的，但是对学习者而言仍然属于教的一方所制定的"预设目标"。预设目标的他设性，使得它与学习者的学习目标之间产生"距离"，但是它影响着学习者学习目标的制定。学习者结合自身对于学科或者课程学习的认识、自己的学习经验、学习兴趣等特征，在预设目标框架的约束下，制定自己的学习目标，如图4—12所示。

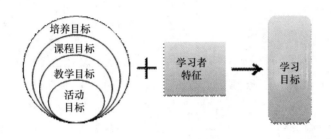

图4—12　学习目标的确立

2. 学习活动

学习活动是旨在完成特定学习目标而进行的师生操作的总和。不同学者对学习活动构成要素的理解也存在差异，学习活动的粒度也是相对的，"大"的学习活动可以分解为几个"小"的学习活动，但是，任何一个学习活动必须具备四大要素：活动目标、活动任务、活动规则、活动评价。不同的学习活动的序列构成网络学习过程/模式，学习活动成为网络学习环境的"运营链"和网络教与学过程发生的主线。

3. 学习资源

学习资源指能够为学习者提供信息的各种多媒体材料，分为预设类资源、生成类资源和外部链接资源。预设类资源是由学科教师精心设计、按预定结构组织起来的学习材料，通常是具有确定的来源、良好的结构、相对固定的内容，如PPT讲稿、教学视频（交互式视频、微视频等）、教

---

① 武法提：《论目标导向的网络学习环境设计》，《电化教育研究》2013年第7期。

学动画、其他教学课件、文献材料（文档、网页等）、练习题（文档、网页、题库）、测试题、用户手册等；生成类资源是指那些来源不确定、内容动态变化、结构模糊、缺乏稳定性的资源，它是在 Web 2.0 网络应用模式的驱动下，学习者既作为学习资源的使用者又作为贡献者所生成的未经明确教学设计的资源，如对所阅读文档的笔记，对所观看视频、阅读文档、观看图片的评论，在论坛中的发帖及回帖，所提交的作业，所发表的博文，所参与编辑的 WiKi，所发表的微博以及所添加的书签等。学习资源作为网络环境中学习内容的载体，是为学习者提供给养的重要的"有机养料"。

4. 学习支持服务

学习支持服务的被服务方为学习者，服务方为上述提到的三类服务者，对应学习支持服务有三个方面：教学支持、管理支持、技术支持。教学支持分为学术性支持和情感支持，学术性支持用以服务学习活动的开展，如教师答疑、学习评价等；情感支持则包括情感交流活动的组织以及学习氛围、情感氛围的创设等；管理支持包括注册管理、过程管理、评价管理、证书管理等；技术支持则是指为学习者提供技术应用方面的指导、培训、帮助等。学习支持服务和学习资源共同辅助与支持学习活动过程的开展，如果把学习资源比喻为静态的"有机养料"，学习支持服务则可以被比喻作动态的"园丁服务"。

三 网络学习生态系统功能性区域

给养是属于网络学习环境的，并且是由环境中的实体要素提供的。然而，网络学习环境是围绕学习者的各种要素的综合体，不可能一一分析每一种要素所提供的给养。生态心理学"功能性区域"的概念为我们对网络学习环境的要素进行分类提供了支持。不同的要素能够从不同方面给养学习者，结合对学习环境给养结构的分析，我们将网络学习环境的给养分为四大功能性区域，并以四种类型给养来命名，如图 4—13 所示。

（一）功能性区域一：社会给养

社会给养功能性区域中的要素是学习共同体，承担着为网络教与学提供社会给养的功能，即借助网络技术来"联通人"，以有效支持协作学

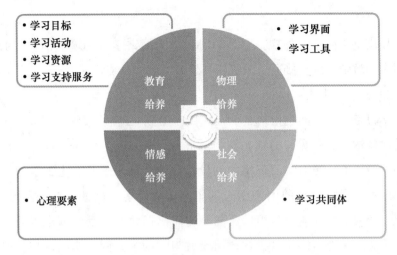

图 4—13　给养视角的网络学习环境功能性区域划分

习、学习支持服务开展等。学习共同体是这些生物要素在进行教与学活动的过程中形成的，它首先指学习者、学习伙伴、教学服务者、管理服务者、技术服务者形成的群体及其之间的社会关系；其次，还强调群体作为一个整体（集合）所表现出来的特征。"良好的学习共同体包含四大构成要素：归属感、信任感、互惠感和分享感。"① 个体与共同体是唇齿相依的关系，学习共同体是学习者个体发展的潜在依托，良好的学习共同体对个体的发展有着巨大的促进作用。

（二）功能性区域二：物理给养

物理给养功能性区域对应物理要素，物理要素包括硬件支撑条件和站点。硬件支撑条件如服务器、通信网络、终端等，为学习者通过浏览器访问网络站点提供基本通路。对于硬件支撑条件，本书不做深入讨论，即假设网络学习环境的各成员都能够通畅地访问网络学习平台。站点是强调网络学习平台功能预设的方面，它提供开展教与学活动所必备的网络功能，是网络学习环境中最基础的"设施"和"场所"支撑条件，包括学习界面、学习工具、智能代理三部分。物理给养主要依托学习界面和学习工具所支持的操作来给养学习者完成学习任务。

---

① 王觅、钟志贤：《论促进知识建构的学习环境设计》，《开放教育研究》2008 年第 8 期。

1. 学习界面

界面是指网站的外观，它是学习者进入网络学习环境的门户，通常学习者和教师可以直接通过浏览器登录即可应用系统。

2. 学习工具

学习工具一方面是指站点/平台中嵌有的学习者、教师、管理者进行活动的基本工具；另一方面，在当前混搭（mashup）和个人学习环境构建的大趋势下，网络学习环境的创设往往不会局限于平台上的工具，还会应用一些当前主流的用于学习的工具，如博客、微博、社交网站等。因此，学习工具的范围是很广泛的。如何根据学习活动的需求以及学习者的效能选择恰当的工具，构建用于教与学的个人网络学习环境，是非常重要的。

3. 智能代理

智能代理可以算作一种工具，之所以特别强调它，是因为它的动态反馈特性。随着人工智能技术的发展，网络学习环境中的许多功能可以借助智能代理来实现。比如 Canvas 平台上，智能代理可以根据教师对教案以及作业的编辑情况，自动向学习者发送通知邮件。大部分平台可以自动向学生发送邮件，提醒作业提交终止日等。

（三）功能性区域三：教育给养

教育给养功能性区域中的主要要素是学习资源，这是因为学习目标、学习活动要素并不是学习者可以直接面对的给养。学习者直接面对的是学习资源和学习工具，并在学习目标、学习活动尤其是活动任务的引导下，利用资源和工具完成任务、达成目标。学习支持服务的开展也是借助学习工具来完成的。

（四）功能性区域四：情感给养

情感给养功能性区域主要对应心理要素，心理要素包括规范、情感、精神氛围等。规范是约束师生活动行为的一些规则等；情感是指师生互动过程中创设的情感氛围；精神氛围则侧重共同体整体形成的风气等。这些要素像传统校园环境中的校风、班风等，从内在心理和情感的角度给养着学习者，成为教与学的重要辅助区域。

四 网络学习生态系统——给养复合体

网络学习生态系统是一个功能单位，以促进学习者的生态化学习为目标。学习环境与学习者形成给养关系，网络学习生态系统的各种要素担负着不同的职能。每个功能性区域从不同的层面为学习者提供给养，并在给养的互联互动中形成统一的有机整体，如图4—14所示。

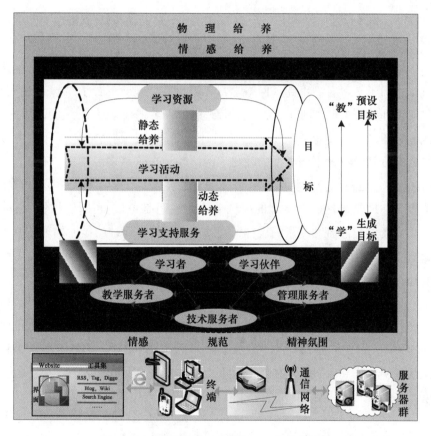

图4—14 网络学习生态系统——给养复合体

学习共同体（社会给养）和教育给养的互联互动共同创设了知识的交流环境。在规范的约束下，学习共同体在交流与合作的过程中，情感和精神氛围得以形成，共同创设网络学习的心理环境。物理给养则为网络学习生态系统的发展提供了基础的物理环境，是知识环境和心理环境得以形成的重要支撑。学习者在网络学习环境中借助物理环境的支持，选择与利用学习资源，并在各类服务者提供的学习支持服务的"协助"下，通过参与各种各样的学习活动进行学习。教学服务者通过设计学习资源、组织学习活动、监控学习过程、给予学习指导来促进学习者的学习。管理服务者和技术服务者则为学习者提供其他各种非学术性的支持，学习共同体在教与学的活动过程中共同创设网络学习生态。

第五节　"实"与"虚"：设计要素的确定

根据以上分析，生态化的网络学习环境是各种给养的复合体，作为整体作用于学习者。由此，网络学习环境生态化设计是给养的设计过程。如何设计给养？给养是以网络学习环境中的实体要素为依托的，因此，我们试图进一步确定环境的可直接设计的要素。正是网络学习环境的诸多要素给养着各种不同类型的教与学的活动。在这诸多要素中，有"实"有"虚"，也有研究者将实体要素称为显性要素，"虚"的要素称为隐性要素。心理要素是最为典型的隐性要素，它不是可以直接设计的，它的形成要通过其他显性要素的设计，活动主体在精心设计的显性物理环境中参与活动，形成共同体，并共同创设社会心理以及文化环境。除了心理要素外，其余要素都可以视作"实"的显性要素。我们再来分析这些显性要素，对于学习共同体、学习支持服务这两个要素，它们是服务于学习活动开展的，需要我们在环境中提供相对应的支持工具和资源。对于学习目标和学习活动，它们是设计的主线和依据，然而在环境中，仍然是以资源和工具呈现给学习者。这样看来，设计要素是指学习者可直接与之交互的要素，主要包括物理要素中的学习工具以及教学要素中的学习资源。

一　学习目标和学习活动：设计的主线和依据

学习目标、学习活动虽然是最重要的两大要素，是教学设计的必备环节，但是我们所讨论的设计要素更强调支持学习目标达成和学习活动开展的各种条件。学习目标和学习活动决定着设计要素如何被使用，它们是设计的主线和依据。在设计给养的时候，则是根据学习目标与学习活动的需求，选择、设计相应的工具与资源匹配目标和活动的需求。

二　学习资源和学习工具：关键设计要素

学习资源和学习工具是学习环境最重要的两大设计要素。从教学要素来说，学习者所直接面对的只是学习资源，其他教学要素的给养间接地通过学习资源作用于学习者。学习支持服务的提供是借助学习共同体的支持，学习共同体则是依托社会网络工具建立联系的，我们不将其作为单独的要素或给养进行设计，而是根据教学需求所确定的社会给养来决定是否选择相应的学习工具支持小组或共同体的构建。从物理要素来说，本书定位在微观教学视角的设计，因此不会考虑硬件平台的设计。在物理要素中，我们主要考虑学习工具。学习工具为学习资源的流动、学习活动的进行以及学习支持服务的开展提供各种支持。从生物要素来说，在网络学习环境整体搭建完成之后，总是有一个学习共同体为环境的运行服务。但是，在本书所定位的微观视角的设计中，我们所考虑的社会给养仅限于为某次教学所服务的，视教学给养的需求而定，或是个体，或是小组，这样社会给养会直接影响学习工具的选择。

因此，我们跳出对网络学习环境分析面面俱到的分类框架，仅聚焦可设计的要素，并且将可设计的要素分为两类：一类是包括学习目标和学习活动的设计主线；另一类是包含学习资源和学习工具的可设计给养，这些是支持学习目标达成和学习活动开展的条件。它们之间的关系如图4—15所示。学习目标和学习活动的设计是核心，它们对其他要素的设计起着决定作用，直接影响学习资源的设计和学习工具的选择。社会

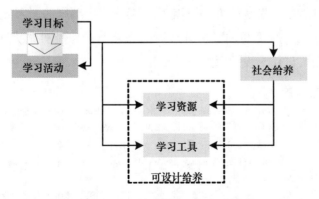

图4—15　学习环境的设计要素

给养的提供是通过社会化工具来实现的，学习目标和活动对社会给养的需求也决定着学习工具的选择。对于学习者来说，其所面对的是应用工具和资源完成学习活动，教与学的活动都是借助学习资源和学习工具为中介的。明确这一点，为后面设计模型的提出奠定了坚实的基础。

第六节　网络学习环境的给养
具体化示例及定义

　　学习的给养是指为学习的发生所创造的可能性或机会。在以上分析中，我们全面分析了网络学习环境各个层面、各个方面的给养，但这些都是抽象层面的。为了使得网络学习环境的给养更为清晰、具体，基于对文献和案例的多重分析，参考克劳特（Kraut）、福塞尔（Fussell）、布伦南（Brennan）和西格尔（Siegel）总结的媒体的一般的影响协作的通信给养（communicational affordances）[1]、Conole 和 Dyke 为计算机在教育中应用的给养提供的一个分类法[2]、张屹等提出的网络教育服务质量基本框架[3]，我们从物理给养、感觉给养、认知给养和功能给养划分的角度，对网络学习环境的具体给养进行总结，以基本模型中"能力/可⋯⋯"的方式描述出来，并给出解释性定义，以期为实践者理解网络学习环境的给养提供具体的参考。我们会发现，一些给养可能是几种更为基本的给养的复合；不同给养示例之间可能存在交叉和重叠。而且，我们并不期望面面俱到地列出所有的给养，而仅仅是提出一个可扩展的具体给养框架，为设计者提供思考的方法。因为给养是设计出来的，因此，具体给养的示例往往是从理想的学习环境所应当具备的可能性的角度提出的，有时候甚至可以作为设计原则加以参考。

---

　　[1]　Kraut, R., Fussell, S., Brennan, S., & Siegel, J., "Understanding Effects of Proximity on Collaboration: Implications for Technologies to Support Remote Collaborative Work", In P. Hinds and S. Kiesler, eds. *Distributed Work*, Cambridge: MIT Press, 2002, pp. 137 – 162.

　　[2]　Conole, G. & Dyke, M., "What are the Affordances of Information and Communication Technologies?", *ALT-J*, Vol. 12, No. 2, 2004, pp. 113 – 124.

　　[3]　张屹、胡小勇、祝智庭：《网络教育服务质量框架研究》，《中国电化教育》2003 年第 2 期。

一　物理给养和功能给养示例

物理给养是保障网络教与学活动整体流畅的基础，功能给养是指支持各种教与学功能以及学习支持服务功能实现的必备给养。我们对此进行总结归纳，如表4—7所示。

表4—7　　网络学习环境的物理给养和功能给养示例及定义

物理给养/功能给养	定义
多模态（multimodality）	学习者和教师能够运用不同的输入输出设备，通过言语、文字、眼神、图画、手势等多种不同的方式进行沟通交互
可访问性（accessibility）	学习者和教师能够随时随地方便地访问平台
网络系统的可靠性（reliability of network system）	网络传递系统具有较高的稳定性、可靠性、快捷性和准确性
足够的带宽（sufficient bandwidth）	学习者和教师有足够的使用系统的带宽，可以流畅地进行网络教与学
交互流畅（smooth interaction）	交互是流畅自由的，不受技术限制，如带宽等
自然交互（natural interaction）	应用技术，学习者和教师能够自然地交互
用户识别（user recognition）	系统区分并识别不同类型的用户，提供不同的权限
传输能力（transmission ability）	支持信息的传输
导航能力（navigation-ability）	清晰的导航，使学习者易于使用环境
内容易获得性（content accessibility）	内容有组织，结构清楚，很容易定位到它的任何部分
系统追踪能力（system track-ability）	系统能够追踪学习者的学习路径与学习过程
记录能力（record-ability）	系统能够记录学习者的学习路径、学习结果等
存储能力（store-ability）	存储学习者、教师等各种信息，从个人信息到活动信息
监督能力（surveillance-ability）	教师能够监控学生的学习过程与结果
求助能力（help-seeking ability）	学习者有求助通道，或者常见问题FAQ，或者能够有针对性地提问
帮助能力（help-ability）	有学科专业人士和技术支持人士为学生提供不同方面的帮助

物理给养/功能给养	定义
投诉机制（complaint mechanism）	有学生投诉机制，能够随时反映学习中遇到的不合理问题
表征能力（represent ability）	支持表征个人想法、表达个人观点
协作能力（collaboration-ability）	学习者与教师、同伴能够协作
协作的自由度（ease of collaboration）	能够根据需要控制协作，如小组规模控制、小组构成控制等
学习能力（learn-ability）	系统具有学习能力，能够发现学生的部分情况并响应
可回顾性（reviewability）	学习材料和消息不随时间而消失，是可回顾的
同步性（synchronicity）	双方能够同时发送和接收消息，双方的信息或消息或信号能够同步分享
异步性（asynchronicity）	双方的信息或消息或信号的发送与接收不同步，可以在不同的时间发送和接收消息
同时性（contemporality）	教师和学习者在同一历史时间共同存在
序列性（sequentiality）	当同步交互时，参与者轮流，相邻的两个之间会有传递信号
时间选择（choice of Timeliness）	学习者和教师能够根据他们的目标，选择同步或异步交互
布局组合适当（relevance of layout grouping）	布局组合得当
可重用性（reusability）	信息在发出之前可修订/编辑
可定制（customization）	用户可根据需要定制某些信息及内容
及时反馈（timely feedback）/反馈即时性（reedback immediacy）/快速响应	无论是同步还是异步交互，学生能够接收到教师的及时反馈或代理/系统给予的反馈
连通性（connectivity）	联通人、联通知识、联通智慧
情感表达能力（emotion-expression-ability）	表情符号助于情感表达
个人信息安全性（security of private information）	教学机构/平台/系统应保证学生个人信息的安全性和隐私性

续表

物理给养/功能给养	定义
增强的学习结果（increased learning outcomes）	系统自适应学习者和教师以改善交互和增强学习结果
个性化（customized service）	支持学习者个性化定制、个性化推荐等
用户中心（user-centeredness）	系统设计是为了满足学习者和教师的需求与目的
易用性（ease-of-Use/Usability）	系统容易使用
有效性（effectiveness）	系统提供有效的功能与链接
效率（efficiency）	系统有高的响应效率

二　认知给养示例

认知给养是侧重给养学习者认知发展层面的那些给养，它要依托物理给养、感官给养、功能给养才能发挥作用。网络学习环境的认知给养示例及定义如表4—8所示。

表4—8　　网络学习环境的认知给养示例及定义

认知给养	定义
课程计划的完整性（integrity of syllabus）	学期的总体课程计划清晰完整，时间表明确，课程实施方式、评价方式、学习方式等明确清楚
导航清晰（clarity in navigation）	导航清晰直观
任务引导性（task orientation）	学期的总体任务以及每次课的具体任务都清晰明确，流程简洁明了，能够引导学习者的学习行动
规则导向性（rule guidance）	做任务的规则以及最终评价的规则清晰，能够导向学习者的行动规范和行为结果
活动启发性（activity illumination）	任务、内容等能够有效地引导学习者思考
信息传播能力（information dissemination-ability）	任务、内容等能够有效地传播信息
用词精确（precision in use of words）	用词选择是精确的，避免模棱两可
内容结构清晰（clarity in content structure）	内容结构清楚
内容的正确性（correctness of content）	内容是100%正确的

续表

认知给养	定义
内容的相关性（relevance of content）	内容和主题相关，内容与学习者需求紧密相关
内容的易访问性（accessibility of content）	内容组织得当，有索引，支持检索，易于访问获取和定位
内容的实时性（real-time of Content）	内容应当是随时更新的
信息组块恰当（relevance of information chunking）	信息恰当组块
内容可记忆（content memorability）	内容组织合理，容易记忆
故事中的用户中心（user-centeredness in narrative）	基于学习者和教师的需求与目的设计故事
情境性（situatedness）	学习者和教师意识到他们的行动是置于特定情境中的，不同的参与者所处的情境不同
高度的社会存在感（high Social Presence）	学习者和教师对于交互伙伴的存在有着较高水平的意识
社会性（sociability）	形成学习共同体，在社会化网络的支持下学习
解答问题可靠性（reliability of question answer）	教学机构或教师对学生提出的问题的解答是可靠的
评价可靠性（reliability of evaluation）	教师对学习者的学习情况做出客观、公正的评价
意义清楚（clarity of meaning）	意义是清楚的
意义完整（completedness of meaning）	内容是完整的
交互性（interactivity）	内容/活动能够引发认知层面的交互
意义建构能力（meaning construction-ability）	内容以及活动能够促进知识与意义建构
情境化能力（contextualization ability）	内容以及活动能够提供问题或生活情境
娱乐化能力（entertain-ability）	能够使学习者在娱乐中学习，如教育游戏等
激发动机能力（motivation-ability）	内容及活动能够有效地激发学习者的学习动机
反思能力（reflection-ability）	内容及活动能够有效地引起学习者的反思

三 感官给养示例

感官给养是侧重从感觉层面给养学习者，与学习者的视觉、听觉、嗅觉、触觉等感觉密切相关。它是给养学习者认知与操作的基础，其具体给养示例与定义如表4—9所示。

表4—9　　　　　　　网络学习环境的感官给养示例及定义

感官给养	定义
媒介选择恰当（adequacy of medium choice）	媒介选择提供与手头任务相关的感官给养
反馈易见性（feedback noticeability, likeliness to be sensed）	当给予反馈时，反馈应该是显而易见的
可辨识性（identifiability）	无论选择了何种交互媒介，学习者和教师应该是可辨识的
内容可见性（visibility of content）	学习者和教师能够看到内容，如图像、文本等
内容可听性（audibility of content）	学习者和教师能够互相听到，并能够听到环境中的声音；音频材料的可听性
触觉交互质量（haptic, tactile, force interaction quality）	学习者和教师能够从交互中感觉到反馈
文字的易读性（legibility of text）	文字大小、颜色得当，是清晰易读的
图像的视觉质量（visual quality of graphics）	图像有高的视觉质量
音频的听觉质量（auditory quality of audio）	音频有高的听觉质量
色彩、对比度恰当（color, contrast adequacy）	色彩、对比度恰当，给人美感
多样性（diversity）	媒体形式多样
选择能力（select-Ability）	多样的内容和形式供选择

四　结构化的给养示例

表4—10列出了给养的样本群，展示了不同的给养怎样才能被组成一定的结构。在任何真实世界的情境中，对于一个活的有机体而言，其周围环境中是存在可供利用的大量的相关给养的。但是这些给养绝对不是孤立的，而是按照一定的规则组成一定的结构，传达重要的、与目标相关的信息。[①] 表4—10中所给出的仅仅是一个例子。真实网络学习活动中的每一个活动，都不是单一给养所能够实现的。在更为宏观的层面上，整个网络学习环境中，所有的给养以生态系统的结构和规则运转着。

---

① Rasmussen, J. & Vicente, K., "Coping with Human Errors through System Design: Implications for Ecological Interface Design", *International Journal of Man-Machine Studies*, Vol. 31, 1989, pp. 517 – 534.

表 4—10   **网络学习环境的结构化给养样本群示例**

给养样本群	
给养簇	描述
1）远程访问性 +	
2）沟通性 +	学生在虚拟教室远程（1）讨论小组活动目标，每位学生使用 Web 相机发表观点（2），通过软件能够在屏幕上清晰地看见（3）同学的面孔，听到（4）其他同学的发言（2），通过移动鼠标（6）和单击按钮（7），选择用来轮替管理（5）的 Web 链接，然后迅速出现虚拟的举手（8，9），就会排队进入发言队列
3）可见性 +	
4）可听性 +	
5）通信管理能力 +	
6）移动能力 +	
7）单击能力 +	
8）跟踪能力 +	
9）及时反馈	

第 五 章

学习者效能分析框架

　　对于子问题二，学习者的行为是由网络学习环境的给养和学习者的效能共同决定的。在网络学习环境设计时，需要考虑学习者效能，那影响学习者对网络学习环境的给养感知与产生行动的效能包括哪些方面？本部分采用德尔菲法对此问题进行研究，旨在建立学习者效能分析框架，分析学习者哪些方面的效能会影响其对给养的感知与产生行动。

　　通过精心的设计，网络学习环境可以为学习者提供丰富的给养。给养暗示了行为的可能性，并非所有的给养都能够被学习者感知并充分利用。而且，即使在同一环境中，不同的学习者所感知并利用的给养也不相同。影响学习者感知并利用环境要素的原因有两个方面：学习者自身因素和学习环境设计方面。从学习者自身来说，我们将影响他感知并利用环境要素的能力归结为学习者效能，具体定义为："学习者感知学习环境的信息、与学习环境中的要素进行交互以完成学习任务的能力。"学习者在学习环境中能够感知到并利用哪些给养取决于其自身的效能。对学习者效能研究的意义在于，它可以为设计者在设计过程中恰当的时机恰当地考虑学习者的效能因素，以保证所设计的给养能够与学习者效能相契合，从而增加环境给养的可感知与利用度。

　　本章从两个方面建立了学习者效能分析框架：一方面，学习者效能的结构（构成要素），即学习者要开展有效的网络学习，需要具备哪些方面的效能；另一方面，确定学习者效能的关键影响因素。学习者效能难以直接测量，但可以通过对影响学习者效能关键因素的判断来预测。

第一节 学习者效能界定

一 "学习者效能"概念界定

效能（effectivity）的概念是 Young 从生态心理学的视角论证学习的时候提出的。[①] 他指出，给养是环境的属性，使行动得以进行，并由信息域对其详细说明；效能是指个体采取行动的能力，这两个术语是相互界定、共同决定的。例如，对于一道门来说，只有对有能力通过的人来说，它才是可通行的（给养）。也就是说，学习者有着主观能动性，他们有目的地与环境进行交互作用；同时，他们的行为/行动是受到环境信息域的限制的。学习者的效能决定了其在具体环境中会选择与利用哪些信息。给养提供选择，而效能进行处理。

一提到效能，就不免会与班杜拉（Bandura）所提出的自我效能感（self-efficiency）的概念联系起来。[②] 自我效能感是对自身效能的期望，亦即"个体对自身能否成功地进行某种行为的主观判断/信念"[③]。它成为个体开展行动的直接动机，决定着个体的行为。以自我效能感的概念为基础，有研究者提出计算机自我效能感（computer self-efficiency）[④]、互联网自我效能感（internet self-efficiency）[⑤] 等概念，分别指个体对自己使用计

[①] Young M. F., Barab S. A., Garrett S., "Agent as Detector: An Ecological Psychology Perspective on Learning by Perceiving-acting Systems", *Theoretical Foundations of Learning Environments*, 2000, pp. 147 – 173.

[②] Bandura, A., "Self-efficiency: Toward a Unifying Theory of Behavioral Change", *Psychological Review*, No. 2, 1977, pp. 191 – 215.

[③] 转引自高建江《班杜拉论自我效能的形成与发展》，《心理科学》1992 年第 6 期；以及陆昌勤、方俐洛、凌文辁《组织行为学中自我效能感研究的历史、现状与思考》，《心理科学》2002 年第 3 期。

[④] Compeau D., Higgins C., "Computer Self-efficacy: Development of a Measure and Initial Test", *MIS Quarterly*, Vol. 19, No. 2, 1995, pp. 189 – 211; Compeau D., Higgins C., Hu, S., "Social Cognitive Theory and Individual Reactions to Computing Technology: A Longitudinal Study", *MIS Quarterly*, Vol. 23, No. 2, 1999, pp. 145 – 158.

[⑤] Torkzadeha G., van Dykeb T., "Development and Validation of an Internet Self-efficacy Scale", *Behavior & Information Technology*, Vol. 20, No. 4, 2001, pp. 275 – 280; Torkzadeha G., van Dykeb T., "Effects of Training on Internet Self-efficacy and Computer User Attitudes", *Computers in Human Behavior*, No. 18, 2002, pp. 479 – 494.

算机能力、使用互联网能力的一种主观知觉判断。尹睿等则进一步提出网络学习自我效能感（e-Learning self-efficiency）的概念，指"个体对自己能在网络学习活动中取得成功的信念，是个体对自己使用计算机、网络信息资源或网络通信工具等完成学习任务的能力的一种主观判断"[①]。自我效能感本身就是对自我效能的一种主观的判断与信念。因此，从自我效能感的概念中，我们可以推出对效能的理解。效能是个体成功地进行某种行为/开展行动的能力，它总是与特定的行为/行动相关联。

在管理学领域，有研究者提出"领导效能"的概念，认为领导效能是判断领导者成功与否的重要标准[②]，并且领导者的个性、能力、动力倾向等都会对领导效能产生影响[③]。在教师教育领域，西方国家自 20 世纪 20 年代起便开始对"教师效能"进行研究，为我们对学习者效能的研究提供了借鉴。研究者一般将教师效能界定为"教师特质、能力与行为的综合体"[④]，它是一个复杂的概念，可以根据学生成就来评定，或从教学督导方面所见到的教师绩效来衡量，还可以从其他利益相关者（如领导、家长等）的综合视角来评价教师效能。安德森强调，教师效能应该是始终如一地致力于达成学生学习的直接或者间接目标。[⑤] 无论是哪个角度的定义，教师效能都是强调教师能够成功地执行教学任务或教书育人任务或开展教育教学行为的能力。这种能力使得教师能够很好地胜任教育教学任务，在教育教学过程中有优秀的行为表现，表现出高的教师绩效。

根据以上对效能的分析与判断，结合本书研究需求，我们提出对学习者效能的界定。学习者的效能决定着其在网络学习环境中对给养的感知与处理。在网络学习环境中，学习者个体采取行动，亦即"与

---

① 尹睿、谢幼如：《网络学习自我效能感研究引论：涵义、课题与启示》，《中国电化教育》2010 年第 2 期。

② Hogan, R., Curphy, G. J., and Hogan, J., "What We Know about Leadership: Effectiveness and Personality", *American Psychologist*, Vol. 49, No. 6, 1994, pp. 493 – 504.

③ 谭乐、宋合义、富萍萍：《西方领导者特质与领导效能研究综述与展望》，《外国经济与管理》2010 年第 2 期。

④ 谌启标、柳国辉：《西方国家教师效能研究发展述评》，《教育研究》2011 年第 1 期。

⑤ Lorin W. Anderson, *Increasing Teacher Effectiveness* (*Second Edition*), Paris: UNESCO, 2004, p. 18.

环境中的各种要素进行交互完成学习任务"。由此,学习者效能可界定为"学习者感知学习环境的信息、与学习环境中的要素进行交互以完成学习任务的能力"。本章所指的学习者效能更侧重网络学习情境下的。

二 效能与能力、特征的关系

效能和能力都与特定的行为/行动有关,学习者特征更多的是指个性方面的,通常是独立于行为/行动而存在。效能是从给养的角度来评价学习者,特指学习者感知与处理给养的能力。学习环境的给养为学习者提供某种学习行为发生的可能性,但是只有学习者具备相应效能的时候,它才能感知给养并产生学习行为/行动。效能决定了学习者特定学习行为能否发生。学习者的自身特征(如需求、起点、风格、时间、能力等)会对学习者效能产生影响,或者说会决定学习者效能。

效能和能力的区分在于,一方面,能力更强调内化于个体的成分,而且具备相应的能力却未必能表现出胜任行为。效能更强调除了具备能力之外,还要表现出行为,它是一种胜任某项任务/行为的能力。我们讨论的学习者效能就是特指学习者能够胜任在网络学习环境下执行学习任务/表现学习行为的能力。另一方面,能力通常独立于特定的情形,效能则依赖具体的情形,在不同的情境下,效能的范围往往是不同的,而且,同一个体在某种情境下具备高效能,而在另一种情境下未必具备。从这个角度来看,能力是相对稳定的,效能则是动态变化的。

第二节 研究方法与过程

我们采用德尔菲方法对学习者效能结构及其关键影响因素进行研究,选择国内外 25 位远程教育与教育技术领域的专家,进行 3 轮专家意见咨询,从而得出结论。当然,并不是每轮 25 位专家都参与,第 1 轮是 25 位专家,第 2 轮是对 7 位专家进行细致的访谈,第 3 轮则是选择 9 位专家对结果进行评定。

一　第 1 轮专家意见咨询及结果分析

第 1 轮专家咨询是开放性咨询，我们设计了如下的专家意见咨询稿。

第 1 轮专家意见征询：

中文版

尊敬的专家：

您好！非常感谢您百忙之中接受邀请参与专家意见征询！我所要征询意见的问题如下，麻烦您帮忙给出宝贵意见，不胜感激！

通过精心的设计，网络学习环境可以为学习者提供各种支持，但并非所设计的各种要素都能够被学习者所感知或充分利用，而且即使是在同一环境中，学习者所感知或利用的要素也不相同。影响学习者感知并利用环境要素的原因有两个方面：学习者自身因素和学习环境设计。您认为从学习者自身因素的方面来说，影响他感知或充分利用网络学习环境要素的关键能力或特征有哪些？请您至少列举 4 个，并按照重要性程度由高到低排序。

英文版

Dear Expert,

Online learning environments can provide abundant conditions to support learners through well-planned design. But not all conditions can be perceived or utilized by the learners, and different learners may perceive different conditions. The factors influenced what learners perceived or utilized in the online learning environments are from two aspects: the environment and the learners. So from the aspect of learners, what do you think are the most important characteristics or abilities that affect what they perceived or utilized in the online learning environment? Please list at least 4 characteristics or abilities and order them from high to low according to the importance.

第一轮中，我们进行专家咨询的方式有两种：一是面对面访谈；二是电子邮件或 QQ。第一轮专家意见征询结束后，我们将所收集的意见进行概括梳理，得到的结果如表 5—1 所示。

表 5—1　　　　　　　　　　第一轮专家意见反馈结果汇总

序号	咨询方式	咨询意见反馈
专家 1	方式二	• 结构化自己学习的能力〔a student's ability to structure one's own learning as compared with the need for others（teachers）to provide that structure〕 • 辨别学习内容的能力（the ability to identify content independently of either instructor or other learners） • 独立与内容进行交互的能力（The ability to interact with that content independently of either instructor or other learners） • 监控和评价自己学习进度的能力（the ability to monitor and evaluate one's own progress）
专家 2	方式二	• 独立学习的能力，如自我调节能力（the ability to work alone and without direct supervision on academic problems-i. e.，self-regulation skills） • 掌握内容材料的动机——基于清晰的学业和事业目标与感知到的在线学习材料和这些目标的相关性（motivation to master the content material-based on explicit academic and career goals and the perceived relevance of the online work to those goals） • 对在线学习环境、工具、技术的熟悉程度（familiarity with online learning environments and tools and technologies involved in that specific environment） • 过去的学业成就——整体的以及特定学科的，高成就的学习者无论环境如何都倾向于继续表现出高成就（past academic achievement-overall as well as in the specific discipline involved；high performers tend to continue to be high performers regardless of circumstances） • 已有的在线课程中的成功体验（success in a prior online course in that environment-a high grade in a similar online environment）
专家 3	方式一	• 对在线学习的责任感（taking the responsibility to learn） • 团队学习和协作能力（team learning and collaboration ability） • 交流能力（communication skill） • 批判性思维（critical thinking） • 创造性（creativity）
专家 4	方式一	信息化素养、目标、动机、知识和经验、性格

续表

序号	咨询方式	咨询意见反馈
专家5	方式二	自我管理监控能力、信息加工能力、环境整体感知能力、环境适应能力
专家6	方式二	学习意识与态度、信息素养、自主学习能力、网络自我效能感、学习风格
专家7	方式二	• 学习者对学习内容（资源）获取的能力 • 学习者对学习内容（学习活动）与自身学习发展的关系感知 • 学习者参与网络学习活动的动机 • 学习者对网络学习环境服务支持功能的感知
专家8	方式一	学习内容与学习者需求之间的相关性；学习者的知识背景与所学知识之间的匹配程度；学习任务流程简洁清晰、明确；及时的反馈与评价
专家9	方式一	• 动机：学习欲望和明确建立个人学习需求的能力 • 目标：目标意识，学习目标理解和目标达成中的目标调整能力，包括学习目标的分解、清晰、再生成和并行处理的能力 • 学习经验：特别是自主学习的思维经验和个人化学习策略运用的经验，也包括个人学习风格的意识或认识 • 对学习意义的不断发现和深度体悟的能力 • 自我规划和自我管理的能力 • 数字素养
专家10	方式一	• 学习者兴趣、学习动机 • 学习者在网络学习环境下的学习规划、学习管理能力，学习者的网络学习策略，元认知能力 • 学习者的信息素养，特别是对网络学习环境下学习工具的应用能力（如Web 2.0工具） • 学习者的认知水平 • 学习者的学习风格
专家11	方式一	计算能力、交互能力、经营能力、传播能力、批判性思维
专家12	方式二	学习动机、对科技创新的利用意识、信息技术操作能力、信息技术使用经历
专家13	方式二	学习动机、技术倾向、认知风格、已有基础或经历
专家14	方式二	学习者对网络学习的兴趣度、学习者计算机网络操作能力、学习者的知识基础、学习者的耐性
专家15	方式二	学习态度、信息素养能力、网络学习习惯、已有知识基础

续表

序号	咨询方式	咨询意见反馈
专家 16	方式二	创造能力、整合能力、运用能力、适应能力
专家 17	方式二	学习动机、自我效能感、对任务本身的理解、是否在意别人的关注、学习能力和策略水平
专家 18	方式二	信息素养、学习习惯、适应能力、环境感知能力
专家 19	方式二	信息素养、对网络学习的兴趣、学习风格、学习动机
专家 20	方式二	对网络环境的熟悉程度、自主学习能力、学习习惯、对知识的渴求程度
专家 21	方式二	信息素养、学习兴趣、学习动机、学习能力
专家 22	方式二	• 对网络学习的认知：学习者对网络学习存在偏见，或者学习者对网络学习缺乏足够的认知 • 学习的需求：传统的学习难以满足学习者的某些学习需求 • 合适的网络学习方式：恰当的学习方式有助于学习，网络学习有特定的学习方式 • 互联网的接入及网络学习的技能：仍然有些人有网络学习的需求，但是不能接入网络，或者没有掌握基本的网络学习技能
专家 23	方式二	学习者的需求、学习者的自我发展意识、学习者的态度、学习者自我管理的能力
专家 24	方式二	对呈现内容的先前知识和能力、技术使用经验、习惯的学习方式（接受/发现、个体/协作）、动机
专家 25	方式二	• 现有的技术素养（current technology literacy）：本身会技术的年轻学生比40多岁不太会现有技术的学生对网络学习环境更容易适应 • 可以留给网络学习的时间：很多网络学习环境如果学生和教师一样，愿意花时间投入，很享受这个过程，但如果这个学习者全职上班，又有好几个孩子，还要读书，就很影响感知了 • 对课程内容的当前学科知识水平（current subject knowledge level）：这一方面也是很影响对学习环境的认知的，也就是说，这个学生基础好不好，在网络环境中，如果知识水平不好，身边是没有人可以辅导的，反而更容易发慌 • 学习者的开放度（openness）：愿意不愿意和人交往，交互是网络学习环境的一个关键，但这可以通过加强活动加以促进，甚至强制

专家的回答相对分散，有些专家给出的属于学习者效能构成方面的，有的专家给出的属于学习者效能关键影响因素方面的，由此，我们对每

位专家所提出的关键能力/特征或要素分成两类，并将完全重复的删掉，得到如表5—2所示的结果。

表5—2 第一轮专家意见反馈结果聚类

学习者效能构成	学习者效能关键影响因素
• 自主学习能力	• 对网络学习的认知
• 独立学习的能力，如自我调节能力	• 学习者的自我发展意识
• 自主结构化自己学习的能力	• 掌握内容材料的动机——基于清晰的学业和事业目标与感知到的在线学习材料和这些目标的相关性
• 自我规划能力	
• 自我管理监控的能力	
• 环境整体感知能力	• 学习者参与网络学习活动的动机
• 环境适应能力	• 学习欲望
• 明确建立个人学习需求的能力	• 对知识的渴求程度
• 目标意识	• 学习兴趣
• 学习目标理解能力	• 对在线学习环境、工具、技术的熟悉程度
• 目标达成中的目标调整能力，包括学习目标的分解、清晰、再生成和并行处理的能力	• 过去的学业成就——整体的以及特定学科的，高成就的学习者无论环境如何都倾向于继续表现出高成就
• 自主辨别学习内容的能力	• 以往在线课程中的成功体验——在相似的网络环境会有更好的表现
• 独立与内容进行交互的能力	
• 对学习内容（资源）获取的能力	• 对在线学习的责任感
• 对学习内容（学习活动）与自身学习发展的关系感知	• 批判性思维
	• 创造性
• 对学习任务的理解能力	• 信息素养，特别是对网络学习环境下学习工具的应用能力、对新技术的应用意识、信息技术使用经历以及信息技术操作能力
• 信息加工能力	
• 对学习意义的不断发现和深度体悟的能力	
• 监控和评价自己学习进度的能力	• 学习者已有知识基础和经验背景
• 学习者对网络学习环境服务支持功能的感知	• 学习者的认知水平
	• 学习者的学习风格、认知风格
• 团队学习和协作能力	• 元认知能力
• 交流能力	• 学习态度
• 整合能力	• 时间投入
• 创造能力	• 网络学习习惯
• 自我效能感	• 网络学习策略
	• 恰当的网络学习方式
	• 性格：如学习者的耐性，是否在意别人的关注，开放度

二 第 2 轮专家访谈及结果分析

第 2 轮研究旨在将第 1 轮所收集到的意见继续集中我们仍然采用相对开放的专家访谈的方法，就表 5—2 的内容以及研究目的对 7 位教育技术和远程教育领域的专家进行访谈。这 7 位专家均参与了第 1 轮的专家意见咨询。我们设计了如下的访谈提纲。

第 2 轮专家访谈提纲：

通过精心的设计，网络学习环境可以为学习者提供各种支持，但并非所设计的各种要素都能够被学习者所感知或充分利用，而且即使是在同一环境中，学习者所感知或利用的要素也不相同。影响学习者感知并利用环境要素的原因有两个方面：学习者自身因素和学习环境设计方面。从学习者自身来说，我们将影响他感知并利用环境要素的能力归结为学习者效能，并具体定义为："学习者感知学习环境的信息、与学习环境中的要素进行交互以完成学习任务的能力。"

经过第 1 轮的专家意见咨询，我们将专家意见进行汇总，分为学习者效能构成要素和学习者效能影响因素两大类。想请您就以下问题给出意见，非常感谢！

1. 学习者效能包含多个方面，如附录 2 附表 2—1 所示。

（1）您认为哪些能力是必要的，哪些是不必要的？

（2）对于必要的能力，请您用"非常重要""重要""一般""不重要""很不重要"来评判每一项指标的重要程度，并指出每一项指标存在的问题。

（3）除此之外，您认为还包括哪些能力？

2. 学习者效能受多方面要素影响或决定，如附录 2 附表 2—2 所示。

（1）您认为哪些是学习者效能的影响因素，哪些不是？

（2）请您用"非常重要""重要""一般""不重要""很不重要"来评判每一项影响因素的重要程度，并指出每一项指标存在的问题。

（3）除此之外，您认为还包括哪些影响因素？

　　根据专家的反馈，我们将 7 位专家的意见进行汇总，根据他们的意见倾向，判断每一项要素的保留或删除，并进一步按照我们对于学习者效能的理解进行重述。

（一）学习者效能构成要素聚类与重述

　　对于学习者效能构成要素，第 2 轮专家意见反馈汇总见表5—3。

表5—3　　　　　　　　学习者效能构成要素第 2 轮专家意见综合

学习者效能构成要素	专家意见综合
1）自主学习能力	太过宽泛，甚至比学习者效能还大，应删除
2）独立学习的能力，如自我调节能力	与1）重复
3）自主结构化自己学习的能力	和4）重复重要
4）自我规划学习的能力	重要
5）自我管理监控的能力	重要
6）环境整体感知能力	太过笼统，无法作为构成要素
7）环境适应能力	太过宽泛，难以界定，应删除
8）明确建立个人学习需求的能力	这个与规划学习目标相近
9）目标意识	重要
10）学习目标理解能力	对任何内容的理解能力都很重要可合并
11）目标达成中的目标调整能力，包括学习目标的分解、清晰、再生成和并行处理的能力	重要
12）自主辨别学习内容的能力	重要
13）独立与内容进行交互的能力	重要
14）对学习内容（资源）获取的能力	与12）重复
15）对学习内容（学习活动）与自身学习发展的关系感知	重要
16）对学习任务的理解能力	同10），对任何内容的理解能力都很重要可合并
17）信息加工能力	重要

学习者效能构成要素	专家意见综合
18) 对学习意义的不断发现和深度体悟的能力	重要
19) 监控和评价自己学习进度的能力	监控和5) 重复
20) 学习者对网络学习环境服务支持功能的感知	重要
21) 团队学习和协作能力	重要
22) 交流能力	很重要，侧重指借助网络进行人际交流的能力
23) 整合能力	太过宽泛，不具体
24) 创造能力	太过宽泛，不具体
25) 自我效能感	重要；也可以归入影响因素
26) 批判能力	新增
27) 反思能力	新增

根据我们对学习者效能的界定，即"学习者感知学习环境的信息、与学习环境中的要素进行交互以完成学习任务的能力"，参考专家反馈的意见，建立了学习者效能构成要素初稿，如表5—4所示。并且，基于对文献的研究，我们对每一个构成要素都进行了定义。

表5—4　　　　　　学习者效能构成要素（初稿）

学习者效能构成要素（初稿）

1. 感知信息的能力

　1.1 对学习目标的感知

　1.2 对学习内容/活动的感知

　1.3 对学习支持服务功能的感知

2. 交互能力

　2.1 与教师、学习伙伴的协作与交流能力

　2.2 独立与学习内容的交互能力

　　2.2.1 自主鉴别学习内容的能力

　　2.2.2 信息加工能力

　　2.2.3 反思能力

续表

2.3 与界面/工具交互的能力
3. 自我规划能力
4. 自我监控和调节能力
4.1 元认知能力
4.2 自我监控能力
4.3 自我调节能力
5. 自我效能感

1. 感知信息的能力

"感知"源于心理学，指感觉与知觉的连续统。感知能力取决于感官对刺激的敏感程度，同时也受经验和知觉对刺激赋予意义的水平的影响。在本书中，我们提到的感知信息的能力，特指网络学习环境中，学习者看、听、感受、理解环境中各种信息的能力。

（1）对学习目标的感知

学习者能够意识到学习目标与自身发展/需求的相关性，能够识别并理解学习目标。

（2）对学习内容/活动的感知

学习者能够意识到学习内容/活动与自身发展/需求的相关性，能够识别并理解学习内容/活动。

（3）对学习支持服务功能的感知

学习者能够发现并理解如何使用环境中的学习支持服务功能。

2. 交互能力

学习者与环境中的教师、学习伙伴、学习内容、环境界面进行交互的能力。

（1）与教师、学习伙伴的协作与交流能力

借助社会性软件工具与教师、学习伙伴进行沟通和协作的能力。

（2）独立与学习内容的交互能力

独立地鉴别学习内容，通过信息加工、反思，深度理解学习内容的能力。

自主鉴别学习内容的能力是指在没有教师指导的情况下，学习者能够自主鉴别与确定具体学习内容的能力。

信息加工能力是指学习者利用给定的学习材料进行信息加工、自主建构意义的能力。

反思能力是指学习者对所学内容进行深度思考，建构新意义、形成深度理解的能力。

（3）与界面/工具交互的能力

通过与界面的交互，熟练地应用环境中的工具开展学习活动的能力。

3. 自我规划能力

学习者在接受学习任务后，能够自我确定学习目标、制订详细学习计划、合理安排学习时间、选择运用恰当学习方式等的能力。

4. 自我监控和调节能力

学习者在学习过程中，将学习活动本身作为意识的对象，不断地主动自我检查，认识到自己的学习状况，并不断进行自我评价、控制与调节的能力。[1] 自我监控和调节是基于学习者的元认知能力的。

（1）元认知能力

元认知是个体对自身认知过程（包括心理状态、能力、认知策略等方面）的自我意识，并在此基础上对自身各种认知活动的自我反省、监控和调节。[2]

（2）自我监控能力

学习者为了保证能够达到预期的学习目标，在学习过程中，不断地自我检查学习状态、管理监控学习进度的能力。

（3）自我调节能力

学习者基于认识到的自身认知过程与学习状况，对学习目标、学习进度、学习方式等进行自我调节的能力。

5. 自我效能感

学习者对自身效能（拥有上述能力并完成学习任务）的主观判断与

---

① 何基生：《学生自主学习能力的内涵、构成及动态分析》，《教育评论》2009 年第 2 期。

② 杜晓新：《元认知在认知活动中的作用——兼论如何培养学生的元认知能力》，《上海师范大学学报》（哲学社会科学版）1992 年第 3 期；汪颖、张玲：《如何培养学生的元认知能力》，《中国电化教育》2000 年第 8 期。

自信程度。

（二）学习者效能影响因素聚类与重述

对于学习者效能构成要素，第 2 轮专家意见反馈汇总见表 5—5。

表 5—5　　　　　　学习者效能关键影响因素第 2 轮专家意见综合

学习者效能关键影响因素	专家意见综合
1）对网络学习的认知	属于观念层面的，观念转变很重要
2）学习者的自我发展意识	在传统学习中也重要，是动机的一部分
3）掌握内容材料的动机——基于清晰的学业和事业目标与感知到的在线学习材料和这些目标的相关性	重要
4）学习者参与网络学习活动的动机	与 3）重复
5）学习欲望	动机层面的重要
6）对知识的渴求程度	动机层面的重要
7）学习兴趣	动机层面的重要
8）对在线学习环境、工具、技术的熟悉程度	对完全没用过信息技术的人来说重要
9）过去的学业成就——整体的以及特定学科的，高成就的学习者无论环境如何都倾向于继续表现出高成就	重要
10）以往在线课程中的成功体验——在相似的网络环境会有更好的表现	一般
11）对在线学习的责任感	这也属于动机层面的
12）批判性思维	重要
13）创造性	一般
14）信息素养，特别是对网络学习环境下学习工具的应用能力、对新技术的应用意识、信息技术使用经历以及信息技术操作能力	重要
15）学习者已有知识基础和经验背景	重要
16）学习者的认知水平	这个有影响，但是要分情况
17）学习者的学习风格、认知风格	不会影响效能，只是不同风格而已；风格的偏好可以影响到设计，但不会影响效能

续表

学习者效能关键影响因素	专家意见综合
18）元认知能力	这属于效能本身
19）学习态度	重要；任何情况下好的态度都重要
20）时间投入	重要
21）网络学习习惯	不重要
22）网络学习策略	属于学习风格层面
23）恰当的网络学习方式	属于学习风格方面
24）性格，如学习者的耐性、是否在意别人的关注、开放度	重要

根据对学习者效能的界定，参考专家的反馈意见，我们建立了如下的学习者效能影响要素初稿，如表5—6所示。并且，基于对文献的研究，对其进行了解释。

表5—6　　　　　　　　　学习者效能影响要素（初稿）

学习者效能影响要素（初稿）

1. 网络学习观念

　1.1 对网络学习的认识与意识

　1.2 对新技术的应用意识

　1.3 对独立学习的意识

　1.4 对在线交流的意识

2. 学习动机

　2.1 对在线学习的责任感

　2.2 自我发展意识

　2.3 学习兴趣

　2.4 学习欲望

3. 技术素养

　3.1 信息技术使用经历

　3.2 信息技术操作能力

4. 已有知识基础和经验背景

　4.1 认知水平

　4.2 学科知识水平

4.3 过去的学业成就表现

4.4 以往在线课程中的成功经验

5. 高阶思维能力

　5.1 批判性思维

　5.2 创造性

6. 学习态度

7. 时间投入

8. 性格

　8.1 耐性

　8.2 开放度

9. 学习风格

　9.1 学习策略偏好

　9.2 学习方式偏好

1. 网络学习观念

网络学习观念是指学习者对应用网络进行学习的观念与心理接受程度，包括学习者对网络学习的认识与意识、对新技术的应用意识，以及对成功在线学习所必备的独立学习与在线交流能力的意识。

2. 学习动机

学习动机是指激发个体进行学习活动，维持已引起的学习活动并导致行为朝向一定学习目标的内在过程或内部心理状态。[①] 学习动机是促使人学习的动力，学生是否乐意学习、主动学习、乐意学习什么等都与学习动机有直接的关系。学习兴趣、学习欲望、对在线学习的责任感以及自我发展意识，都可以成为学习者的学习动机。

3. 技术素养

技术素养和信息素养有所不同，它不似信息素养那样全面，仅关注与学习者使用工具或技术相关的能力，与学习者的信息技术使用经历和信息技术操作能力密切相关。技术素养高的学习者，对在线技术、工具、

①　王有智：《心理学基础——原理与应用》，首都经济贸易大学出版社 2003 年版，第79 页。

环境的熟悉程度就高，它们与界面/工具交互的能力自然就强。

4. 已有知识基础和经验背景

学习者当前的知识水平以及过去的经验背景会对他的学习效能产生影响，包括认知水平、以往的学科知识水平、过去的学业成就表现和以往在线课程中的成功经验等。过去学业成就表现高的学习者倾向于表现出高的学业成就，在以往在线课程中有过成功经验的学习者也会更倾向于成功。

5. 高阶思维能力

学习者的高阶思维能力包括批判性思维和创造性，也是决定学习者能够有效地深度挖掘网络学习环境中学习信息的关键因素。

6. 学习态度

学习态度是在任何情境下的学习中都会影响学习者效能的因素。认真、端正的学习态度，可以让学习者更为投入地学习，更好地发挥效能。

7. 时间投入

学习者所能够或乐意投入网络学习的时间。若学习者因家庭等原因忙碌，只有极少的时间参与网络学习，必然会影响其效能。

8. 性格

学习者的性格是影响其效能的关键因素之一。例如，有的学习者耐性不够，不能够耐心地探索如何应用工具、资源等进行学习，这就会影响他的效能。又如，有的学习者开放度不够，他不喜欢别人的关注，也不喜欢与他人在线交流，这无疑会影响他的效能发挥。

9. 学习风格

学习风格是学习者持续一贯的带有个性特征的学习方式，是学习策略和学习倾向的总和。① 学习风格并不会影响学习者效能的高低，但会影响到学习者感知及利用的内容和方式，从而关系到给养的设计。

三　第 3 轮专家意见咨询及结果分析

经过两轮的专家意见咨询，我们编制了学习者效能构成框架与学习

---

① 转引自马秀峰、李彤彤、刘冬《学习风格对在线学习交互程度影响的实验研究》，《开放教育研究》，2011 年第 4 期。

者效能关键影响因素判定表，见附录。我们请了 9 位专家对每一项因素进行重要程度的评价。这 9 位专家均参与了第 1 轮的专家访谈，有 3 位专家也同时参与了第 2 轮的专家意见征询。意见征询结果出乎我们的意料，几位专家对所有指标的评定均在 3 分及以上。因此，我们并未对指标进行进一步修订。

第三节　学习者效能结构与关键影响因素之间的关系

学习者效能是基于学习者自身已有条件表现出来的胜任网络学习行为的种种能力/特征的综合。它有五大要素构成：自我效能感、自我规划能力、自我监控和调节能力、交互能力、感知信息的能力。这几大能力构成是有层次的，如图 5—1 所示。感知信息的能力直接影响着学习者对感官给养和认知给养的感知，交互能力则影响着学习者对认知给养、物理给养以及功能给养的感知和利用。感知信息的能力是学习者具备交互能力的基础，自我规划能力、自我监控和调节能力则影响着学习者的交互能力。自我效能感是学习者自身对是否具备其他几种能力的主观判断与自信程度，它决定着学习者其他四个方面的效能能否得以发挥。

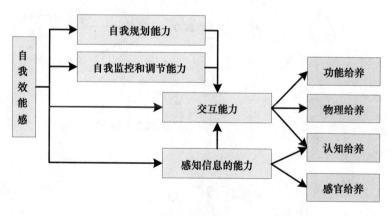

图5—1　学习者效能构成要素关系结构

学习者效能的影响因素都是学习者自身相对稳定的能力或特征，九大关键影响因素从不同的方面影响着学习者效能的发挥，如图5—2所示。网络学习观念、性格、时间投入会影响学习者效能的五大构成要素，学习者的意图/动机会影响学习者效能，意图/动机并不划为学习者效能的成分，学习态度和学习动机主要影响着学习者的自我规划、自我监控和调节能力，动机强的学习者能够及时地监控与调节自身的行为，学习态度积极的学习者会主动地规划、监控与调节自身的学习。学习者的技术素养、已有知识基础和经验背景、高阶思维能力则是影响学习者交互能力的关键因素。技术素养决定着学习者能够与学习工具及环境界面进行良好的交互，而已有的知识基础和经验背景则决定着学习者能否自主地识别学习内容，高阶思维能力影响学习者反思的水平，从而决定着学习者对内容的理解与内化水平。

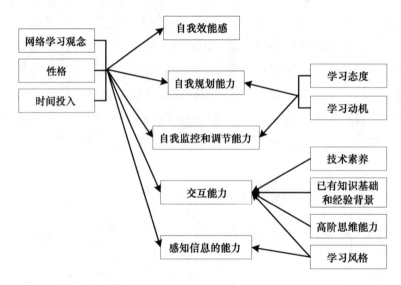

图5—2 学习者效能关键影响因素如何影响学习者效能

第四节 小结

无论是一门课程的设计还是一次课的设计，并不需要测量与分析学习者全部的效能要素与影响因素。本章只是提供了一个考虑学习者效能的理论框架，在针对不同学习者对象、不同类型课程、不同情境的课程中，对学习者效能的考虑也有差异。具体考虑哪些学习者效能因素，需要设计者根据经验做出判断，最根本的目的仍然是设计与学习者效能相契合的给养。

对于学习者效能以及不同影响因素的测量方法，已有的研究中有不少现成的量表可供使用。当然，设计者可以采用其他调查或访谈的方法进行了解。

对于学习者效能的评定时机，最好是在课程开始之前。课程进行过程中，有时候也需要对学习者某些方面的效能进行评定，这要依据学习活动的需求而定。

第六章

契合度：生态化设计的衡量标准

本章要解决的子问题是："究竟如何衡量环境是否实现了生态化的设计？"网络学习环境多种多样，有针对各种不同类型知识学习的，有针对不同年龄学习者学习的，还有针对不同学历需求学习者的学习的。我们难以评判哪种学习环境更好，究竟什么样的设计才是有效的？生态化设计需要一个约束条件/衡量标准。生态化一词本身就与绿色、健康等美好的状态相联系，但并不是所有好的东西的堆砌就是生态化的环境设计。

生态心理学认为，意图驱动的学习者和信息丰富的环境的交互属性解释了行动为什么产生或者没有产生，关键在于个体与环境的耦合。当学习环境的给养与学习者的效能耦合起来的时候，对于学习者来说，学习环境才是有效的。具体来说，学习环境能够引发学习者的意图，任务能够吸引学习者的注意力，各种条件能够给养学习者达成意图的过程，并且在学习者的效能范围之内，以使学习者能够采取行动。任何环境都有各种各样的给养，而且在设计的时候，设计者显然有着明确的提供给养的目的，关键就看学习者吸收什么。学习环境不像生存环境那样，对于有机体的生存有着致命的影响，如鱼离开了水就没法存活。学习环境对于学习者来说，只有是否适合，是否能够给学习者带来良好的学习体验。在任何环境中，你努力挣扎，也可能学到东西。但是，之所以强调网络学习环境设计，目的就在于真正地提供学习者能够吸收的东西，提供适合他们的东西，这样才能更好地促进学习者感知——行动的耦合。感知行动的耦合是建构意义的必然过程。由此，当网络学习环境的给养与学习者的需求和特征相契合的时候，它一定能够促进学习者的学习。

一个环境设计得好不好，要看它是否契合学习者的需求，学习者是否喜欢，是否真正学到他想要的东西。正如有许多衣服，个体在选择衣服的时候，自己喜欢的才会认为是最好的。学习者选择学习环境也倾向于自己最喜欢或者说最适合自己的。一种学习环境会给养一种类型的学习，养成一种类型的学习者。① 生态化设计就是旨在形成一种学习环境与学习者相契合的状态。当学习环境与学习者相契合的时候，网络学习环境才能够促进学习者的学习。

根据以上分析，在"个人—环境匹配理论"的基础上，我们提出"学习者—学习环境契合度"（本书简称契合度）的概念，并参考中国香港学者张伟远建立的标准化的网上学习环境测评量表和 eCampusAlberta 设计的质量标准，尝试从"教育给养—学习者"契合度、"社会给养—学习者"契合度、"技术给养—学习者"契合度三个方面搭建契合度的结构框架，作为生态化设计的约束条件，也作为衡量设计是否生态化的指标。

第一节　契合度的概念

契合度（fit）在牛津当代大字典里被定义为"一种相称、适应或胜任的状态"②。在心理学和管理学的文献中，契合度一般被界定为"匹配程度""一致程度""连接程度"等。这一概念源于互动心理学（Interactional Psychology），勒温（Lewin）在研究互动模式时提出了 B＝f（P，E），强调个人行为的表现（B）是个人本身（P）与个人所处环境（E）的因素交互作用决定的，并非单纯地由环境因素或个人因素所决定。③ 后来，组织行为学家把契合度的概念引入管理学，从职业④、

---

① 转引自［美］戴维·H. 乔纳森《学习环境的理论基础》，郑太年、任友群译，华东师范大学出版社 2002 年版，第 5 页。

② 熊勇清、全云峰：《个人—工作契合度测量研究的新进展》，《社会心理科学》2006 年第 4 期。

③ Lewin, K. , "Field theory in social science: selected theoretical papers", *Psychological Bulletin*, Vol. 48, No. 6, 1951, pp. 520 – 521.

④ Howard E. A. Tinsley, "The Congruence Myth: An Analysis of the Efficacy of the Person-Environment Fit Model", *Journal of Vocational Behavior*, Vol. 56, No. 2, 2000, pp. 147 – 179.

工作①及组织②等方面来理解个人所处的环境，丰富和发展了个人—环境匹配（Person-Environment fit, P-E fit）理论。

对 P-E fit 的定义，主要有两种取向。一种是维度论取向，将个体与环境的多个维度的匹配分层面讨论，衍生出个人—组织契合度（Person-Organization fit, 简称 P-O fit）、个人—工作契合度（Person-Job fit, 简称 P-J fit）、个人—职业契合度（Person-Vocation fit, 简称 P-V fit）、个人—群体契合度（Person-Group fit, 简称 P-G fit）、个人—个人契合度（Person-Person fit, 简称 P-P fit）等的概念。其中，P-O fit 被界定为"个人与组织具有相似的基本特征（如人格特质、信仰、价值观与组织文化、规范、价值观一致）或至少一方满足另一方需求时表现出来的相容性"；P-J fit 被界定为"个人的特质或期望与工作的需求或特性之间的匹配程度"；P-V fit 则是指"职业满足个人的兴趣或职业环境与个人需要的匹配"；P-G fit 则强调"个体与群体成员共同愿景的一致、人际关系的融洽等"；P-P fit 则是指"特定的两个个体之间的相容性"。③另一种是内涵论取向，它对契合度的研究更具体，更强调作用方式层面的内在维度。例如，克里斯托弗（Kristof）将个人—环境契合解释为相似性契合与互补性契合。④相似性契合指个体的基本特征（如人格、目标、价值观、态度）与组织的基本特征（如目标、价值观、文化和规范）相一致性的程度，互补性契合则指组织（个体）的需求被个体（组织）的供给所满足。凯布尔（Cable）等人在 Kristof 的基础上，将互补性契合细分为要求与能力契合（Demands-Abilities fit, D-A Fit）及需求与供给契合（Needs-Supplies fit,

---

① Duffy, M. K. Shaw, J. D., & Stark, E. M., "Performance and Satisfaction in Conflicted, Interdependent Groups: When (and How) does Self-esteem Make a Difference?", *Academy of Management Journal*, Vol. 4, 2000, pp. 772 – 784.

② Schneider, B., "The People Make the Place", *Personnel Psychology*, Vol. 40, No. 3, 1987, pp. 437 – 453.

③ Chatman J. A., "Improving Interactional Organizational Research: A Model of Person-organization Fit", *Academy of Management Review*, No. 3, 1989, pp. 117 – 136; 王雁飞、孙楠:《个人—环境匹配理论与相关研究新进展》,《科技管理研究》2013 年第 8 期。

④ Kristof, A. L., "Person-organization Fit: An Integrative Review of Its Conceptualizations, Measurement, and Implications", *Personnel Psychology*, Vol. 49, 1996, pp. 1 – 49.

N-S Fit）。① D-A fit 存在于工作/组织要求和个人的知识、技术、能力（KSAs）之间；N-S fit 则发生在工作回报和个体需要之间。

对于个人与环境的匹配作用机制，1987 年，施耐德（Schneider）提出"吸引—选择—摩擦"模型（Attraction-Selection-Attrition，ASA），解释了个人与环境匹配的原理。首先，个体会受到某些符合个人特质的组织的吸引，通过自我选择以及组织的选择进入组织，并在组织中经历社会化的过程，适应得好的个人会选择留在组织，适应得不好的则会选择离开组织。留下来的个人大多是在与组织的摩擦过程中，个人目标、价值观和组织的目标、价值观相匹配，即个人与环境的同质性增加。

个人—环境契合（Person-Environment，P-E）理论属于群体动力学范畴，强调个体与环境的相互作用，强调二者所形成的有机整体特征。据此，我们提出学习者—学习环境契合度（Learner-Environment fit）的概念，并界定为："学习环境的给养与学习者效能的匹配程度。"契合度是从学习者与环境互动的角度来评价环境，体现出两方面的交互影响。环境的给养和学习者效能的复杂交互作用是学习者态度和行为的深层次影响因素。

之所以提出契合度的概念作为生态化设计的衡量标准，还基于以下几个观点：首先，只有高契合度的网络学习环境才能够吸引并维持学习者的主动参与。要保障学习者主动参与到网络学习过程中，网络学习环境必须满足特定群体的实际学习需求，与他们的需求与效能具有高度的相关性与契合度。其次，契合度会影响学习者的学习注意力、动机、兴趣，进而影响学习者的学习态度和学习行为。最后，契合度与学习者的用户体验（包括满意度等）密切相关。当学习者效能与环境的给养契合度高时，学习者会发现自己有足够的能力和积极的态度来学习，从而表现出较高的满意度，并且有更好的学习体验，网络学习环境对学习的促进作用也就越明显。反过来，学习者的用户体验好，也能够反映出环境与学习者的契合度高。这里体现了契合度与设计用户体验的统一，契合

① Cable, D. M., & DeRue, D. S., "The Convergent and Discriminant Validity of Subjective Fit Perceptions", *Journal of Applied Psychology*, Vol. 87, No. 5, 2002, pp. 875 – 884.

度高的网络学习环境能带给学习者更好的用户体验，基于用户体验所设计的网络学习环境必然具备较高的契合度。在契合度指标的约束下设计用户体验，是网络学习环境生态化设计的根本原则。

另外，学习者与学习环境的契合是一个动态的平衡过程。因此，契合度是一种动态值，随着学习者与学习环境的动态耦合过程而变化。

第二节　契合度的结构

契合度揭示了学习者与学习环境的匹配与适应，它是多维复杂的。这一概念本身仅是为我们的设计提供了最根本的原则，那便是：设计与学习者效能相契合的给养。单纯提供这一笼统的概念，并不能有效地衡量设计是否实现契合。为此，我们希望将契合度的概念具体化，使其量化和可操作性增强，这便是搭建契合度结构的初衷。

组织管理领域对契合度结构要素的划分对我们的研究有所启发。组织管理领域的研究者从不同角度提出契合度的结构要素，比较典型的研究如表6—1所示。

表6—1　　　　　　　组织管理领域的契合度结构要素总结

	提出者及时间	结构要素
维度论	Sekiguchi, 2006	个人—组织匹配，个人—工作匹配，个人—群体匹配
	Ryan, 2009	个人—组织匹配，个人—工作匹配，个人—职业匹配，个人—群体匹配
	Edwards, 2010	个人—组织匹配，个人—工作匹配，个人—职业匹配，个人—群体匹配，个人—个人匹配
内涵论	Choi, 2004	供给—价值匹配，要求—能力匹配
	Choi, 2005	价值匹配，能力匹配，行为承诺，行为实施
	Annelies, 2006	动机匹配，个性匹配，价值观匹配
	Sussan, 2010	个体需求，组织供给
	Gilbreath, 2011	环境需要，环境供给，工作满意，心理健康

从维度论的角度，契合度可以概括为个人—组织匹配、个人—工作

匹配、个人—职业匹配、个人—群体匹配、个人—个人匹配五个要素。从内涵论的角度，契合度的要素可以被概括为：第一，供给—需要契合（Supply-Value fit），存在于工作回报和个人需求之间；第二，要求—能力契合（Demand-Abilities fit），存在于工作要求和个人的知识、技术、能力（KSAs）之间；第三，自我概念—工作契合（Self-Concept-Job fit），指的是个体的自我知觉和工作任务的特点及必需的工作行为之间的一致性程度，它解决的是"工作是否让我成了我想成为的那种人"的问题。①

另外，被誉为"绩效技术之父"的美国心理学家吉尔伯特（Thomas F. Gilbert）提出行为工程模式（behavioral engineering model）②。该模式架构大致分为环境支持（environment supports）与行为库（repertory of behavior）两大部分，如表6—2所示。

表6—2　　　　　　　　　　　吉尔伯特行为工程模式

	信息（information）	设备（instrumentation）	动机（motivation）
	数据（data）	资源（resources）	激励（incentives）
环境支持 （environment）	● 关于绩效适切性的相关的经常性反馈 ● 对绩效期望的描述 ● 对适切绩效的清晰而相关的指导	● 科学设计的、满足绩效需求的各类工具与资源（如参考手册、专家系统、便利设施、充足的时间等）	适当的经济激励 ● 非经济激励 ● 事业发展机遇 ● 低绩效的明确的后果
	知识（knowledge）	能力（capacity）	动机（motives）
个体行为 （individual）	● 满足榜样绩效要求的、系统设计的培训 ● 定位	● 绩效的灵活计划来满足峰容量 ● 工作辅助 ● 身体条件 ● 适应 ● 选择	● 工作动机评估 ● 雇佣符合现实情境需求的人员

---

① 熊勇清、全云峰：《基于契合度的工作满意度影响因素的实证研究》，《预测》2007年第4期。

② Gilbert, T., "The Behavior Engineering Model", In T. Gilbert, *Human Competence: Engineering Worthy Performance*, New York: McGraw-Hill, 1978, pp. 73–105.

这一模式体现了环境支持与个体行为在信息、设备、动机三个维度的匹配与对应。环境支持主要包括数据、资源与激励，个体行为主要包括知识、能力与动机。这一模式中，环境的不同要素可以与学习者不同方面的效能匹配。

根据以上分析，在网络学习环境中，从内涵论的角度，我们主要考虑学习环境的给养与学习者学习需求的匹配程度、环境给养对学习者效能的要求与学习者实际效能之间的匹配程度；从维度论的角度，我们从网络学习环境给养类型出发，将契合度分为"教育给养—学习者"契合、"社会给养—学习者"契合、"技术给养—学习者"契合三个维度。基于这两个角度的思考，我们建立了学习环境与学习者契合度的结构，如图6—1所示。

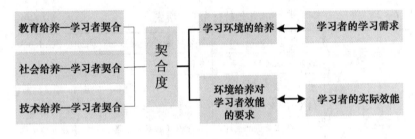

图6—1 契合度的结构

给养要素与学习者效能要素的分层和匹配关系结构只是便于我们更全面地理解契合度的内涵，而要指导具体的设计，还需要更为具体的契合标准。为此，我们总结了倾向于高契合度的学习环境给养要素的关键特征，以期能够对设计网络学习环境的给养提供参考。这些倾向于高契合度的学习环境给养要素的关键特征是基于已有的相对成熟的网络学习环境的评价标准而提出的，重点参考以下两个标准。

（1）中国香港学者张伟远建立的标准化的网上学习环境测评量表，如表6—3所示。[①] 他从评价的角度描绘了一个好的网上学习环境应该考

----

① 张伟远：《网上学习环境评价模型、指标体系及测评量表的设计与开发》，《中国电化教育》2004年第7期；张伟远、吴廷坚：《网上学习环境的建构与测评》，《中国远程教育》2006年第10期。

虑的要素，这些要素综合考虑网络学习环境的教学维度（教学设计、内容设计、教师支持、学习评估）、社会维度（学生互动、教师支持）、技术维度（网站设计、技术支持）、艺术维度（网站美学设计）等。这些要素是全面具体、设计指向的，对网络学习环境的设计和实施有着重要的参考价值。

表6—3　　　　　　　　　　　网上学习测评量表的结构

维度	含义
教学设计	课程教学设计的目的是采用不同的教、学及启发性的方法来改善学生的学习。学习目标要明确，并通过适当和公平的评估帮助学生达到目标，从而令新的学习得以进行
内容设计	课程内容设计应该适合课程的学习环境。例如，在网上学习环境中，内容安排要适合媒体特点，如提供信息链接或促进互动。课程内容应该是逻辑性地循序渐进
网站设计	课程网站设计要充分利用互联网的技术。设计大多基于导航器及美学的观点。此外，所有课程网站的功能必须有特定的目的，并且可以方便使用（如电子图书馆）
灵活性	学习的灵活性需要提供一个以学生为中心的学习环境，尤其是学生需要有足够的学习支持和学习材料来帮助他们有效地自学。灵活性也意味着选择性，如让学生自行选择学习地点及学习进度
学生互动	学生之间的互动可以使学生获得来自他人的不同观点，就像教师的作用一样，使学生学会以合作的态度采纳不同的观点，并从中学习。学生之间的互动将鼓励他们建立社交联系，提高互相合作的能力
教师支持	教师或导师必须定期性地提供咨询与辅导。学生可随时联系到教师或导师，教师或导师的支持可以帮助学生培养批判性的、独立的思维能力
技术支持	技术支持应该是最新地、及时地、方便地帮助学生和维护学习环境，应该能增进学生的计算机知识，并教会他们解决技术上的突发问题
学习评估	网上教学评估应该是公平的。学生应该能够定期地获得鼓励性的、正确的反馈，以帮助他们获得对知识的理解。这种反馈应该是经常性的

（2）eCampusAlberta 设计的质量标准（Quality eToolkit）[①]，这个质量标准用以指导中学后的教育机构设计，创造和评价网络课程的质量。2013 年给出基本质量标准 2.0（Essential Quality Standards 2.0），如表6—4 所示。标准涉及课程信息（course information）、组织（organization）、教学（pedagogy）、写作（writing）、资源（resources）、Web 设计（Web design）、技术（technology）七个维度，同时包括进一步支持设计者和开发者的帮助资源（helpful resources），以及质量评审的概览（quality review）。对于每一个维度，质量标准提供了标准的、全方位的描述和在网络课程中应用的例子，以及在文献综述中筛选出的支持性研究。同时，还提供了描述不同质量水平的量规——基本水平（essential）、优秀水平（excellent）、典范水平（exemplary）。基本水平是每一门通过 eCampusAlberta 发布的网络课程所必须满足的最低标准。

表6—4 基本质量标准2.0

课程 信息 标准	• 教学大纲（course outline/syllabus）：提供教学大纲和课程描述 • 教师联系方式（instructor communication）：告知学习者如何与教师联系的方式 • 学习结果/目标（learning outcomes/objectives）：是可达到、可测量、相关、清晰陈述、简明的； • 评分信息（grading information）：课程最初呈现给学习者的具体评分标准，并且在课程的始终都易于找到作为参考 • 教师和学习者的职责/作用（role of instructor and learners）：解释说明教师和学习者在达成学习结果/学习目标过程中各自的作用
组织 标准	• 学习路径（learning path）：在整个课程中引导学习者，它解释了学习活动以及它们如何被用于完成学习结果/目标 • 学习材料（learning material）：学习材料的组织为了向学习者呈现课程要素与达成学习结果/目标之间的关系 • 时间投入（time commitment）：学习者被告知完成所有学习活动预计需要的时间投入

---

① eCampusAlberta，"Quality eToolkit"，http：//quality. ecampusalberta. ca/.

教学标准	• 说明（instructions）：所有活动的说明，无论是计分还是不计分，都必须是清楚和完整的 • 评分标准（marking criteria）：对于所有计分的活动，为学习者提供评分标准的清晰细节 • 交互性（interactivity）：课程中包含交互性的活动，促进学习者对内容的深度理解 • 教学策略（instructional strategies）：设计与学习者差异化的兴趣、学习需求和偏好相匹配的教学策略 • 反馈（feedback）：整个课程过程中，有对学习者正式和非正式的反馈
写作标准	• 偏见（bias）：内容无对年龄、文化、种族、性取向、性别或残疾等的偏见 • 语气（tone）：积极语气的书写有利于创设一个支持性的学习环境 • 引用（citations）：课程中的所有学术内容都有恰当的引用规范 • 清晰的语言（clear language）：语言是清晰、易理解的 • 写作细节（mechanics of writing）：课程使用正确的语法、标点和拼写
资源标准	• 现时性（currency）：学习材料是最新的 • 权威性（authority）：学习材料的权威性是明显的 • 多样的内容资源（varied content resources）：提供给学习者多种类型的学习材料 • 学习者支持（learner support）：提供给学习者带有超链接的学习者支持资源列表
Web设计标准	• 格式（format）：课程要素使用逻辑一致的结构和设计格式 • 易读性和可读性（legibility and readability）：课程设计促进易读性和可读性 • 导航（navigation）：课程导航是一致的、可预见的、有效的
技术标准	• 多媒体（multimedia）：课程使用基本的硬件，在需要的地方还会使用免费的插件程序。学习者被告知所有的专门的技术要求 • 情况介绍（orientation）：对于课程中用到的技术，应该有一个情况介绍及使用向导

需要说明的是，本章所定位的环境设计是在课程层面，所给出的倾向于高契合度的学习环境给养的特征指标并非适用于所有的情形。在具体情形中，能否设计契合的给养仍然取决于设计者对具体的环境与学习者之间契合度的判断。

一 "教育给养—学习者"契合度

"教育给养—学习者"契合度（Pedagogical Affordance-Learner fit，简

称 PAL）指学习环境的教育教学给养和学习者的需求和效能的匹配程度。根据对网络学习环境教育给养的分析，PAL 可以进一步细化为"学习目标—学习者"契合、"学习活动—学习者"契合、"学习资源—学习者"契合、"学习支持服务—学习者"契合。

（一）"学习目标—学习者"契合

所谓"学习目标—学习者"契合，是指学习目标能够引发学习者的学习意图/学习动机/学习兴趣。我们进一步将倾向于契合学习者需求的目标类型与特征进行总结归纳。

- 相关性的目标：目标与学习者的事业、学业、生活目标紧密关联，在这样的目标导向下设计的活动与内容材料能够有效地激发学习者掌握材料、完成任务的动机。

- 清晰陈述的目标：目标清晰明确，从学习者的视角进行清晰的表述，易于理解，使学习者的行为有明确的导向性。

- 可达到、难度适宜的目标：目标的难度是适宜的，在课程情境中是可达到的，这有利于激发学习者的学习动机。

- 可测量的目标：学习目标是可测量的，以利于通过适当和公平的评价机制促进并帮助学生达成目标。

- 统一的层次性目标："课程目标—教学目标—活动目标"应该是整体统一的，层次的存在旨在细化目标与活动。

- 促进深度思考的目标：目标应该考虑促进学生高层次思考。在许多教育教学活动中，教会学生知识并不是主要目的，尤其是在学习型社会，知识和资源的获取极为便利，通过教育教学引发学生思考，尤其是高层次思考已逐渐成为更重要的目标。

（二）"学习活动—学习者"契合

所谓"学习活动—学习者"契合，是指学习活动能够吸引学习者的注意力，引导学习者参与其中，并最终在完成任务的过程中获得知识、能力与情感的发展。具体来说，可以根据学习活动的要素，分为活动目标契合、活动任务契合、任务情境契合、活动策略契合、活动规则契合、活动评价契合。

1. 活动目标契合

活动目标与整体的课程目标以及学习目标应该是统一的。

2. 活动任务契合

活动任务契合是指活动任务能成为吸引物，吸引学习者的注意力，引导学习者参与其中。这里所指的活动任务，首先指多个任务序列形成的任务总和，又指单独的活动任务。

对于活动序列，它能为学习者提供学习路径（learning path）是重要的，在整个课程中引导学习者，解释学习活动序列以及它们如何被用于完成学习结果/目标。这就要求仔细地规划活动任务序列，并尽可能地使任务流程简洁、清晰、明确。

从活动任务性质的角度，倾向于高契合度的活动任务常常具备以下特征：任务性质贴近学习者的生活或工作需求；任务趣味性十足；任务有新意；活动任务与课程内容密切联系，完成活动任务的过程能够帮助学习者更好地理解内容；活动任务包含交互性的活动，如讨论等，以促进学习者对内容的深度理解；等等。

3. 任务情境契合

任务情境应当具有带入感，能将学习者迅速地带入任务。倾向于高契合度的任务情境常常具备以下特点：（1）任务情境与学习者所体验过的真实世界的情境（工作情境、生活情境等）具有相关性。在这种情境学习者有熟悉感和亲近感，容易引起他们的注意；（2）故事化或游戏化的情境有趣味感，也能够引起学习者的兴趣。

4. 活动策略契合

活动策略的选择与学习者的学习策略相匹配。不同的活动策略是不同教学法的体现，依据所学习内容的特征以及学习者差异化的兴趣、学习需求和偏好来选择合适的教学法，有助于保证活动策略的契合。不同的活动策略能够为学习者提供不同的学习体验。活动策略选择与多样化的目的是选择不同的教、学及启发性的方法来支持学生的学习。选择合适的活动策略来促进教师出现、活跃并且参与到学习者中间，更有助于激发学习者的参与热情。对于具体的活动策略，在网络情境下，任务驱动教学法几乎是必备的。它又可以有基于问题的教学、基于项目的教学、基于案例的教学等多种形式，但都要求学生在具体任务的导向下，通过自主或探究来完成任务，从中学习知识与提升能力。设计应当以通俗的语言清晰地描述和解释活动策略，提供关于传递性质的信息（如同步、异步、混合），以及课程是群组合作还是独立学习。

5. 活动规则契合

活动规则对完成活动任务进行一系列的说明，帮助学习者理解活动任务，并明确如何开展活动。活动之初，给出清晰、明确的活动规则，包括所有活动的说明，无论是计分还是不计分数，都必须是清楚和完整的。对于如何进行所有的学习活动，有现成的、清晰明确的说明，所有需要的细节都包括在内。例如，清楚地提供学习要求、活动是否计分数、活动所需要的时间投入、交作业的方式、交作业的时间限制、迟交作业的处理方式等。这些说明对于学习者来说足够清晰、完整，能够让学习者理解去做什么，如何完成以及提交。对于所有活动的说明，都应该在课程或上课之初以最明显的方式给出。并且，每个活动的说明都应该随时易于找到，以便学习者在做任务的过程中随时查看参考。

6. 活动评价契合

设计贴合活动需求、活动目标和学习者效能的活动评价方案。(1) 多种形式的评价方法，如自我测验、电子档案袋、作业评价等，所设计的评价活动和方案应当与课程内容紧密相关，起到督促学习者学习课程内容和评价学习结果的作用。(2) 评价规则具有导向性，应当尽可能地细致，在开始活动之前，就应当让学习者明确评分规则；告知学习者哪些活动是计算分数的，哪些是不计算的；对于所有计分的活动，为学习者提供评分标准的清晰细节；每一个计分活动所占的权重必须要有说明；通过对不同的任务设置不同的分数比例以及各种测评（如作业、考试等）所要求的标准，如作业等级打分的详细标准等，起到约束学习者按质完成任务的目的；评分标准应该在最初呈现给学习者，并且在课程的始终易于找到作为参考。

（三）"学习资源—学习者"契合

在网络教与学的条件下，学习者对学习资源有着很高的依赖性。"学习资源—学习者"契合是指学习资源的设计能够满足学习者的需求与媒体风格偏好，使得学习者乐于使用。

1. 资源形式契合

资源形式契合是指资源的媒体形式符合学习者的媒体风格偏好以及

认知风格偏好。资源形式恰当的多样化，为学习者提供选择性，学习者会偏好不同的资源媒体形式。有些学习者喜欢视频和动画，有些学习者更偏爱文字形式。资源形式应当尽可能地考虑到学习者的认知心理规律，如当前流行的微视频，它是考虑到学习者的注意力时间的长短规律，有意识地将视频内容控制在8—15分钟，以保证学习者在观看视频时能有持续的注意力。资源在形式上应当能够引发学习者的互动，如交互式视频，通过各种技术手段，将交互体验融入线性的教学视频，使得学习者在观看视频资源的过程中还能够参与互动，这也有助于维持学习者的注意力与兴趣。

2. 资源内容契合

资源内容契合是指资源的内容契合学习者的需求以及知识基础，能够吸引学习者专注学习。倾向于高契合度的资源内容常常具备如下特点：内容是高权威性的，若是有非权威出处（如百度、维基、优酷、Youtube等）的资料，应该予以说明；内容与学习目标保持一致，并符合学习活动的需求；内容符合学习者的现实需求；内容与学习者的背景知识相匹配；内容材料的难度适中，适合自学；内容是现时的，而不是陈旧的；资源内容组织合理，逻辑上循序渐进，不是漫无逻辑的堆砌，而是清晰易于理解的；内容以自我解释的方式编排，方便自学；学习材料以一致的学习片段呈现（如模块、课、专题）；学习材料片段之间有过渡描述，以便识别学习片段之间的关系；内容材料的组织使网上浏览变得容易；内容描述清晰；在网上的呈现清晰而准确；清楚地写明内容摘要；内容材料容易阅读；资源链接应当与学习活动相对应，并且有使用说明与建议；平台上对需要有资源提供的地方都给出相关的资源或链接，但需要做出说明，掌握到不同程度的学习者所需要的资源是不同的，可以让学习者选择跳过或重点利用某些资源；资源链接都很可靠，即没有空链接或错误链接；内容适合新媒体、新技术特征；等等。

3. 资源情境契合

资源情境契合是指资源的情境既能够有效地融入知识，又能够吸引学习者的注意力。资源在设计时应当考虑知识应用的情境，不能是孤立的知识呈现。资源情境在设计时首先要考虑有效地融入知识，其次要考虑情境与学习者效能的贴合性，尽可能地选取与学习者生活或工作相关的实用性情境，或让学习者眼前一亮的趣味性、创新性情境。

（四）"学习支持服务—学习者"契合

"学习支持服务—学习者"契合是指，学习支持服务能够在师生时空分离的条件下真正地发挥服务与帮助学习者学习的作用。学习支持服务的设计应能够从学习者的需要出发，并尽可能的便捷、有效。倾向于高契合度的学习支持服务包括：提供给学习者带有超链接的学习者支持资源列表；提供给学习者对于这些资源的恰当解释说明；资源恰当地组织，易于获取；提供教学大纲和课程描述；提供教师联系方式信息，至少包括电话号码和 E-mail 地址；教师和学生的职责与角色应该在课程之初做出解释说明；在课程最初，应当对网络学习者的学习理念与角色转变有所引导，使学习者对于如何成为一个成功的在线学习者有着清晰的愿景，如强调在线学习所需要的独立性水平，强调与教师和其他同伴在线交流的重要性，以及其他教师对学习者的期望等；学习者能够有便捷的途径提问或者反映困难，如随时通过电子邮件/站内信/其他通信工具得到教师/导师的帮助；收到教师/导师迅速、及时、经常性、持续、恰当、鼓励性或引导性、建设性的反馈，如教师及时通过网络回答学习者的提问，帮助学习者弄清楚学习中碰到的各种问题；对于定时的反馈，应该对于教师如何和什么时候提供关于作业、考试、讨论和其他活动的反馈有明确的信息；如果自我测验或其他学习活动在完成以后能够提供自动反馈，应该提前告知学习者；学习者能够及时地得到关于作业任务的评价；教师定期地联系学习者，使学生意识到教师在网络上的存在，并提供定期的咨询与辅导；教师能够有便捷的方式了解学习者的学习情况，及时做出有效干预；学习者能够随时了解自己的学习进度，以及时调整进度等。

二 "社会给养—学习者"契合度

"社会给养—学习者"契合度（Social Affordance-Learner fit，简称SAL）指学习环境的社会给养与学习者效能、需求的匹配程度。倾向于高契合度的社会给养具有两方面特征：（1）适应不同形式的学习，社会给养以不同的组织形式支持学习，个体学习、小组学习、共同体学习对应着不同的社会给养；（2）在网络学习环境中，社会给养将学习者、学习伙伴、教学服务者、管理服务者等联系起来，形成社会化网络。社会化网络能够有效地支持学习者寻求帮助、情感交流、自由发表观点、自由讨论等，不论在正式课程的设计中是否用到共同体形式的学习，毫无疑问，学习共同体是利于学习者学习的。有研究表明，社会化的互动容易形成一种自然交互的情境，在这种情境中能够更有利于学习者深度理解知识，并且不至于让学习者失去对学习的兴趣。根据社会认同理论（social identity theory），个体对群体的认同是群体行为的基础。[1] 个体的社会身份来自对某群体的归属感，当个体感知自己是某群体的一份子时，他会自我归类到该群体中，并以各种方式融入其中，进而对群体和群体当中的其他成员产生正向的态度。SAL 取决于学习共同体的成员是否具有共同的学习愿景、价值观。学习共同体的形成通常是自发的，有相应的社会性软件支持即可。社会性软件支持的社会化网络的构建，使得学习者能够通过网络结交朋友，通过网络与同时修课程的学习伙伴联络，与学习伙伴开展小组讨论、协作学习，并借助邮件、站内信等工具向学习伙伴求助，在论坛区求助并得到学习伙伴或教师的回应。这种社会化软件支持下的基于网络的人与人之间的互动，使得学习者可以获得来自他人的不同观点，就如同教师在侧一样，学习者可以在这种社会化的环境中学会以合作和批判的态度对待不同的观点，并从中学习。而且，这种互动使得学习共同体成员之间建立基于网络的社交联系，能够在整个小组学习或共同体学习中找到一种集体归属感。对于网络支持下的师生关系，学生更多地希望教师/导师不是以权威自居，而是像平等的朋友。因此，教师定期或不定期地通过网络与学习者进行友好的情感交流是必要的。

三　"技术给养—学习者"契合度

"技术给养—学习者"契合度（Technological Affordance-Learner fit，简称 TAL）指学习环境的技术给养/学习工具能够灵活、有效、高效地支持学习者开展学习活动。学习者应该能够使用这些工具，若是学习者相对不熟悉的工具，应该有明确的操作说明，不至于让操作工具成为学习的障碍。首先，学习工具/工具集/平台应当具备与学习目标和学习活动

---

[1]　张莹瑞、佐斌：《社会认同理论及其发展》，《心理科学进展》2006 年第 3 期。

相匹配的功能，满足有用性；其次，应当关注界面信息设计，满足可用性。

（一）有用性

平台及工具的功能必须有特定的目的，并且使用方便；为学习者创设一个灵活的学习环境，如学习者自由选择学习时间、学习地点、学习进度、学习方式等；学习者有方便上网的条件，网络连接速度快且可靠；课程使用基本的硬件，在需要的地方还会使用免费的插件程序，学习者被告知所有的专门技术要求；任何必要的插件程序都是可识别的，对学习者来说是易于获得的；音频/视频软件要求与多种操作系统兼容，并且需要一个标准的、免费的插件；如果有特殊的技术要求，需要对学习者加以说明；课程中包含易于获取的技术使用向导；有对学习课程对于网络技术的明确要求；有详细的关于计算机和网络资源的使用说明；对于如何运用网上的各种功能进行学习，有清楚的介绍；提供解决网络技术常见问题的 FAQ；技术支持应该能提升学生的信息素养，教会他们独立解决技术上的突发问题。

（二）可用性

1. Web 设计

课程要素使用逻辑一致的结构和设计格式；课程中的跳转是直观的、逻辑的、一致的布局设计，引导学习者；课程站点设计使用统一的格式，有同样的书写风格、布局、图形设计和组织水平；所有命名规范是恰当、有逻辑和一致的；平台外观简洁明了，界面设计良好；设计基于美学的观点，如色彩搭配协调等；课程中使用一致的、可预见的、有效的导航方案；超链接和内部链接有相应的标志，如下划线等，能够清晰地被识别；学习者易于从课程跳转到外部链接或返回课程；至少90%的链接是正确的；课程设计促进易读性和可读性；设计策略包括文本颜色和背景之间的视觉对比、使用无衬线字体、对强调的恰当使用（如加粗、下划线、颜色变化等）、对空格和空行的恰当使用等。

2. 课程写作规范

课程使用中立的语言，促进尊重和平等的气氛；书写是清晰的、客观的、具体的；所有内容具有包容性；课程使用积极的、支持性的语气书写课程说明、学习活动、教师介绍等，以引导恰当的在线交流和帮助构建学习共同体；引文和其他材料包括图形图像、使用外部资源等，必须使用恰当的引用规范；语言是清晰、易理解的；课程使用正确的语法、标点和拼写等。

第三节　小结

本章提出"契合度"的概念，作为衡量生态化设计的标准，也作为约束生态化设计的条件。为了能够指导具体的设计，我们还搭建了契合度的结构。根据学习环境中的给养分类，契合度分为"教育给养—学习者"契合、"社会给养—学习者契合"、"技术给养—学习者"契合。基于已有的研究，我们总结了倾向于高契合的给养的关键特征，这些特征可以作为给养设计的原则。

第 七 章

微观教学层面的给养设计模型

　　本书最根本的目的是提出网络学习环境生态化设计的理论框架，落脚点是如何设计的问题。本章讨论如何设计与整合学习环境的给养，以学习环境与学习者的契合为约束条件，并在设计过程中考虑促进网络学习生态系统的物质循环和能量流动。首先，将所要构建的设计模型定位在微观教学层面；其次，基于前面几章的分析，提出微观教学层面的"一主线、两匹配"的给养设计模型（简称 3M 模型），分别对基于给养的主线和匹配的设计方法进行论证。

　　关于设计所定位的层次：从环境搭建的总体目标来看，网络学习环境可以面向不同的层次，从宏观的专业课程体系到中观的某门课程，再到微观的一堂课、一个主题甚至一个活动。这些不同的层次同时也对应于不同层次的教育目标，从培养目标到活动目标，如图 7—1 所示。定位于不同的层次，对网络学习环境设计讨论的粒度和方面也有所不同。本书将网络学习环境生态化设计定位于微观教学层面，面向教学目标或活动目标，即针对一堂课、一个主题或一个活动来讨论网络学习环境的设计。

第一节　"一主线、两匹配"给养设计模型

　　网络学习环境的给养为学习者的学习活动和整个学习过程提供其需要感知的信息、情境，环境所创设的形态决定了教师和学习者的行为方式。网络学习环境生态化设计是给养的设计与整合过程，学习环境以其给养支持着教与学。然而，学习环境的给养不是自然存在的，它是设计

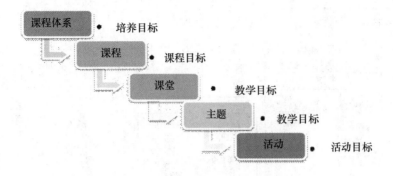

图7—1　网络学习环境设计的层次

者有目的、有意图创设的。给养设计的意义在于，能够使学习者更可能遭遇或利用特定的给养而不是其他给养，并且使学习者尽可能地遭遇正面的给养、与其效能契合的给养。创设给养的过程是设计者依据对学习者效能的分析与把握，将自身的意图与经验融入设计过程，设计满足学习者需求的、诱导学习行为发生的特定给养，创设满足学习者学习活动开展需要的、支持学习目标达成的环境。

依据生态学习观，学习者的学习行为是由学习者的学习意图、效能和网络学习环境的给养共同决定的。因此，网络学习环境设计需要考虑学习者的学习意图、效能以及网络学习环境的给养两个方面。所以，给养设计是一种匹配/平衡技术，一方面，如何设计使学习环境的给养与学习者的效能相匹配；另一方面，如何设计使学习环境的给养与学习目标相匹配，因为不同类型的学习目标需要不同的环境给养。根据学习目标和学习活动所需要的给养以及学习环境所能提供的给养之间的匹配与平衡，并考虑学习者的效能，来选择与设计合适的网络学习环境的给养。

根据以上分析，给养设计是建立在对学习环境的给养和学习者的意图、效能的分析基础之上的，我们已经从多个维度分析了网络学习环境所能够提供的给养，建立了学习者效能分析的框架以及生态化设计的约束条件，本章就从设计的角度考虑如何平衡学习活动对于给养的需求、学习者的效能以及学习资源和工具的给养之间的关系，建立设计层面的理论框架，如图7—2所示。它是微观教学视角的"一主线、两匹配"给养设计模型，简称为3M模型。

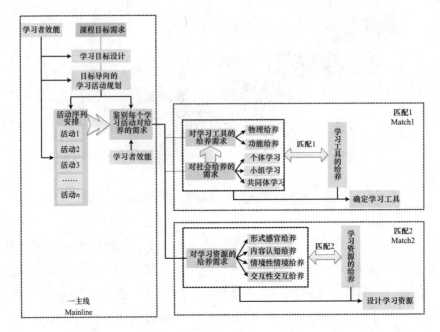

图7—2 微观教学层面的"一主线、两匹配"给养设计模型

网络学习环境生态化设计是学习目标与学习活动导向的给养设计过程，同时要平衡学习者的效能。该模型强调以下基本观点。

（1）1M：主线，学习目标与学习活动的统一体决定的主线主导着网络学习环境的给养设计。

学习目标从根本上主导着学习活动的设计，二者始终是统一的；学习环境的给养在"目标—活动"构成的主线下连为统一的整体；网络学习环境生态化设计是以"目标—活动"构成的主线为依据，设计不同要素、不同层面给养的过程。

给养的设计以学习活动开展对给养的需求为直接依据，而学习活动开展过程中伴随"物质流动"和"能量循环"，因此，给养的设计与整合应围绕学习活动的开展，促进不同类型学习活动所对应的"物质流动"与"能量循环"。

（2）2M：匹配1（Match 1），学习工具的选择应基于学习活动对于学习工具给养的需求以及学习工具所能够提供的给养之间的匹配与平衡。社会给养的提供离不开工具的支持，在确定对学习工具的给养需求时，也需要考虑社会给养对于工具的需求。对于此匹配，主要考虑工具的物理给养和功能给养。

（3）3M：匹配2（Match 2），学习资源的设计是基于学习活动对学习资源的需求、学习资源给养学习者的方式、学习者效能之间的平衡与匹配。在分析学习资源的给养时，主要关注其形式（感官给养）、内容（认知给养）、情境性（情境给养）、交互性（交互给养）。

给养设计过程是非线性的，学习目标与活动统领着整体的设计。学习者的效能影响着设计过程的始终，在不断的调整中追求学习者与学习环境的契合。

需要特别说明的是，此设计模型是设计层面的理论框架，并不是规定性的处方，而是具有弹性和灵活性的框架，设计者可以将自己的经验和专业技能应用其中。该框架不是具体的操作流程，而是为如何进行设计提供可参考的方法论。

第二节　一主线：目标与活动的统一体

尚克（Schank）指出，"所有的人类行为都是目标导向的"[①]。并且，生态学习观表明，当环境对于朝向既定目标的行动有引导作用的时候，它就是激励性的环境。激励性的环境可能不同程度地推动行动者向目的前进，此时行动者动机受到激发，"感知—行动"循环所决定的交互作用也就被激发起来。目标是所有教学设计理论不可忽视的重要元素，教学的目的是为了干预，而有效干预必然是目标导向的。确立一个好的、恰当的目标，对于创设有效的网络学习环境至关重要。网络学习环境生态化设计是目标导向的，支持学习者达成学习目标是生态化设计的首要原则。目标导向最直接地体现在，学习目标与学习活动是统一的，不同类型的目标需要不同的学习活动来实现，学习活动的设计始终为实现学习

---

① Schank R. C., "Goal-based Scenarios: A Radical Look at Education", *The Journal of the Learning Sciences*, Vol. 3, No. 4, 1994, pp. 429 – 453；转引自［美］戴维·乔纳森、简·豪兰等《学会用技术解决问题：一个建构主义者的观点》，任友群、李妍等译，教育科学出版社 2007 年版，第 8 页。

目标服务，特定类型的活动支持特定类型学习目标的达成。学习目标与学习活动的统一体共同导向着环境给养的设计，是网络学习环境设计的主线。学习活动设计的生态化主要体现在两个方面：其一，学习活动链是网络学习生态系统主要的物质流动和能量循环机制，学习活动设计应考虑促进物质流动与能量循环；其二，生态化的学习活动必然是情境化的，与真实世界的情境具有相关性。

一　学习目标

（一）教育目标的层次

在本章的最开始，我们将本书的设计定位在微观教学视角，面向教学目标或活动目标。这里我们对各层次的目标进行进一步的阐释，以期明确教学目标或活动目标的来源。最高层次的教育目的是国家为整个教育系统指定的，对各种形式的教育和教学活动都有指导和制约作用；培养目标是针对各级各类教育确定的，通常是不同教育阶段或者不同专业（行业）层次的目标，如专业培养目标等，一般会通过一整套课程体系设置来实现；课程目标是处于学科课程水平，规定某门课程学习要达到的目标；教学目标则是处于具体教学水平的，规定某堂课/某次课教学要达到的目标。教育目的、培养目标和课程目标一般是来源于学科专家对社会发展、学生发展和学科内容发展三方面的考虑[①]，教学目标则是教师依据课程目标所制定的用于日常教学和评价工作的具体目标，是教师对教学活动结果的一种主观愿望，具体描述教学活动完成后学习者应该达到的行为状态，表达了学习者通过学习达到的一种结果。[②] 网络学习环境是为网络远程教育服务的，网络远程教育更多的是面向继续教育，同样具有以上的教育目标层次结构。尽管在教学目标的层面，它受到其上各层次目标的制约，看起来教师在目标上的干预度不高，但是在课程实施阶段，教师仍然可以通过进一步考察学生的需求，灵活地制定教学目标和

① 皮连生：《教学设计》，高等教育出版社 2009 年版，第 73 页。
② 赵学昌：《理想的课堂应该基于教学目标的有效落实》，《教育理论与实践》2008 年第 26 期；转引自武法提、李彤彤《基于远程学习者模型的差异化教学目标设计》，《现代远程教育研究》2013 年第 3 期。

活动目标。

（二）"教"到"学"目标的传递

在网络学习环境设计研究中，研究者经常纠结"教"的目标与"学"的目标可能不一致的问题。我们总是会受到惯性思维的引导，认为环境是依据设计者"教"的目标来设计的。实际并非如此，"教"的目标与"学"的目标是统一的，设计者"教"的目标中包含对教育目标要求的分析和对学习者需求的理解，但是"教"的目标与"学"的目标并非完全一致。我们的设计有可能无限地接近学习者的学习目标，却永远不可能在一开始就切合他们的目标。尽管如此，二者之间并不存在不可逾越的鸿沟。"教"始终是为了学，为了评价，为了干预，通过"意图弹簧"的启示，从"教"的目标到学习者"学"的目标是学习者与学习环境相互适应的过程。

1. 意图弹簧

肖（Shaw）等人给出了意图弹簧（intentional spring）的隐喻，描述了一个假设的情境。[①] 在这一情境中，教师的目标可以传递给学生，这种传递是通过应用机械装置联结两个人的行动进行的，学生的注意可以通过脚手架支撑加以调整。图7—3再现了意图弹簧的物理系统这一概念，这一系统将教师的"感知—行动"和学生的"感知—行动"联结起来。教师有一个目标，将弹簧拉到图7—3中所示的目标长度，通过反复的尝试，他将这一目标传给蒙着眼睛的学生。在学生力量较弱时，教师将弹簧拉长，试图达到其目标；在学生用力过大时，教师在目标长度上将弹簧固定下来。反复多次之后，教师可以逐渐减少控制，学生则自动适应了目标。教师向学生连续地提供反馈以达到目标，并不断得到来自学生的输入，以决定何时减少支撑或引导。教师反馈的内涵就成了对于意图的引导（想要达到的目标是什么）。

意图弹簧提供了一个例子，展示了意图的引发（指向的目标）和注意的引发（指导者施加力量以减缓或加速）在"感知—行动"循环中是

---

① Shaw R. E., Kadar E., Sim M., et al., "The Intentional Spring: A Strategy for Modeling Systems that Learns to Perform Intentional Acts", *Journal of Motor Behavior*, Vol. 24, No. 1, 1992, pp. 3 – 28.

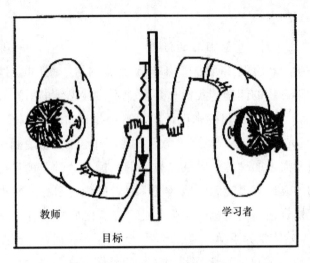

图7—3 意图弹簧

如何进行以调节学习者的。意图是通过反复的尝试传递给学习者的，伴随对于环境中相关信息的注意的引导。任何对于预定目标的偏离都会产生一个处理深度，教师通过这一处理，将方向和矫正的需要量具体化。

2. 自动适应

通过意图弹簧的例子，我们得到启发，目标是可以在相互适应的过程中传递的，亦即目标的可传递性。从另一角度来看，人总是有自动适应环境的倾向，当学习者进入学习环境时，他带有主动的意图/目标，并且会主动地探索环境。探索环境的过程实际上是与环境进行磨合的过程。学习者的目标/意图最终会受到"教"的目标的影响。意图弹簧就表明教师可以通过一个相互适应的过程，将意图传递给学习者。学习者在目标上会适应，因此会被导向朝着设计者目标的方向去接受任务，并且应用资源和工具完成任务。

（三）网络学习目标分类

不同类型的学习需要不同的环境给养来支持，因此，需要根据不同类型的学习来设计给养。我们以学习结果/目标的类型来划分不同类型的学习。不同类型的学习目标需要不同的环境给养来支持，那么，究竟如何划分学习目标的类型才是真正地适合网络情境的？诸多研究者对传统学习情境下的教学目标分类进行研究，而对网络学习情境下的教学目标研究甚少。从对在线学习目标研究的相关文献可以看出,研究者大致从两大方向开展研究:一是指向在线学习目标运作过程中的问题研究,侧重讨论远程学习中的目标管理、学习目标不奏效的原因、差异化学习目标设计等;二是关于远程学习目标的本体研究,这类研究较为少见,比较典型的如普契(Thepchai)等借助本体的概念构建了应用于 e-Learning 系统的学习目标的结构与分类①,曹东云、杨南昌从活动理论的视角重构了远程学习的目标结构②。我们无意深入地探究与构建精确的网络学习目标分类,仅从网络情境对学习目标影响的角度对布鲁姆认知领域的教育目标分类进行分析。

在传统教学目标分类的研究中,比较典型的有布鲁姆、加涅、梅里尔、豪恩斯坦、马扎诺、安德森等的研究成果。最有影响力的是布鲁姆的目标分类体系,将教育目标分为认知领域、情感/态度领域、动作技能领域。布鲁姆以及后来的研究者对三个领域的目标进行了细致的分类,安德森等人后来从知识维度和认知过程维度修订了布鲁姆的认知领域教育目标分类。③ 这个分类不仅可以指导教学结果的测量与评价,而且可以指导教学方法的选择以及学生的学习,对教育领域产生了广泛的影响。对于三个领域的教育目标,虽然我们强调知识目标与情感目标并重,但是由于人类活动所具备的天然的社会性特征,有些目标是网络技术所不能支持达成的。例如动作技能的掌握,一方面,它需要对动作步骤程序性知识的认知,这是可以借助网络通过动作录像与解说等来促进的;另一方面,它需要实地的练习,这是网络技术所不能支持的。对于情感/态度领域的目标,网络技术同样不能够支持言传身教所带来的润物无声的作用。当然,网络技术可以借助视频、语言等媒介来传达关于情感/态度的认知。总体来说,网络技术对于支持动作技能领域和情感/态度领域的

---

① Supnithi T. , Tummarattananont P. , Charoenporn T. , "Theoretical-based on Learning Goal in E-learning System", *Development*, Vol. 15, No. 22, 2004, p. 24.

② 曹东云、杨南昌:《活动理论视域下远程学习目标结构之建构》,《现代远程教育研究》2013 年第 2 期。

③ [美] 洛林·W. 安德森:《布鲁姆教育目标分类学》(修订版),蒋小平、张琴美、罗晶晶译,外语教学与研究出版社 2009 年版;[美] L. W. 安德森:《学习、教学和评估的分类学》,皮连生译,华东师范大学出版社 2008 年版。

目标是较弱的，但是对于认知领域却有着和传统技术不同的支持效果。本书中，我们暂且仅考虑认知领域的目标。对于认知领域的目标，研究者通常从知识和认知过程两个维度进行研究，我们首先分析网络情境对这两个维度产生的影响。

1. 网络情境对知识维度的影响

知识维度代表一种学习结果，表明通过学习的过程，最终习得了什么。布鲁姆将知识维度划分为事实性知识、概念性知识、程序性知识和元认知知识四种类型，详细解释见表7—1。网络情境并没有明显改变这四种类型的知识。经济合作与发展组织（OECD）也将知识划分为四种类型，即知道是什么（know-what）、知道为什么（know-why）、知道怎么做（know-how）、知道是谁（know-who）。袁正光教授对知识经济中的知识做了比较详细的阐述，见表7—1。① 就这种分类方法来说，联通主义学习理论提出新的观点，认为在网络时代，"知道从哪里学（know where）"变得比"知道什么（know what）"和"知道怎么做（know how）"更重要，学习的核心要素已经不是知识本身，而是知识管道的疏通和知识联系的建立。于是，西蒙斯（Simeons）给出了网络时代最新的知识分类，包括知道关于（knowing about）、知道如何做（knowing to do）、知道成为（knowing to be）、知道在哪里（knowing where）、知道怎样改变（knowing to transform）五种类型，其解释同样见表7—1。②

表7—1 知识维度分类

提出者	知识类型	解释
布鲁姆分类	事实性知识	学生通晓一门学科或解决其中的问题所必须了解的基本要素
	概念性知识	在一个更大体系内共同产生作用的基本要素之间的关系
	程序性知识	做某事的方法，探究的方法，以及使用技能、算法、技术和方法的准则
	元认知知识	关于一般认知的知识以及自我认知的意识和知识

① 袁正光：《知识经济——超常发展的原动力》，《上海综合经济》1998年第4期。
② Siemens G., *Knowing Knowledge*, Lulu. com，2006，pp. 8 – 11.

续表

提出者	知识类型	解释
OECD 分类	知道是什么	关于事实方面的知识
	知道为什么	原理和规律方面的知识
	知道怎么做	操作的能力，包括技术、技能、技巧、诀窍等
	知道是谁	包括特定社会关系的形成，以便可能接触有关专家并有效地利用他们的知识，也就是关于管理的知识和能力
西蒙斯 分类	知道关于	新闻事件、领域基础、学科的引导性概念
	知道如何做	驾驶汽车、解决数学问题、编程、项目研究和管理
	知道成为	加入人性因素的知识，成为一名医生或心理学家，成为一个有伦理的人、有同情心的人、会关联的人和会感知的人
	知道在哪里	便于找到所需的知识，如网络搜索、图书馆、数据库、组织等，更重要的是知道谁会提供帮助
	知道怎样改变	变换、调整、重组、符合现实、革新、关注深层次的事物、思考

　　OECD 的分类与布鲁姆知识分类的最大区分在于"知道是谁"的知识。它在管理领域非常重要，但从教学的角度来说，不是可以直接通过教学来促进学习者掌握的知识，我们不予讨论。从西蒙斯的知识分类中可以看到，"知道关于"和"知道如何做"的知识与布鲁姆分类的前三种类型是一致的，而"知道成为""知道在哪里"和"知道怎样改变"的知识都超越了原有的知识结构视角。诚然，这几种类型的知识对于网络时代的知识创新至关重要，但我们同样认为其并不能够通过教学来促进其掌握。基于以上分析，我们的研究仅关注布鲁姆分类中的事实性知识、概念性知识和程序性知识。

　　2. 网络情境对认知过程维度的影响

　　认知过程维度是思维水平达到的一种结果，表明学习者学习之后在认知水平上达到的层次。布鲁姆认知领域的教育目标分类（修订版）将认知过程维度分为记忆、理解、应用、分析、评价、创造六种水平，其解释如表7—2 所示。那究竟网络情境对认知过程维度有何影响？学习过程既有外显行为，又离不开内部心理过程的参与。网络情境改变了学习过程发生的媒介，由媒介操作方式所决定的外显行为自然随之发生改变，学习者的认知过程也在潜移默化地发生变化。我们对诞生于网络时代的联通主义进行分析，尝试解释网络对学习者认知过程的影响。

表7—2　　布鲁姆认知领域的目标分类（修订版）中认知过程维度各类别阐释

类别	解释
记忆	从长时记忆中提取相关的知识
理解	从口头、书面和图像等交流形式的教学信息中构建意义
应用	在给定的情境中执行或使用程序
分析	将材料分解为它的组成部分，确定部分之间的相互关系，以及各部分与总体结构或总目的之间的关系
评价	基于准则和标准做出判断
创造	将要素组成内在一致的整体或功能性整体，将要素重新组织成新的模型或结构

联通主义（connectivism）可以视作联结主义（connectionism）在数字化时代的深化与发展，它最早由加拿大学者西蒙斯（George Siemens）于2005年提出，也有学者译为关联主义、连通主义、连接主义等。联通主义从网络技术尤其是社会化媒体技术对人类学习的影响出发，认为学习是建立网络的过程。不同于行为主义的"外部联结观"，也不同于认知主义的"内部联结观"，联通主义持"内外网络共建的联结观"——学习就是优化自己的内外网络。学习的行为之一是创建外部网络——连通各种结点并且形成信息和知识源。结点源于我们能用来形成网络的外部实体，可以是人、组织、图书馆、网站、书、杂志、数据库或任何其他信息源。学习的行为之二是创建内部智能网络，即发生于我们头脑内的学习，这与认知主义大脑内部的神经元联结相似。内部网络的形成受外部网络的影响，如遇到新信息和新知识的学习者，会动态地更新和改写自己的心智网络。同时，内部心智网络决定外部网络的形成，作为一个智能网络，我们的心智会不断重塑、调整来反映新环境和新信息，不再有价值的结点会逐渐被削弱。① Web X.0 时代技术的发展，正在为技术支撑下个体和群体的人际联结与智慧联系创造便捷的途径。复杂网络的连通

① ［加］G. 西蒙斯：《网络时代的知识和学习——走向连通》，詹青龙译，华东师范大学出版社2009年版，第28—29页。

性为学习者的主动学习提供了便利的"管道"，于是，"知道从哪里学"（know where）变得比"知道什么"（know what）和"知道怎么做"（know how）更重要，学习的核心要素已经不是知识本身，而是知识管道的疏通和知识联系的建立。

联通主义基于网络社会的特征对学习进行阐释，推翻了长期以来广为认同的"学习仅发生在大脑内部"的潜在假设，考虑了技术支持的学习者个体的外部学习。这一观点迎合技术发展带来的学习的网络化、泛在性、移动性等特征，同时契合终身学习视野下学习的非正式化倾向和持续性特征，被誉为具有划时代意义的、里程碑式的、数字时代的学习理论。① 虽然它尚在初步探讨之中，也尚不能检验它的解释力，但是相较传统学习理论，它在对于网络学习的适切性上的确更胜一筹。

联通主义学习理论表明，在网络时代，"记忆"维度的目标变得不再重要，"寻径"维度（发现信息通道）和"联通"维度（联通人、信息、信息、智慧等）变得更为重要。因此，本书不考虑"记忆"维度，对于"寻径"维度和"联通"维度，认为它们是网络对于认知路径的改变，并非对认知水平的改变，因此不纳入本书的范围。对于布鲁姆目标分类中认知过程维度中的"分析"和"评价"，我们将其归入"应用"维度，因为讨论的是更为宽泛意义上的目标分类。

3. 本书的网络学习目标分类

基于以上分析，我们在布鲁姆认知领域目标分类的基础上，建立了网络学习目标分类框架，如表7—3所示。

表7—3　　　　　　　　　　网络学习目标分类

认知过程维度 知识维度	理解	应用	创造
事实性知识			
概念性知识			
程序性知识			

① 刘菊、钟绍春：《网络时代学习理论的新发展——连接主义》，《外国教育研究》2011年第1期。

　　网络技术在教育教学中的应用，的确为各种目标的达成提供了丰富的手段，改变了学习者的外部学习行为，同时也对学习者的认知过程产生着潜移默化的影响。但是，这种影响是极为缓慢的。现阶段，网络学习仍然主要是作为达成传统教学目标的一种有效途径。

　　（四）学习目标的清晰化表述

　　只有将学习目标清晰地表述出来，才能够使得设计更有指向性。关于如何表述目标的研究有很多，影响最广泛的是马杰（Robert Mager）提出的教学目标的三要素以及在此基础上衍生出来的描述目标的 ABCD 模式，如表 7—4 所示。马杰强调，设计者应该以具体明确的方式说明学生完成学习任务后能做什么。他提出教学目标的三要素：行为、条件和标准，后来的研究者将其拓展为四要素。

表 7—4　　　　　　　　　　　　　　ABCD 模式及示例

ABCD 模式： A：Audience，阐明教学对象 B：Behavior，阐明通过学习，学习者能做什么 C：Condition，说明上述行为在什么条件下产生 D：Degree，达到所要求的行为的程度	示例： 提供 10 个图形，二年级学生能够 　　　　C　　　　　　A 判断哪些是长方形，哪些不是 　　　　　　B 10 个图形中至少有 8 个判断正确 　　　　　　D

　　美国著名 e-Learning 咨询师威廉·霍顿（William Horton）提出一个更简单的公式来表述目标，如图 7—4 所示。[①] 这个公式从三个方面来阐述目标：一是意图，表明要教会什么，这个和 ABCD 模式中的行为相对应；二是学习者，即学习对象；三是学习者的初始能力，包括技能、知识、态度，这是在 ABCD 模式中没有的。

　　综合以上两种描述方式，我们认为，描述目标的最基本要求应该有两个。首先，一般来说，每个新的学习目标都对学习者的初始知识和能

① Horton W., *E-learning by Design*, New York：John Wiley and Sons, 2011, p. 11.

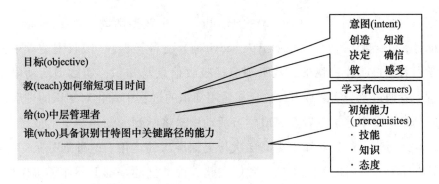

图7—4　描述目标的公式

力有一个基本的最低要求，确定这个最低要求并告知学习者需要提前达
到这个最低要求是必要的。其次，描述清楚学习者通过学习能够做什么。
一个好的教学目标一定是清晰、具体、有价值的，其中有价值强调的是
目标能够指向现实实践中的应用或需求。

二　目标导向的学习活动

学习目标和学习活动是目的与手段的关系，是对立统一的。学习目
标表示一种结果，最终习得了什么；学习活动则体现了达成目标的路径、
过程、策略与方法。每一种学习活动适于不同的学习目标与学习情形，
不同类型的学习目标需要不同类型的学习活动来达成，学习活动与教学
目标构成直接的（而不是全部的）因果关系。

学习活动是网络学习环境设计的基本单位。学习活动设计就是要确
立能够达到学习目标的每一个学习活动，明确学习者必须吸收什么知识、
实践什么、怎样联系实际、是否需要以及怎样协作。对于学习活动的具
体设计，这个过程并没有固定的模式来遵循。因此，我们尝试总结了学
习活动的基本类型，并认为所有学习活动都是这几种基本类型活动的创
造性组合。至于如何组合，取决于学习目标的需求、学习者的特征以及
教学设计者的专业技能和创造力。

（一）基本类型学习活动

学习环境设计要关注环境"给养"学习活动，不同的学习活动需要
环境提供不同的给养。美国著名 e-Learning 咨询师威廉·霍顿将学习活动

划分为吸收型活动（absorb-type activities）、实践型活动（do-type activities）、联结型活动（connect-type activities）三种类型。[①] 吸收型活动中，学习者通过阅读、观察、聆听等途径吸收信息与知识；实践型活动中，学习者通过亲身实践或者探究，在运用知识的过程中深化对知识的理解；联结型活动中，学习者在完成学习活动中，将学到的知识与生活或者工作联系起来，达到对知识更高层次与更深层次的运用。这种划分是完全站在学习者学习的角度上的。我们在此三种类型的基础上添加了协作型活动（collaborate-type activities），强调通过与学习伙伴的对话进行学习，如图7—5所示。

图7—5 四种基本类型学习活动

这些技术支持下的不同类型的学习活动体现了学习者与学习环境的不同互动水平，也意味着需要不同层次的给养。吸收型活动处于简单的感知与吸收水平；实践型活动则除了简单感知与吸收外，还需要借助网络开展具体"做"的实践，这种情况下，学习者的外部行为就得以展现；联结型活动又强调在汲取、实践基础上的创造；协作型活动则与另外三种基本类型活动不同，除了强调认知层次的互动水平外，它还强调社会层次的互动水平，需要与其他学习者协作完成任务。

———————————

① ［美］威廉·霍顿：《数字化学习设计》，吴峰、蒋立佳译，教育科学出版社2009年版，第32—35页。

（二）目标与学习活动的对应

学习活动与学习目标是统一的，但并非一一对应。一个大的活动可能达成多项目标，一个学习目标也可能需要通过多个活动来达成。学习目标与基本类型学习活动的对应关系如图7—6所示，对于理解层面的目标，借助吸收型活动即可实现；而对于应用层面的目标，主要是借助实践型活动来实现，当然，它也需要吸收型活动的支持；对于创造层面的目标，主要通过联结型活动达成，但也需要吸收型和实践型活动的支持；对于协作型活动，可能被用于支持各种类型的目标。

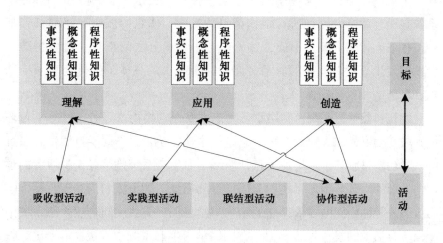

图7—6　学习目标与学习活动的对应

三　学习活动设计：物质流动与能量循环

网络学习环境生态化设计的最终目标是构建网络学习生态系统。如果学习者与网络学习环境的互动能够形成一个生态系统，网络学习环境就能够很好地滋养每一位学习者，实现可持续发展。生态系统说起来简单，最根本的问题在于如何形成一个有机整体，如何"活"起来。这依赖系统的结构以及能量循环机制。生态系统的物质流动与能量循环是它区别于其他系统的关键特征。网络学习生态系统中的物质流动与能量循环主要是借助学习活动链来实现的，学习活动的设计以及以此为依托的给养的设计都应充分考虑促进系统的物质流动与能量循环。

在自然领域，生态系统通常被认为是生态学研究的基本单位。它是一个相对复杂的综合体，包括生产者、消费者、分解者这些生物，以及非生物的环境。同时，生态系统又是一个功能单位，其功能主要体现在物质流、能量流和信息流（稳态和调节功能）中。通过三大流，生态系统中的各个成员、各种要素联结成为一个具有统一功能的系统，并具有稳态和反馈调节的内部机制。[①] 在自然生态系统中，环境各组成成分之间最本质的联系是通过营养来实现的，这些营养提供了各种生物生存所必需的能量。营养的流动则体现在生态系统的食物链和食物网中。能量和物质通过一系列的取食和被取食的关系在生态系统中传递，形成食物链。各种生物成分通过食物传递关系存在一种错综复杂的普遍联系，这种联系像是一个无形的网把所有生物都包括在内，使它们彼此之间都有着某种直接或间接的关系，形成食物网。各生物成分之间正是通过食物链和食物网发生直接与间接的联系，连成一个有机的整体，保持生态系统结构和功能的相对稳定性。[②]

　　类比自然生态系统，网络学习生态系统是一个由学习者与网络学习环境互联互动形成的有机综合体。它是一个功能单位，不同于自然生态系统的统一功能是服务于生物的生存，网络学习生态系统是服务于学习者的学习与发展的。自然生态系统的稳固借助物质流、能量流和信息流，网络学习生态系统的稳固同样依赖它的结构与给养循环方式。同自然生态系统中生命生存活动的发生过程相似，在网络学习生态系统中，从根本上讲，教与学的过程是一个人类思想的传承与交流过程，环境中各组成要素之间最本质的联系是通过"人类思想"的联结来实现的。现代汉语词典将思想解释为："客观存在反映在人的意识中经过思维活动而产生的结果。"它是人类思维活动的结果，是抽象的，不能直接被传播，往往蕴含在数据、信息、知识、智慧、情感之中，随着这些能量的流动而被传播。

　　（一）网络学习生态系统中的能量

　　严格来说，这里采用的是能量的喻义，它和营养的意思接近，常用于比喻有助于发展的滋养物。在网络学习生态系统中，有助于学习者发展的营养包括数据、信息、知识、经验、智慧、情感等。对于经验，有

---

① 孙儒泳：《动物生态学原理》，北京师范大学出版社 2006 年版，第 7—8 页。
② 蔡晓明：《生态系统生态学》，科学出版社 2001 年版，第 26—27 页。

研究者认为其属于隐性知识，也归入知识的范畴。这样，网络学习生态系统中的营养就包括数据、信息、知识、智慧、情感五类，无一不体现着人类的思想。

1. 数据、信息、知识、智慧

荆宁宁、程俊瑜总结了国内外学者对数据、信息、知识和智慧的定义，如表7—5所示。[1]

表7—5　　　　　国内外学者对数据、信息、知识和智慧的定义

提出者	数据	信息	知识	智慧
Wiig（1999）[1]		由一系列描述特定情境、环境、挑战或机会的有组织的事实和数据所组成	人或者其他无生命事物所拥有的真理和信念、视角和概念、判断和预期、方法论和技能等	
Alavi & Leidner（2001）[2]	原始的，除了存在以外没有任何意义	经过处理可以利用的数据；回答/谁、/什么、/哪里和/什么时候的问题	数据和信息的应用，回答/如何的问题	智慧是一种推测、非确定性和非随机的过程
Bellinger，Castro，Mills（2004）[3]	一个事实或一个与其他事情无关的事件陈述	包含某种类型可能的因果关系的理解	这样一种模式，当它再次被描述或被发现时，通常要为它提供一种可预测的更高层次	对更多基本原理的理解，这种原理包含在知识中，这种知识本质上是对知识是什么的基础

---

① 荆宁宁、程俊瑜：《数据、信息、知识与智慧》，《情报科学》2005年第12期。

提出者	数据	信息	知识	智慧
狄克逊④		一定形式组织起来的数据，是能够被存储、分析、展示，可以通过语言、图表或数字交流的一组数据	特殊背景下，人们在头脑中将信息与信息在行动中的应用之间所建立的有意义的联系	
Davenport & Prusak (1998)	一组分散的事实	试图改变接受者认识的消息	一种由经验、价值、情境化信息、专家见解等构成的流动的混合物，它们可以为评价并整合新经验、新信息提供一个框架	
Vance (1997)		经过解释能够成为一种结构含义丰富的数据	经过证实并被认为具有真实性的信息	
Maglitta (1995)	原始的数字和事实	经过处理的数据	可发挥作用的信息	
Quigley & Debons (1999)	没有回答特定问题的文本	回答 when、where、what、who 问题的文本	回答 how、why 问题的文本	
马奎特 (2003)⑤	包括文本、事实、有意义的图像，以及未经解释的数字编码等	有前后文联系、有意义的数据	体现信息的本质、原则和经验，它们能够积极地指导任务的执行和管理，进行决策和解决问题	包括组织能高效地创造产品、服务和流程的才能和专门知识

续表

提出者	数据	信息	知识	智慧
Bajaria[6]	收集原始数据以便再利用	立刻找回与当前兴趣有关的数据	检查以前成功的方案以适应当前的环境	对照当前的经济形势，检验过去行动的有效性
王德禄	反映事物运动状态的原始数字和事实	已经排列成有意义的形式的数据	经过加工提炼，将很多信息材料的内在联系进行综合分析，从而得出的系统结论	激活了的知识，主要表现为收集、加工、应用、传播信息和知识的能力，以及对事物发展的前瞻性看法
世界银行(1999)[7]	未经组织的数字、词语、声音、图像等	以有意义的形式加以排列和处理的数据	用于生产的信息	

资料来源：①Karl M. Wiig, "Knowledge Management: An Emerging Discipline Rooted in a Long History", http://www.krii.com.

②Alavi, M., D. E. Leidner, "Knowledge Management Systems: Issues, Challenges and Benefits", *Communication of AIS*, No. 7, 2001, pp. 2–41.

③Gene Bellinger, Durval Castro, Anthony Mills, "Data, Information, Knowledge, and Wisdom", www.systems-thinking.org/dikw/dikw.htm.

④［美］南希·M. 狄克逊：《共有知识》，王书贵、沈群红译，人民邮电出版社2002年版，第15页。

⑤［美］迈克尔·J. 马奎特：《创建学习型组织5要素》，邱昭良译，机械工业出版社2003年版，第123页。

⑥H. J. Bajaria, "Knowledge Creation and Management: Inseparable Twins", *Total Quality Management*, Vol. 11, No. 4, 2000, pp. 562–573.

⑦世界银行世界发展报告编写组：《1998/99年世界发展报告：知识与发展》，中国财政经济出版社1999年版；转引自甘永成《虚拟学习社区中的知识建构和集体智慧发展》，教育科学出版社2005年版，第54—55页。

　　分析以上定义不难得出，数据是最原始的数字或事实。它除了存在以外没有任何意义；可以以任何形式存在，无论利用与否；只有用于人脑或电脑的加工处理才有意义。人脑或电脑对数据进行分析处理，就能得到相关的信息，这些信息可以影响人们对事件的决策。信息是以某种关联方式赋予某种意义的数据，"意义"应该但不必是有用的。以广泛被关注的"马航失联航班 MH370"为例，在搜救过程中，许多数据（如飞机雷达数据、地理经纬度数据等）提供了最基本的支撑，通过对这些数据的分析（人脑或电脑都可对数据进行分析），技术人员得到飞机失联的地点信息，从而有效地定位并进行搜索。知识是信息的恰当搜索，其意图是要有用。知识是一个确定性的过程，具有有用（useful）的意义，但并没有提供推导更多知识的一种整合。对于信息与知识，所有的知识都是信息，但并不是所有的信息都是知识。[①] 电脑处理数据可以得到信息，却不能得到知识。人脑处理数据不仅可以得到信息，也有可能形成知识。知识是由人在特定的流程中，为特定人的利益而应用数据和信息创造出来的。[②] 数据不能够回答特定的问题；信息至多可以回答是什么、在哪里、什么时间、是谁的问题；知识不仅能够回答信息所能回答的问题，还能够回答为什么和如何做的问题，反映了信息的本质。

　　对于智慧，《英汉辞海》中是这样解释的："积累的见闻、哲学或科学的学问学识，积累的专门知识或本能的适应；学识的明智运用，识别内部性质和主要关系的能力；判断力；心智健全。"[③] 智慧是在对知识的创造性应用过程中生成的，强调分析和解决问题的能力，它是"应用已知的去明确地指导人生事业之能力"[④]。智慧来源于知识，是知识的升华。但这并不意味着一个人拥有很多知识就一定有大智慧，知识到智慧需要人的实践经验。人正是通过实践活动将知识转化为生活能力、人生价值、实践经验，从而获得智慧。智慧具有知识性、本体性、价值性、实践性、

---

　　① ［加］G. 西蒙斯：《网络时代的知识和学习——走向连通》，詹青龙译，华东师范大学出版社 2009 年版，第 2 页。

　　② 甘永成：《虚拟学习社区中的知识建构和集体智慧发展》，教育科学出版社 2005 年版，第 56 页。

　　③ 同上书，第 62 页。

　　④ ［美］杜威：《人的问题》，傅统先译，上海人民出版社 1965 年版，第 4 页。

综合性的特征。① 智慧是一个外推和非确定性、非随机的过程。

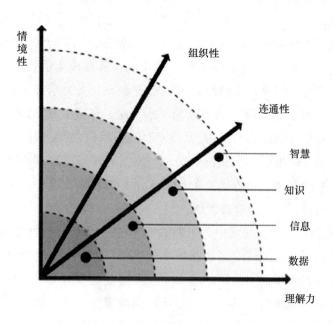

图7—7　知识管理的 DIKW 模型

在情境性、组织性、连通性和理解力四个维度上，数据、信息、知识、智慧有着如图7—7所示的递进关系。数据、信息、知识、智慧在网络学习生态系统中流动循环，是一个螺旋上升式的循环过程。并且，这种营养可以为每一位有着学习意向的成员（包括教师和学生）所吸收，个体在此过程中获得成长。

2. 情感

教育不仅仅是知识传播的活动，更是一种社会化的交流活动，情感也扮演着重要的角色。情感是人特有的一种体验。《心理学大辞典》将情感定义为："人对客观事物是否满足自己的需要而产生的态度体验。"情感分为积极的情感和消极的情感，前者包括浓厚的兴趣、充分自信、强烈的动机、愉快、惊喜等；后者则包括焦虑、害怕、羞涩、愤怒、沮丧、

---

① 甘永成：《虚拟学习社区中的知识建构和集体智慧发展》，教育科学出版社2005年版，第64—68页。

怀疑等。① 有研究表明，情感在感知、判断、学习和其他许多认知活动中扮演着重要角色。积极的情感可以使人在解决问题时更富有创造力和灵活性。

清代学者戴震说过："理也者，情之不爽失也。未有情不得而理得者也。"情感、价值观教育对学生的个性化成长有着极为重要的促进作用，理应落到实处。但是，情感教育关乎精神领域，人为干涉的余地相对较小，唯有"润物细无声"的春风化雨。于此，环境大有可为，环境最核心的价值在于其渗透力与影响力。环境中的良好文化氛围能够对学生的情感、价值观产生潜移默化的影响。网络学习环境借助网络、多媒体等技术搭建互联互动、给养丰富的环境，学习者浸润在其中，吸收物质给养和精神给养，来促进自身发展。

在网络学习生态系统中，虽然教与学的活动是借助网络来开展的，但它仍然需要情感上的交流。在传统教学中，这种情感交流是通过师生面对面交互来实现的。在网络教学中，面对面交互有时是不现实的，如MOOCs，学习者来自世界各地，而且每门课程学习者动辄几百万，面对面交互显然不现实。像高校混合式教学中应用网络教学平台的这种情况，师生有机会面对面沟通。对于不可能面对面交互的情况，师生就需要借助各种工具与方法展开情感交流。

（二）网络学习生态系统中的物质

在网络学习生态系统中，能量的最重要载体就是学习资源，我们将其喻为网络学习生态系统中的"物质"。我们已经给出对于学习资源的界定，此处不再赘述。需要说明的是，学习共同体中的每一位成员也是承载营养的载体。我们没有将"人"的要素划为学习资源的范畴，但是成员所承载的营养是通过学习资源来完成流动和循环的。例如，共同体成员借助论坛来沟通交流，他们通过论坛中的帖子进行；共同体借助视频聊天工具来沟通交流，他们是通过所"录制"的视频来实现的。另外，在这种类型的交流过程中，他们生成的资源被视为非结构化资源，资源中有些与学习内容有关，有些则无关，但是这些都起着提供信息或者情

---

① 转引自李彤彤、马秀峰、马翠平《教育游戏的情感化设计探究》，《现代教育技术》2010 年第 9 期。

感交流的作用，并且，在此过程中，也可以完成新知识的建构，逐渐形成一个自组织的过程。

（三）网络学习生态系统的功能定位

生态系统是一个功能单位，尤其是对于人工生态系统而言，它是人们依据特定的目的构建的。对于网络学习生态系统而言，它的核心功能是促进学习共同体（不仅指学生，还包括教师、服务人员等）的知识建构、智慧发展、情感体验。与传统学习环境不同的是，网络学习生态系统实现这些功能都是借助技术这一中介。

图7—8　网络学习生态系统的功能定位

网络学习生态系统中发生着教与学的活动，它是具有一定目的性与人类干预性的活动，以育人（促进人的发展、培养人才）为根本目的。传播知识、分享经验、交流情感是其最主要的活动开展途径，各生物要素之间通过相互作用联系起来。

（四）生产者、消费者、分解者

在自然生态系统的营养结构中，通常将生物成分按照获取营养和能量的方式以及其在生态系统中的作用划分为三大功能类群：生产者、消费者、分解者。生产者能够从简单的无机物制造其自身生存以及消费者生存所必需的有机物；消费者则是相对生产者而言的，不能够从无机物中制造有机物，只能直接或间接依赖生产者制造的有机物；分解者的作用与生产者相反，把动植物残体分解为简单的化合物，并最终分解出能够为生产者所重新利用的简单无机物。[①]

在网络学习生态系统中，有研究者这样描述学习资源的生产，认为

---

① 孙儒泳：《动物生态学原理》，北京师范大学出版社 2001 年版，第454—455 页。

"用户既是学习资源的消费者，通过资源来补充营养，又是资源的生产者，负责生产各种个性化的学习资源。部分用户还承担着分解者的角色，负责管理整个生态系统中的资源种群"[1]。

在网络学习生态系统中，资源是"营养/能量"的载体，它可以被生产，也可以被消费。生产与消费的过程是一个连续统一体，没有生产，就没有消费，同样，没有消费，就没有生产。生产和消费的过程都有人脑认知加工过程的参与。实际上，自古以来，人们就进行着这些"营养"的生产与消费活动。Web技术扩展了人类的生产与消费能力，人人都有机会从互联网上的丰富资源中发现自己需要的"营养"，并有机会将自己生产的"营养"共享在网络上，共享给他人。技术改变了传播方式与传播速度，信息量瞬间增大，挑战了人们处理信息的能力。而且，现在工具以及机器智能会参与部分的生产与消费活动。人人都可以是"知识"的生产者和消费者。知识的生产是为了消费，而消费知识则是为了更好地生产知识，这是一个连续统一体，并且在技术的支持下进行，如图7—9所示。

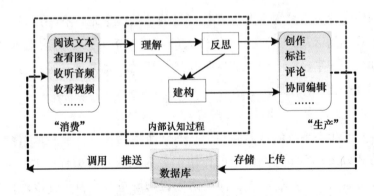

图7—9 网络学习环境中的"生产—消费"活动

各种技术支持的服务机制参与了网络学习环境中的"生产—消费"活动过程，如云存储服务、个性化推荐服务、语义检索服务、内容适应性呈现服务等。正是这种"生产—消费"活动，将网络学习生态系统的

---

① 杨现民、余胜泉：《生态学视角下的泛在学习环境设计》，《教育研究》2013年第3期。

各个要素联系起来，形成一个复杂的、联系的、有机的统一整体。

（五）基本类型学习活动对应的知识链

在生态系统中，能量流动和物质循环是维持生态平衡的最重要机制。在网络学习生态系统中，数据、信息、知识、智慧、情感等"营养"是随着学习资源的循环过程流动的。正是这种流动机制，在源源不断地为学习共同体的成员提供"营养"，支持着学习共同体的进化与发展。

在自然生态系统中，由生产者—消费者—分解者（还原者）组成的食物链和食物网，构成物质循环和能量流动的渠道，并将所有要素联系起来。[1] 在网络学习生态系统中，虽然数据、信息、知识、智慧、情感等都在随着学习资源的循环而流动，但是最重要的仍然是知识的流动。数据和信息的流动是为了建构知识，智慧的发展同样是在知识建构的基础之上，情感的流动则更有利于知识的发展。

就如社会中的货币流通过程，在网络学习生态系统中，存在着知识的流通。通过这种流通，网络学习环境中的成员与用户逐步建立起稳固的社会关系。知识在网络学习生态系统的复杂网络中流动，这里的复杂网络包括基于学习共同体的社会网络、基于学习资源的知识网络、基于学习共同体与学习资源互动的活动网络、基于学习共同体与物理环境的学习支持网络。知识的流动过程包括知识传播和知识建构，在不同类型的学习活动中，知识流动的路径是不同的。因此，我们分析了四种基本类型学习活动中的知识流动路径。

1. 吸收型活动对应的知识链

吸收型活动与接受式学习相似，但是吸收更体现学习者的主动性。学习者积极地感知、选择、判断、处理各种信息，并从中吸收知识。吸收型活动通常由提供信息和从信息中吸收知识的行为两部分构成。教学服务者、管理服务者、技术服务者、学习伙伴都可以为学习者提供相应的信息，教师是最主要的教学信息提供者。在网络条件下，教师提供信息通常需要借助学习资源的中介作用，通过设计与创作各种各样的学习资源为学习者提供必需的"营养"。

在网络学习生态系统中，如图7—10所示，教师提供信息的行为包括

---

① 林文雄：《生态学》，科学出版社2007年版，第181—183页。

制作多媒体课件（PPT、电子教材、Flash 课件等）、制作教学视频（讲解、示范、讲故事等）、发布教学信息（教学大纲、活动任务、作业要求等）、实时授课（借助视频会议系统的支持）、互动答疑（包括同步答疑和异步答疑，借助 E-mail、社会化媒体工具、即时通信工具等的支持），以及共享一些非结构化的资源等。通过这些行为，教师生产各种各样的学习资源，包括多媒体课件、教学视频、网页信息、文献、电子书、文档、博客、微博、帖子、评论、邮件、信息等；学习伙伴会通过共享和创作行为分享一些非结构化的资源。所有的这些资源为学习者呈现知识与信息。学习者从学习资源中直接获取信息和知识，他们吸收知识的行为包括阅读、聆听、观察。

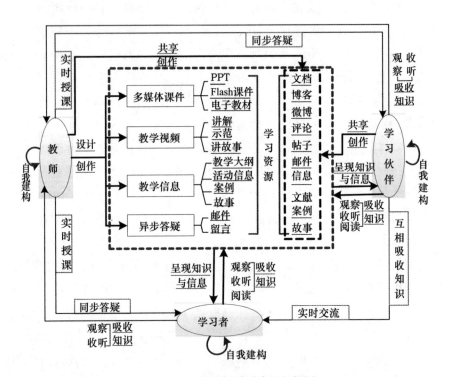

图 7—10　吸收型活动对应的知识链

在吸收型的活动中，教师扮演着主要的生产者角色，学习者主要扮演消费者的角色，学习资源最重要的作用就是呈现知识与信息，以便学习者通过阅读、聆听与观察来获取信息，并在一定程度上吸收知识。有些类型知识的建构还需要借助实践型活动或联结型活动，比如技能类知识的掌握必须经过反复练习等。

2. 实践型活动对应的知识链

实践型活动源于杜威"做中学"的教育思想。它强调让学习者运用知识，通过亲身实践、经历深化对原有知识的理解，发现知识掌握技能等。实践出真知，许多类型知识的建构不仅仅需要吸收型活动，还需要实践型活动才能够真正地获得知识。吸收型活动提供信息，帮助学习者理解知识，实践型活动则是运用知识的过程，帮助学生将这些信息转换为技能和能力。

在网络学习生态系统中，如图7—11所示，常见的实践型活动包括练习活动（题库软件、仿真动手操练）、发现活动（如基于问题的学习、基于项目的学习、案例研究、虚拟实验、角色扮演）、教育游戏、仿真情境等。

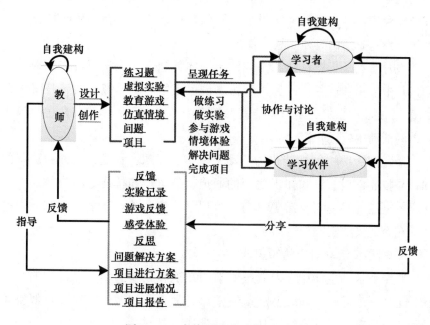

图7—11　实践型活动对应的知识链

练习活动帮助学习者通过应用知识和获得反馈来强化与优化所学技能、知识和态度。练习可以是学习者的自主练习，也可以是教师设计的练习。在练习活动中，最重要的就是反馈。通过"执行任务—接受反馈—反思调整—再次执行任务"的循环过程，逐渐向稍微高阶的目标前进。练习又可以细分为知识强化类型和动作技能强化类型。对于知识的强化，练习题是有效的，题库为此提供了有力的支持。对于动作技能的强化，借助技术手段就显得力不从心。当然，目前也有模拟软件，如汽车模型，用以学习者训练驾车技能，但对于这种，我们仍然倾向于在线下的真实实践情境中进行练习。应用技术手段模拟这些技能操作环境是极为昂贵的，生态化设计同样要平衡成本与效益的关系。

发现活动是学习者应用知识解决问题，并有所发现的过程。教师设定问题、项目、案例、实验、角色扮演的任务，指导学习者如何完成任务；学习者根据教师给定的任务及资源进行探索，并观察记录探索过程中的发现。虚拟实验帮助学习者通过与系统交互来发现原理，并进一步思考。实际上，大多数的实验仍然是在真实实验室完成的，只有少量具有高危险性或者设备极度昂贵难以获得的情况下，会考虑设计虚拟实验。虚拟实验中，学习者需要实时记录实验数据，并在实验最后对数据进行处理分析，总结出具体学到了什么。

教育游戏是集教育性和游戏性于一体的软件，让学习者在完成游戏的过程中应用知识并推断原理。仿真情境是指采用虚拟现实等技术来模拟真实/游戏的情境，学习者能够参与其中，在感受、体验、角色扮演等具体的活动中应用知识。

实践型活动将思维转化为行动、探索、发现、实践、改善和熟练的知识与技能，是信息和知识之间的通道，是解释和技能之间的桥梁。它比吸收型活动对现实生活更具有经验积累价值，学习者至少要花一半的时间在有意义的实践型活动上。

3. 联结型活动对应的知识链

联结型活动主要让学习者把所学的知识和先前的学习以及当前的生活、工作联系起来。联结型活动通常都是简单、细微的，起着类似桥梁的作用。这种情况下，学习任务的设计通常是与学习者的生活、工作相联系。学习者结合自己的生活与工作对任务加以思考，并以某种形式表达出来，教师据此提供指导与反馈。在网络学习中，常见的联结型活动包括沉思类活动和研究活动。沉思类活动即要求学习者对生活或工作中的某一主题进行深入思考，教师设计问题、主题、事例等，学生通过思考寻找解决方案、头脑风暴、评价事例等，并以博客或思维导图的形式呈现自己的思考；研究活动之所以属于联结型活动，是因为学习者在研究活动中必须自己确定学习资源，这个过程需要他们获取并理解外面的资源。通常教师给定研究主题，学生自己查找资料，并对比不同信息源的观点，然后总结他们的发现，教师在此过程中给予研究方面的指导。联结型活动可以说是更需要创造性的实践型活动，与实践型活动一样，它强调对所学知识的应用，还强调在应用基础上的创造，如图 7—12所示。

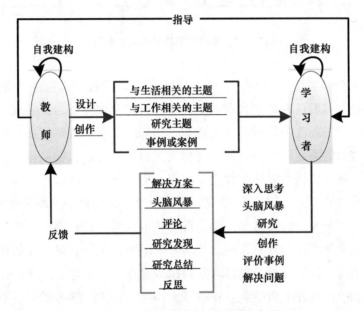

图 7—12　联结型活动所对应的知识链

4. 协作型活动对应的知识链

在协作型学习活动中，学习的主体不再是学习者个体，而是学习者和学习伙伴在协作与对话的过程中获得新的认识与理解。在其他三种基本类型学习活动中，也或有不同程度的协作。协作型活动所对应的知识链实际上是协作知识建构的过程，我们基于斯诺尔（Stahl）从社会认识论的角度出发提出的知识建构的过程模型（见图 7—13）进行理解。

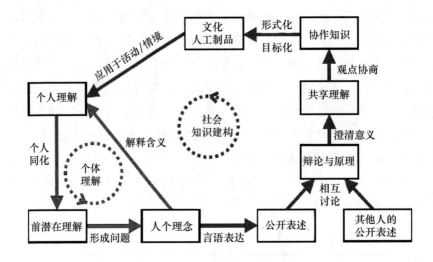

图 7—13 协作型活动对应的知识链

个人理解来自个体已有的认识，但它们是基于社会文化背景得到的。学习是在学习者已有的个人理解基础上开始的。学习者为了完成任务或解决问题，需要改善原有的个人理解，达到一个新的理解层次。学习者对原有理解的重新解释来自社会文化人工制品或者他人的经验，只有通过讨论、澄清、协商等社会性交互过程，个人理念才会最终转变成文化人工制品（知识）。实质上，这是一个社会协作的过程。在共同的社会文化背景下，个人表达自己的观念并且与其他成员进行社会性交互，最终形成知识文化产品。首先，在一个学习团队中，学习者将个人的观念公开表述出来，其他参与者也将对此问题的观点进行表述，这样在相互的讨论过程中，各种不同的观点在碰撞和冲突。其次，学习者通过不断地对这种辩论或原理进行阐释和澄清，经过观点的协商交流，最终形成一种协作知识，这种知识又可以形式化为文化人工制品（如书籍、论文等）。

四　学习活动设计的情境化

相比"去情境化"的知识学习活动，学习者对真实情境下的活动任务更感兴趣。真实情境对激发学习者的主动性更有效，情境化的学习活动才能为学习者提供真实的学习体验。应用已有的经验来设计学习活动，尽可能地使活动与真实世界的情境相联系，同时在环境中应用各种方法、技术来创设活动情境，如虚拟现实技术可以模拟真实环境，应用于操作类的学习。

第三节　匹配一：学习工具选择与学习活动的匹配

在网络学习环境中，师生处于时空分离的状态，教与学的活动都是技术（学习工具）支持下的。依据学习目标与学习活动的需求，结合学习者感知给养的效能来选择合适的学习工具，是给养设计的重要部分。在选择学习工具的时候，要考虑工具能够提供的给养、学习活动的需求、学习者的工具使用能力三个方面。首先，学习工具的选择要匹配学习目标与学习活动对于给养的需求；其次，学习工具的选择要与学习者的工具使用能力相匹配；最后，考虑实际的、可用的学习工具的给养。究竟如何使学习工具的选择能够匹配学习活动对于给养的需求呢？我们以给养的一个分类系统为桥梁，提出以给养为中介的学习工具选择与学习活动匹配的方法。

一　常用学习工具

对于学习工具的限定，有如下理解：网络学习环境是由若干不同的工具/平台的集成来实现其功能的，也就是说，所有功能的实现都是借助学习工具来实现的。对于学习工具，其粒度是难以把握的，也难以将其按照统一的粒度进行分类。例如，博客可以视为一种学习工具，但同时它已经是一个功能相对集中的平台，属于多种工具集成的软件，能够实现较多、较复杂的功能，支持多种类型的学习行为。我们忽略学习工具所具有的功能上的交叉，尝试采用穷尽的方法试图对网络学习平台中的常用学习工具进行归类。归类会考虑到每种不同类型工具所具备的特别的给养方面。我们主要参考以下两个标准对学习工具进行分类：（1）自 2007 年开始，学习与绩效技术中心网站① （Centre for Learning & Performance Technology，

---

① http：//c4lpt. co. uk.

C4LPT）每年都会应用德尔菲法评选出 Top 100 学习工具。网站为了收集和推荐学习工具的便利，将 2000 多种学习工具按照功能侧重划分成 12 大类①②，即教学工具（instructional tools）、社会协作空间（social & collaboration spaces）、微博应用（twitter apps）、网络会议、虚拟世界工具（Web meeting，conferencing & virtual world tools）、文档、演示文稿、电子表格工具（document，presentation & spreadsheet Tools）、Blog、Web 和 Wiki 工具（Blogging，Web & Wiki Tools）、图片、音频、视频工具（image，audio & video tools）、通信工具（communication tools）、其他协作与共享工具（other collaboration & sharing tools）、个人效能工具（personal productivity tools）、浏览器、播放器和阅读器（browsers，players & readers）和公共学习站点（public learning sites）。（2）Edutool 曾是国际著名的网络教学平台评估网站，该网站已经关闭，对于网络教学平台的最新评价指标是 2006 年版。它的评价指标体系涉及 3 个一级维度：学生管理工具、系统支持工具、系统技术特征，前两个维度属于我们的研究范畴。它又进一步被分为效能工具、交流工具、学生参与工具、课程设计工具、课程发布工具和课程管理工具。

Edutools 所关注的工具限于网络教学平台内部，而 C4LPT 给出的学习工具更为宽泛，包括各种日常用于学习的工具。在当前混搭技术成为主流的技术时代，整合各种学习工具促进学习已经成为潮流和趋势。因此，我们尝试对这些分类进行整合，得出如表7—6 所示的分类框架。

我们将学习工具分成十大类：（1）课程设计工具；（2）资源管理工具；（3）同步课堂工具；（4）协作学习工具；（5）虚拟世界工具；（6）课程评价工具；（7）同/异步通信工具；（8）个人效能工具；（9）公共学习站点；（10）Blog、Web 和 Wiki 工具。课程设计工具主要用于帮助教师完成教学设计与多媒体资源制作，可以是线上工具，也可以是线下工具。这些工具种类繁多，教师能够依据自身的媒体素养和设计开发能力选择。资源管理工具则主要指平台应该提供的资源的发布、分类、编辑、交流等

---

① http://c4lpt.co.uk/directory-of-learning-performance-tools/.
② 钱冬明、郭玮、管珏琪：《从学习工具的发展及应用看 e-Learning 的发展——基于 Top100 学习工具近五年的排名数据》，《中国电化教育》2012 年第 5 期。

表 7—6　　　　　　　　　　　　**学习工具分类**

一级分类	子类	简述
课程设计工具	• 文档、演示文稿、电子表格、课件制作工具 • 图片、音频、视频工具	支持教学材料设计与制作
资源管理工具	• 资源发布：上传、下载、转载、分享 • 资源分类：概念地图、标签、分类树 • 资源编辑：笔记、批注 • 资源交流：评分、评论、分享	支持资源发布、分类、编辑、交流
同步课堂工具	• 网络会议系统（如 Adobe Connect）、在线研讨 • 屏幕分享工具、网络广播工具	支持同步授课/讨论、课堂直播、屏幕分享
协作学习工具	• 公共社交网络和微共享平台（如人人网、微博等） • 社会化书签、协作研究、协作公告板、协作白板、协作脑图 • 内容策展工具与服务 • 可分享的笔记、可分享的绘图、社会日历工具	支持分组、支持为小组或团体创建私有协作空间、支持深入的协作与共享活动
虚拟世界工具	• 虚拟实验系统、虚拟游戏系统（如 second life）	支持网络虚拟条件下的实验、游戏等活动
课程评价工具	• 过程性评价：电子学档 • 总结性评价：在线测试系统、题库系统、作业系统	支持对学生的学习情况进行评价
同/异步通讯工具	• 同步：在线聊天工具（如 QQ 等）、聊天室、即时消息工具 • 异步：E-mail、站内信、留言板（BBS）、论坛（forum）、学习社区、简讯/短信工具、受众反馈	支持同步和异步通信交流

续表

一级分类	子类	简述
个人效能工具	• 信息搜索：搜索引擎、站内检索 • 导航工具：学习向导、学习路径导航、知识地图 • 帮助工具：分类 FAQ、在线答疑 • 其他：研究/个性化学习工具、博客、个人笔记工具、学习日历、个人思维脑图、内容策展工具和服务、书签、RSS 订阅、个人收藏	协助个体个人学习、工作或提高效能
公共学习站点	• 提供丰富的参考文献、指南、电子书以及问题讨论区等	课程外获取丰富的信息、常识、知识等
Blog、Web 和 Wiki 工具	• Blog 工具 • Wiki 工具 • 表格、投票和调查工具 • RSS 订阅工具	用以创建 Blog、网页或网站、Wikis，提供交互支持

资料来源：汪韡：《以学习者为中心的网络学习环境设计》，硕士学位论文，北京师范大学，2010 年，第 40—48 页；彭盼：《基于行为目标的网络学习环境设计研究》，硕士学位论文，北京师范大学，2011 年，第 29—30 页。

功能。同步课堂工具主要是指那些可以帮助实现面对面实时交流讨论的技术工具。协作学习工具强调工具能够有效地支持分组，支持协作和讨论，协作完成任务，协作评价等。虚拟世界工具强调一类虚拟现实系统，如虚拟实验系统、虚拟游戏等，能够在一定程度上模拟现实，让学习者有身临其境之感。课程评价工具包括过程性评价和总结性评价工具。对于过程性评价工具，它应当能够自动记录学习者的学习档案，追踪学习者的学习路径；对于总结性评价工具，它应该支持多种评分与评价方式。多种评分方式如自动评分、在线评分、手动评分等，多种评价方式如教师评价、学生自评、学生互评等。同/异步通信工具分为同步/实时和异步/非实时交流工具，用以教学服务者和学习者之间各种事务与学习上的沟通交流。个人效能工具是指帮助学习者提高学习或工作效能的一些工具，包括支持学习者学习时间管理、活动管理、个人学习环境构建等。

公共学习站点侧重指课程之外学习者可以查询资料、学习知识等的一些网站。Blog、Web 和 Wiki 工具是指学习者可以创建 Blog、Wiki 并实现社会化共享与共建的工具。

二　学习工具的核心职能

进一步思考，这些工具主要有两大职能：表征与传播。从表征的角度来看，这些工具支持以肢体语言（body language）、图画（drawing）、言语（speech）、绘画（painting）、字母符号（alphabet）、莫尔斯电码（morse code）为媒介的信息表征。从传播角度来看，这些工具大多支持双向及多向的传播方式，这是网络技术发展带来的独特优势，尤其是随着物联网、情境感知等技术的发展，这种多模态的传播方式正在为教育带来更多可能。

在网络学习环境中，学习工具扮演着多种角色和功能：认知、交流、信息、评价、管理、导航、表达、记录等。认知功能是指工具能够通过促进知识表征、分担信息处理和计算，以辅助认知过程；交流功能是指工具为学习者创建与他人交流的渠道；信息功能是指工具支持学习者对信息进行查找、获取、存储和分享等；评价功能是指工具能够记录学习者的学习过程，展示学习成果；管理功能主要是指工具可以辅助监控和调整学习过程。网络学习环境中的学习工具种类繁多，即使同一学习工具，也可能兼具多种功能。

三　基于给养分析的匹配技术

学习工具的给养分析旨在细化学习工具所能提供的给养，建立学习工具选择的参考和依据。学习工具属于技术给养的范畴，技术给养是指 ICT 技术基础设施和人们对它们的使用之间的关系，相当于感知主体和技术客体之间的关系①。对技术给养的清晰表达一方面能够很好地理解传播和表征技术如何最有效地利用来支持学习和教学；另一方面，能够帮助那些寻找最佳工具或工具的最佳使用方式的人们达成目标。

---

① Conole, G. & Dyke, M., "What Are the Affordances of Information and Communication Technologies?", *ALT-J*, Vol. 12, No. 2, 2004, pp. 113 – 124.

（一）匹配的桥梁：一个给养分类系统

学习工具的选择是在考虑学习者效能的基础上，建立"学习活动对给养的需求"与"学习工具所能提供的给养"的匹配关系的过程。因此，我们以一个给养分类框架（见表7—7）搭建了学习活动的需求分析和学习工具的给养分析之间的桥梁/中介，从而为匹配学习工具的选择与学习活动的需求提供依据。

表7—7　　　　　　　　给养分类框架：匹配的桥梁

	媒介	给养
媒体给养	文本	可阅读、可写、可标注
	图像	可预览、可绘制
	音频	可听、可说
	视频	可观看、可制作
空间给养	界面要素	可输入、可调整大小、可移动
时间给养	—	可任何时间任何地点访问、实时记录能力、回放能力、同步能力、异步能力
导航给养	—	链接能力、检索能力、数据管理能力、浏览能力
强调给养	—	强调能力、聚焦能力
综合给养	—	组合能力、整合能力
访问控制给养	—	权限管理、共享能力
社会给养	—	可分组、可协作

表7—7所示的给养分类系统中，不同类型的给养以给养描述的基本模型"能力/可……（+ability）"的方式进行描述，强调它们提供给用户的行动/行为/操作可能性。其中，给养分类分别指代的意义具体阐释如下。

（1）媒体给养——输入输出形式，如文本（可阅读性、可写性）、图像（可预览、可绘制）、音频（可听性、可说性）、视频（可观看、可制作）。

（2）空间给养——在一个界面调整要素大小的能力（可调整大小）、移动和放置要素的能力（可移动）。

（3）时间给养——任何时间任何地点访问（可访问性），实时记录、回放、同步和异步。

（4）导航给养——浏览资源的其他部分，返回或者前进（浏览能力）；链接到资源的其他部分或者其他资源（链接能力）；检索能力；分类和排序（数据管理能力）。

（5）强调给养——强调资源某些方面的能力（强调能力），明确、直接地指向特定元素（聚焦能力）。

（6）综合给养——将多种工具组合在一起，创设一个多媒体学习环境（组合能力）；工具的功能和资源的内容能够在多大程度上整合在一起（整合能力）。

（7）访问控制给养——允许或拒绝谁能阅读/编辑/上传/下载/广播/浏览/管理（权限管理），支持一对一、一对多、多对多的贡献和协作（共享能力）。

（8）社会给养——允许多个学习者共同完成任务（可协作），支持将学习者分成多个小组（可分组）。对社会给养的需求是由活动所涉及的主体是个体还是小组来决定的。

给养列表并不意味着是穷尽的，也不意味着是绝对的，它是一个可扩展的列表，其他给养可以由设计者根据其感知到的来添加。给养描述旨在表明基本的、实用的、功能层面上可被鉴别的给养范例，从而发现合适的给养，以满足多样的学习活动对给养的需求。我们提供的是一个给养分析与匹配的思路，强调的是有意识地鉴别学习工具的给养以及鉴别学习活动对给养的需求的过程。

在设计网络学习环境时，应充分认识各种学习工具的给养，针对学习者的效能和具体的学习活动对给养的需求，为学习者提供一系列不同的学习工具，以支持学习者之间的交流与协作，共享信息和共享知识建构，力图满足网络学习者多样化的学习需求，为其提供个性化、自主化、智能化的工具支持。

（二）匹配的过程

图7—14给出基于给养的学习工具选择与学习活动需求的匹配方法。合适的活动任务是有经验的教学设计者依据学习目标来假定的，后续会根据工具、学习者特征、资源等进行调整。它是基于设计者的经验来设计一般性的任务来满足教育目标；依据前面给定的给养分类系统来确定任务的给养需求，为假定的一般性任务建立需要的给养，以提供学习活

动所需要的呈现和交互。同时，要基于手头可用的技术资源，并同样依据前面给定的给养分类系统来建立可用的给养的集合。最后，在以上基础上，协同整合可用的和需求的给养，形成一个特定的学习活动设计。整个过程是一个不断迭代与调整的过程，学习者的工具使用能力需要在协同整合时予以考虑。

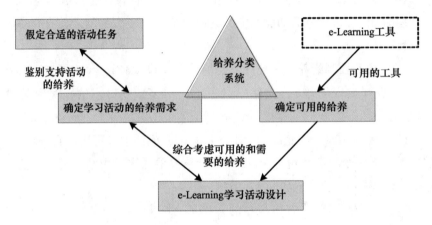

图7—14　匹配1：学习工具的选择

此方法不单单是一个连续的阶段序列，也并非一个线性的过程。由于一些无法预料的可能性或限制，学习活动对于给养的需求可能需要修订，甚至学习活动任务也需要被修订。在活动任务、学习活动的给养需求和最终设计之间的这种必要性迭代，在图中以双箭头来表示。这个框架为设计学习活动提供了一个引导，将设计者的注意力集中在构建的学习活动是否满足学习任务对于给养的需求，以及设计是否应用了以支持这种认知方式的工具的教育给养。框架所强调的是，在设计过程中，教育设计者基于经验和专业技能，有意识地同时考虑需求的给养和可用的给养。事实上，在考虑学习活动之前，确定技术给养会导致不必要的分析；确定任务所需的给养时，如果不考虑技术所能提供的可用的给养，也是不切实际的。因此，同时考虑学习活动的给养需求和学习工具的可用的给养是必需的。

需要强调的是，在这个匹配的过程中，还有其他因素需要设计者考虑和平衡，如学习者的工具使用能力、分组、动机和评价等，尤其在工具选择的时候要考虑到学习者的工具使用能力。

通过关注特定的技术给养和学习活动的实际给养需求，这个框架试图走出宽泛的一般化的框架，提供一个具体的分析方法。框架强调学习技术的整合，并能够适应技术的变化。

（三）示例：学习工具的给养分析

每一种学习工具都在这七种类型的给养方面有着不同的表现。学习工具给养分析的目的就是以给养为中介，描述出学习工具的支持能力。为了更清晰地阐释我们所描述的方法，本书以 Wiki、Adobe Connect、E-mail、论坛、虚拟教室为例，给出这几种工具的部分可用的给养列表，见表7—8。

表7—8　　　　　　　　　　几种典型工具的给养示例

给养	学习工具	Wiki	Adobe Connect	E-mail	论坛	虚拟教室
媒体给养	可阅读	✓	✓	✓	✓	✓
	可预览	✓		✓	✓	✓
	可听		✓			✓
	可观看		✓		✓	✓
	可写	✓	✓	✓	✓	✓
	可绘制	✓	✓	✓	✓	✓
	可说		✓			✓
	可制作视频					✓
空间给养	可调整大小	✓	✓	✓	✓	✓
	可移动	✓	✓	✓	✓	✓
时间给养	回放能力	✓	✓	✓	✓	✓
	可访问	✓	✓	✓	✓	✓
	记录能力	✓	✓	✓	✓	✓
	同步能力					✓
导航给养	浏览能力	✓	✓	✓	✓	✓
	检索能力	✓				✓
	数据管理能力	✓	✓		✓	✓
	链接能力	✓			✓	✓
强调给养	强调能力	✓			✓	✓
	聚焦能力					✓

续表

学习工具　　给养		Wiki	Adobe Connect	E-mail	论坛	虚拟教室
综合给养	组合能力		✓		✓	✓
	整合能力		✓		✓	✓
访问控制给养	权限管理能力	✓	✓	✓	✓	✓
	分享能力	✓	✓		✓	✓

第四节　匹配二：学习资源设计与学习活动的契合

　　学习资源作为网络环境中学习内容的载体，是为学习者提供给养的重要的"有机养料"。在网络学习环境中，由于教师和学生在时空上处于准分离状态，学习活动的开展主要借助学习工具和学习资源来完成。同学习工具的设计一样，学习资源也要依据学习活动开展的需求来设计。对于学习工具和学习资源为学习活动提供的支持关系，我们做了如下比喻："假设学习活动过程像搭建一所房子，按照设计者的意图，搭建过程已经有一定的规划，搭建需要各种工具，如铁锹、推车、泥板等，这些工具用以运输或传送原料以及将原料按照安排堆砌，对于这些原料，我们就将其喻为'学习资源'。"学习工具对于学习活动流程起着重要的支持作用，学习资源则对学习活动过程中每一个节点上学习者的认知发展起着重要的支持作用。

　　当前研究者对学习资源的界定有广义和狭义之分。广义的界定将所有与学习有关的因素都纳入学习资源的范畴，如 AECT（1994）将学习资源定义为：资源不仅仅是东西，还包括人员、资金和设施（not only things but include people，money，facilities）。资源可以包括一切有助于个人有效学习的因素，包括支持系统、教学材料与环境（including support systems and instructional materials and environments）。[①] 狭义的界定则是从与学习有

---

① 尹俊华：《教育技术导论》，高等教育出版社 2002 年版，第 19 页。

关的某一或若干方面对学习资源进行定义，如陈丽教授将学习资源定义为在远程教育中为特定课程和学生设计制作的各种形式的教学材料。①本书将学习资源定位在狭义范畴，是指能够为学习者提供信息的各种多媒体材料，分为预设类资源、生成类资源和外部链接资源。预设类资源是由学科教师精心设计、按预定的结构组织起来的学习材料，通常是具有确定的来源、良好的结构、相对固定的内容，如 PPT 讲稿、教学视频（交互式视频、微视频等）、教学动画、其他教学课件、文献材料（文档、网页等）、练习题（文档、网页、题库）、测试题、用户手册等。生成类资源是指那些来源不确定、内容动态变化、结构模糊、缺乏稳定性的资源，它是在 Web 2.0 网络应用模式的驱动下，学习者既作为学习资源的使用者又作为贡献者所生成的未经明确教学设计的资源。这些资源的组织结构处于复杂、无规则的模糊状态，如对所阅读文档的笔记，对所观看视频、所阅读文档、所观看图片的评论，在论坛中的发帖及回帖，所提交的作业，所发表的博文，所参与编辑的 WiKi，所发表的微博以及所添加的书签等。

　　学习资源是网络学习环境中学习内容的载体，它的本质就是"满足学习者学习需要的东西（或元素）"，各种类型学习活动的开展都离不开有效的学习资源的支撑。学习资源为学习者提供学习内容，为学习活动的某一节点提供资源支持，帮助学习活动的顺利进行。实际上，在任何学习活动中，教学设计者是按照一定的认知发展规律进行设计的。整个过程中，活动为学习者的学习提供了支架，然而，资源是真正地给养学习者认知发展的原料。

　　对于学习资源的设计，要同时考虑学习者的需求、特征、学习活动对学习资源的需求。首先，在整个学习活动流中，在不同的时刻会需要不同的资源来支持，我们将其喻为资源节点。在设计学习活动时，设计者需要在学习活动序列图上标记每一个需要学习资源的位置。其次，仅仅标记位置并不能够指导学习资源的设计，还需要对每一节点上学习活动对学习资源的具体需求做详细说明，每一节点上的学习资源都要满足学习活动对它的要求。

―――――――――

① 陈丽：《远程教育中教学媒体的交互性研究》，《中国远程教育》2004 年第 7 期。

一　学习资源的分析框架

为了明确需要对学习资源的哪些方面做出具体说明，我们从给养的角度建立了学习资源的分析框架。这个分析框架作为"分析学习活动对于学习资源的给养需求"与"设计学习资源"之间的桥梁，亦即使学习资源设计与学习活动相匹配的中介和桥梁。对学习资源的分析，应当从资源的形式、资源的内容（所涉及的知识点）、资源的情境性、资源的交互性四个方面进行。这四个方面分别对应资源的感官给养、认知给养、情境给养和交互给养。由此，我们建立了如图7—15所示的学习资源分析框架。

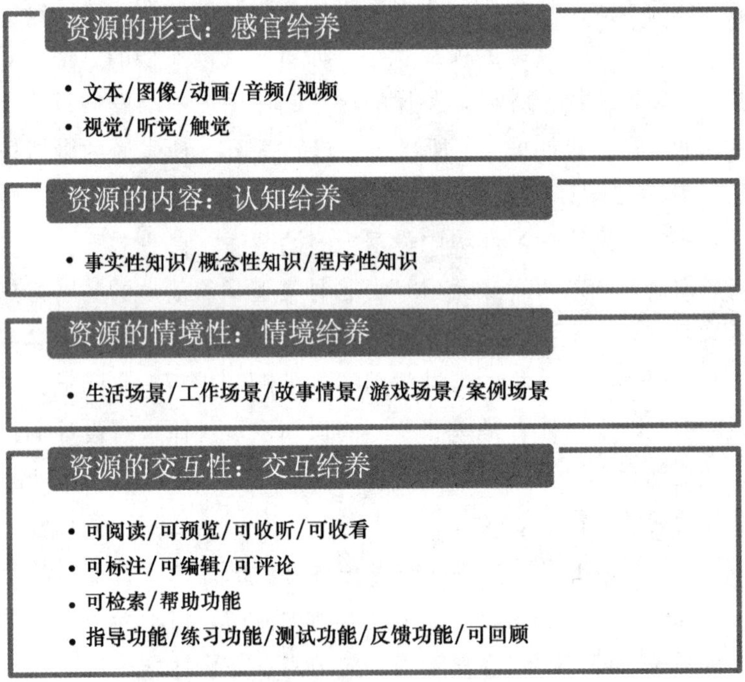

> **资源的形式：感官给养**
> - 文本/图像/动画/音频/视频
> - 视觉/听觉/触觉
>
> **资源的内容：认知给养**
> - 事实性知识/概念性知识/程序性知识
>
> **资源的情境性：情境给养**
> - 生活场景/工作场景/故事情景/游戏场景/案例场景
>
> **资源的交互性：交互给养**
> - 可阅读/可预览/可收听/可收看
> - 可标注/可编辑/可评论
> - 可检索/帮助功能
> - 指导功能/练习功能/测试功能/反馈功能/可回顾

图7—15　学习资源的分析框架

（一）学习资源的形式：感官给养

学习资源以什么样的形式呈现，决定了资源会带给学习者怎样的感官给养。这些形式主要有文本、图像、动画、音频、视频等及其组合，正是多种媒体形式的创造性组合，才能够有效地将资源内容融入情境，并有效地展现资源的交互，如当前的微视频、交互式视频等。

（二）学习资源的内容：认知给养

学习资源的内容是指资源所涉及的知识点，它决定了资源会带给学习者怎样的认知给养，或者说，通过资源能够在多大程度上促进学习者的认知发展。知识建构是网络学习生态系统的重要功能之一，但我们的研究仅关注认知领域，主要知识内容分为事实性知识、概念性知识、程序性知识。学习资源通过丰富的多媒体信息材料，来促进学习者对于材料中信息的感知与获取，并通过特定的行为来强化这种内外联结。

（三）学习资源的情境性：情境给养

学习资源的情境给养是指学习环境所具备的支持情境创设的能力或可能性。学习资源的内容固然重要，但是学习资源的情境性也非常重要。学习孤立的知识点是枯燥乏味的，不容易被掌握。所有的知识都是从实践中产生，并且为实践服务，因此，它必然有其应用的情境。学习孤立于情境的知识是毫无意义的。生态化设计认为，知识不能孤立地被教，必须和其应用情境相融合。这就要求设计者必须将孤立的知识融入工作场景、生活场景、故事、游戏、案例、项目、问题等各种不同的情境。究竟设计何种情境，取决于教学设计者的专业技能和生活经验水平。同时，需要考虑学习者的经验水平，因为他们对应用情境的熟悉程度也影响着他们的感知。同样的知识可以设计不同的应用情境，选择学习者相对熟悉的应用情境是十分重要的。

情境应作为诱发学习者进入学习过程的因素，要与所达成的目标和学习的内容紧密相关，其理想设计效果便是吸引学习者的注意力，使学习者沉浸其中。

（四）学习资源的交互性：交互给养

在网络教与学时空分离的情况下，学习资源承载着部分的交互功能，为学习者提供交互给养。交互给养无疑是功能给养的核心部分。有研究者对交互性进行过界定，瓦格纳（Wagner）将交互性定义为"是对技术提供的连接点与点的能力或特性的描述"①。陈丽教授认为，其定义忽略

---

① Wagner, E. D. , "In Support of a Functional Definition of Interaction", *The American Journal of Distance Education*, Vol. 8, No. 2, 1994, pp. 6–29.

了媒体能够与学生直接相互作用的品质，认为交互性是"媒体支持教与学相互作用的能力或特性"①。他们都将交互性作为技术系统的特性，瓦格纳关注技术的连接特性，陈丽教授关注技术的教学特性。我们提到的交互性是指资源支持学习者与学习资源交互过程中所展现的教学互动的能力或特性，由此，学习资源的交互给养指学习资源所能提供的支持学习者与学习资源的交互行为的可能性。因此，我们从教师和学习者使用资源的角度对学习者与学习资源的交互行为进行分析。

从教师使用资源的角度来说，教师常常将资源用于以下目的，如表7—9所示。①创设情境；②告知目标和任务；③介绍背景，提供背景材料；④呈现情境化的知识，包括事实性知识、概念性知识、程序性知识；⑤解释知识，通过提供先行组织者、例证；⑥引发联系，通过提示与所学知识相关的知识；提示学生回忆下位技能或先决技能；引发、引导学生回忆和联系；引发、引导学生与其他概念（上位概念、下位概念等）联系；引发、引导学生与已有知识技能相联系；⑦建立脚手架，提供知识库、样例库、案例库、策略库等帮助学习者建立对问题解决过程的认识；⑧引导迁移运用，引导学生运用新的程序性知识来指导行为；⑨引导迁移运用，引导学生运用新的知识来指导行为、解决问题、完成项目等；⑩练习，提供有指导练习和无指导练习；⑪反馈，在练习或测试过程中以及结束后给出反馈；⑫帮助，提供帮助文档、帮助页面等；⑬复习，以多种方式重复呈现知识，呈现重复运用知识的材料。

表7—9　　　　　　　　教师对资源的应用目的

目的	阐释
创设情境	创设不同的情境，如问题情境、项目情境、故事情境、生活情境、工作情境等
告知目标	告知学习者学习的目标，以目标引导学习者的学习过程
呈现背景资料	帮助学习者了解所学知识的预备背景
呈现知识	呈现情境化的知识

① 陈丽：《术语"教学交互"的本质及其相关概念的辨析》，《中国远程教育》2004年第3期。

续表

目的	阐释
解释知识	通过呈现先行组织者、正反例证等解释知识
引发联系	通过：（1）提示与所学知识相关的知识；（2）提示学生回忆下位技能或先决技能；（3）引发、引导学生回忆和联系；（4）引发、引导学生与其他概念（上位概念、下位概念等）联系；（5）引发、引导学生与已有知识技能相联系等方法，使学习者建立新知识与已有知识/技能的联系
建立脚手架	提供知识库、样例库、案例库、策略库等帮助学习者建立对问题解决过程的认识
引导迁移运用	引导学生运用新的知识来指导行为、解决问题、完成项目等
练习	提供有指导练习和无指导练习
反馈	在练习或测试过程中以及结束后给出反馈
帮助	提供帮助文档、帮助页面等
复习	以多种方式重复呈现知识，呈现重复运用知识的材料

从学习者使用的角度来说，对于这些预设类资源，学习者对其使用的行为主要有阅读文本/图像内容、收听音频内容、收看视频内容、对内容进行标注、评论、检索内容、获取帮助、做练习、做测试、获取反馈。在这些外部活动过程中，伴随学习者理解、应用、创造的认知过程。通过以上分析，我们总结了学习资源典型的交互给养，如图7—16所示，包括可阅读、可预览、可收听、可收看、可标注、可编辑、可评论、可检索、指导功能、帮助功能、练习功能、测试功能、反馈功能、可回顾。

二　学习资源的设计方法与原则

（一）学习资源的设计方法

网络学习资源有着微型化的趋势，如微课程、微课、微视频等，同时又有着强交互的发展趋势，如交互式视频。在这种趋势下，单个的数字化学习资源的系统性减弱了许多，资源的零碎式和碎片化特征凸显。也就意味着，一个认知活动可能需要多个学习资源来实现，我们不必像以前一样关注某一学习资源的系统性，而是更多地需要考虑以学习活动为主线，将学习资源"串"起来。也就是说，学习资源在学习活动的过

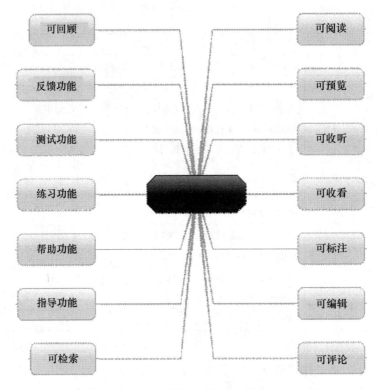

可回顾　　　可阅读

反馈功能　　可预览

测试功能　　可收听

练习功能　　可收看

帮助功能　　可标注

指导功能　　可编辑

可检索　　　可评论

图 7—16　学习资源的交互给养

程中逐渐地系统化。学习资源是学习者得以完成学习活动的必要条件，学习资源的设计应当为特定学习目标下的学习活动服务，设计的过程是在考虑学习者效能的基础上建立学习资源与学习活动的需求匹配关系的过程。具体来说，如图 7—17 所示，首先，依据学习活动开展的需求，在学习活动流图上，标记资源节点，确定学习资源的整体使用需求，包括资源类型、使用时间和使用方式等；其次，以学习资源的分析框架为依托，分析每一节点对于资源在形式、内容、情境性、交互性方面的详细需求，解决"资源是什么"和"如何提供资源"的问题，以此指导学习资源的设计。

（二）学习资源的设计原则

从设计的角度来看，给养实际上表明一系列的设计原则。我们就学习资源的感官给养、认知给养、情境给养、交互给养四个方面，重新转述成相应的设计原则，如表 7—10 所示。

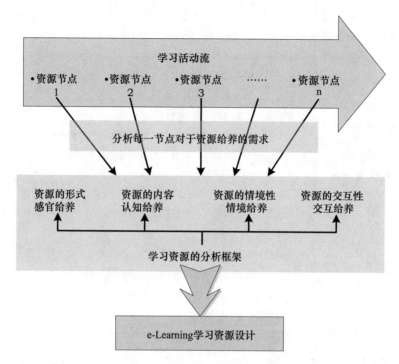

图 7—17 匹配 2：学习资源的设计方法

表 7—10   学习资源的生态化设计原则

给养	设计原则
资源的形式 （感官给养）	• 适合性：适合学习者的媒体偏好方式 • 生动性：资源活泼生动，能起到激发、维持学生学习兴趣和积极性的作用 • 丰富性/多样性：丰富的表现形式，满足学习者的多样化需求，鼓励学习者对相关信息进行积极的搜索、选择和运用 • 微型化：根据人的注意规律和感知规律来决定资源的规模，如控制视频资源的长度等
资源的内容 （认知给养）	• 目标性：内容来源于特定的学习目标 • 适合性：适合学习者的已有知识和经验水平 • 科学性：内容是科学、客观、准确的 • 逻辑性：表达清晰，逻辑清楚，简洁易懂，能使学生明白

续表

给养	设计原则
资源的情境性 （情境给养）	• 沉浸性：情境能够将学习者有效地带入 • 适合性：学习者可以理解的情境 • 趣味性：生动有趣，能引起学习者的注意 • 相关性：暗含着学习的目标，与所要导出的学习内容相关 • 真实性：尽可能与生活世界中的真实情境相关
资源的交互性 （交互给养）	• 功能性/有用性：要支持实现特定的交互功能 • 适度性：一个资源所具备的交互应当是适度的，过多会超出学习者的负荷 • 激励性：交互必须以挑战或吸引学生的方式引起学生的注意 • 模拟对话：学习资源在与学习者交互的过程中，在一定程度上扮演着指导者的角色，部分地代替了教师的功能，因此资源设计时应在更大程度上模拟师生对话

三　基本类型学习活动设计常用资源

我们对四种基本学习活动中常用的预设类资源和生成类资源进行总结整理，如表7—11所示，以供设计参考。

表7—11　　　　　　　　基本类型学习活动设计常用资源

活动类型	学习者行为	预设类资源	生成类资源
吸收型活动	• 阅读 • 聆听 • 观察	• 多媒体课件（电子教材、PPT讲稿、Flash课件等） • 补充材料（文献、案例、背景资料等） • 作业、练习、测验 • 教学信息（教学大纲、作业要求等） • 交互式教学视频、实时授课 • 帮助文档（操作说明、专业词典、注释链接、FAQ）	网络搜索资源、博客、微博、论坛帖子、评论、批注、笔记、邮件、信息、教师答疑

续表

活动类型	学习者行为	预设类资源	生成类资源
实践型活动	• 做练习 • 解决问题 • 完成项目 • 分析案例 • 做实验 • 角色扮演 • 参与游戏 • 情境体验 • 记录过程与结果	• 练习题、练习反馈 • 问题（集）、项目、背景材料、知识库、策略库、样例库 • 案例（库）、分析模板 • 虚拟实验操作说明 • 教育游戏玩法说明 • 游戏、仿真、虚拟实验 • 角色扮演职责说明 • 帮助文档（专业词典、FAQ）	反馈、错题记录、实验记录、问题解决方案、项目执行方案、项目进展情况、项目报告、反思、网络搜索资源、博客、微博、论坛帖子、评论、批注、笔记、邮件、讯息、教师答疑
联结型活动	• 深入思考 • 头脑风暴 • 研究 • 创作 • 评价事例 • 解决问题	• 与生活相关的主题 • 与工作相关的主题 • 研究主题、支持材料 • 创作要求或说明 • 事例或案例、评价标准 • 帮助文档（专业词典、FAQ）	头脑风暴、解决方案、反思、研究发现、研究总结、事例评论、网络搜索资源、博客、微博、论坛帖子、评论、批注、笔记、邮件、讯息、教师答疑
协作型活动	• 分组 • 讨论 • 完成任务	• 任务说明、分组说明 • 讨论主题 • 支持材料 • 帮助文档（专业词典、FAQ）	讨论记录、网络搜索资源、博客、微博、论坛帖子、评论、批注、笔记、邮件、信息、教师答疑

第五节　小结

本章提出基于给养与匹配的网络学习环境生态化设计 3M 模型，作为设计方法层面的理论框架，为设计者提供设计时思考的方法。模型更多地关注从教学层面进行设计，体现的是教学设计思想，并非针对某种具体情境的设计方法论。从这个层面来说，它适应各种情形下学习环境设计。工具和资源的形式不同，所提供的给养也不相同，但这种主线与匹配的思想却是始终适用的。

　　设计模型的可操作性仍然是有待进一步研究的问题。它目前不能够为新手设计者提供明确的操作步骤，甚至新手设计者也不能够很好地把握这种设计思想。

第 八 章

结　语

本章主要总结一下研究的成果、创新点、不足之处，并给出下一步研究计划。

一　研究成果

以生态主义作为哲学起点，立足于"生态哲学—生态学—生态心理学—生态学习观—生态教学论"贯一的理论基础，本书搭建了系统化的网络学习环境生态化设计的理论框架。该框架是本书的核心成果，它的核心思想在于，"学习者的行为是由网络学习环境的给养和学习者的效能交互决定的，网络学习环境生态化设计旨在使学习者遭遇与其效能相契合的给养而非其他的给养"。围绕这一核心思想，我们从网络学习环境的给养、学习者效能、契合度、给养设计方法四个环环相扣的方面搭建了系统的生态化设计理论框架。这四方面的研究成果与结论总结如下。

（一）建立网络学习环境的给养框架

本书以"给养"来解释学习者与网络学习环境的生态化互动关系，从给养多维分类的视角确立不同给养是如何从不同侧面影响学习者的，同时以"生态系统"来审视不同给养的复合生境，论证不同层面给养之间的作用关系，并在案例研究中将给养具体化，从而建立可供设计参考的网络学习环境的给养框架，回答了"网络学习环境中存在哪些给养，这些给养是如何影响学习者的"这一问题。具体来说，该给养框架包括以下四方面的结论。

（1）以"给养"解释了学习者与学习环境的生态化互动关系。这一关系体现在两个方面：自然相关关系和动态适应关系。

（2）对于网络学习环境的给养结构层次，首先，环境的给养有真实的给养和可感知的给养之分。真实的给养对应网络学习环境的有用性/环境的功能/功能给养，可感知的给养就是用以指明给养的信息，对应网络学习环境的可用性/用户操作界面。其次，可感知的给养可以依据作用层面分为感官给养、认知给养、物理给养，分别从感觉、认知、操作三个层面给养学习者。真实的功能给养可以分为教育的、社会的给养，提供学习活动开展所必需的教学和组织功能。

（3）以"网络学习生态系统"诠释给养的复合生境结构，将网络学习生态系统划分为教育给养、物理给养、社会给养、情感给养四大功能性区域，并进一步论证各个功能性区域各种要素之间的复杂关系以及各功能性区域之间如何联系成为一个统一的整体。

（4）基于案例研究，从物理给养、功能给养、认知给养、感官给养、结构化给养五个方面总结了网络学习环境的具体给养示例及定义。

（二）建立学习者效能分析框架

基于生态心理学的观点，给养与效能是交互决定的。从生态心理学效能的概念出发，本书提出"学习者效能"的概念，并界定为"学习者感知学习环境的信息、与学习环境中的要素进行交互以完成学习任务的能力"。在此基础上，基于三轮的专家意见征询，确立了学习者效能的构成因素与关键影响因素，回答了"影响学习者对网络学习环境的给养感知与产生行动的效能包括哪些方面"的问题。

（1）学习者效能的构成因素包括感知信息能力、交互能力、自我规划能力、自我监控和调节能力、自我效能感五个方面。

（2）学习者效能的关键影响因素包括网络学习观念、学习动机、技术素养、已有知识基础和经验背景、高阶思维能力、学习态度、时间投入、性格、学习风格九个方面。

（三）提出生态化设计的衡量标准——契合度

以个人—环境匹配（Person-Environment fit，P-E fit）理论为依据，本书提出学习者—学习环境契合度的概念，并界定为"学习环境的给养与学习者效能的匹配程度"，以此作为衡量网络学习环境设计是否生态化的标准。在此基础上，参考中国香港学者张伟远建立的标准化的网上学习环境测评量表和 eCampusAlberta 设计的质量标准，本书从"教育给养—学习者"契合度、"社会给养—学习者"契合度、"技术给养—学习者"契合度三个方面搭建了契合度的结构，回答了"究竟如何衡量环境是否实现了生态化的设计"这一问题。

（四）提出微观教学层面的"一主线、两匹配"的给养设计 3M 模型

本书理论框架的最终落脚点是如何设计的问题，将设计定位于微观教学层面，以生态学习观和生态教学论为直接理论指导，提出"一主线、两匹配"的给养设计模型（简称 3M 模型）。该模型以学习环境与学习者的契合为约束条件，并在设计过程中考虑促进网络学习生态系统的物质循环和能量流动，其核心设计理念体现在 3M 中。

（1）1M：主线，学习目标与学习活动的统一体决定的主线主导着网络学习环境给养的设计。学习目标从根本上主导着学习活动的设计，二者始终是统一的；学习环境的给养在"目标—活动"构成的主线下联为统一的整体；网络学习环境生态化设计是以"目标—活动"构成的主线为依据，来设计不同要素、不同层面给养的过程。给养的设计以学习活动开展对给养的需求为直接依据，而学习活动的开展过程中伴随"物质流动"和"能量循环"，因此，给养的设计与整合应围绕学习活动的开展，促进不同类型学习活动所对应的"物质流动"与"能量循环"。

（2）2M：匹配 1，学习工具的选择应基于学习活动对于学习工具给养的需求以及学习工具所能够提供的给养之间的匹配与平衡。本书给出涵盖媒体给养、空间给养、时间给养、导航给养、强调给养、综合给养、访问控制给养和社会给养在内的给养分类系统，作为设计匹配的桥梁。

（3）3M：匹配 2，学习资源的设计是基于学习活动对学习资源的需求、学习资源给养学习者的方式、学习者的效能之间的平衡与匹配。本书从资源的形式（感官给养）、资源的内容（认知给养）、资源的情境性（情境给养）、资源的交互性（交互给养）四个方面建立了学习资源的分析框架，作为设计匹配的方法。

二　创新点

本书的创新点有以下三个。

创新点之一，本书以生态主义为指导，寻求最根源的哲学起点与理论基础上的突破。不同于以往学习环境设计多以客观主义和建构主义作为哲学起点，本书以生态主义的有机整体论作为哲学起点，并以贯一的"生态哲学—生态学（生态系统）—生态心理学—生态学习观—生态教学论"作为理论基础，突破学习者与学习环境分离的二元论研究思路，始终将学习者与学习环境视为统一的有机整体，以此将"生态"的内涵贯穿始终并落实到设计层面，体现了研究逻辑的统一。本书所构建的理论框架是对传统远程教学设计理论的解构以及在此基础上的新的建构与发展，对于丰富和发展网络学习环境设计理论具有重要的意义和价值。学习环境设计只有跳出传统教学设计以教为中心的框架，才能够建构起自己独立的理论框架。本书努力做了这种"跳出"的尝试。

创新点之二，本书从生态的视角揭示了学习者与学习环境的互动关系，以环环相扣的三个层次的整体观"有机整体论—生态系统论—给养"来审视学习者与网络学习环境所构成的整体，并将生态心理学的"给养"一词引入研究，从环境的给养和学习者效能交互决定的视角解释学习者与学习环境的生态化互动关系。

创新点之三，即理论框架系统性上的创新。本书从学习者效能和学习环境的给养交互决定的视角，从网络学习环境的给养框架、学习者效能分析框架、契合度、给养设计方法四个环环相扣的方面，构建了涵盖设计理论基础、设计原则、评价指标、设计方法的一套系统化的网络学习环境生态化设计理论框架。

三 不足之处

尽管研究初期得到一些结论和成果，但它还存在以下三点不足之处，有待完善。

不足之一，对于生态主义思想的贯彻，仍然不够彻底。在解构的基础上才能重构，尽管我们的研究努力地尝试跳出传统教学设计的理论框架，但从研究结果来看，所提出的理论框架尤其是设计模型并未完全"生态化"，无法全面彻底地将生态化的互动关系展现出来。

不足之二，在网络学习环境给养框架的构建过程中，我们进行了案例研究，但是对数据的挖掘利用却不够充分，并没有按照一定的理论框架对数据进行系统细致的分析。

不足之三，设计模型还不够成熟，它仅是为操作提供了方法论层面的指导，目前并不具备强可操作性。在设计模型得出后，本书在研究过程中，仅设计了一个案例实验，并没有对模型进行系统的验证与修订。

四 研究计划

针对研究的不足之处，我们制订了下一步的研究计划，进一步深化和完善研究。

针对不足之一，我们将继续对生态主义做更为深入的文献研究，进一步明晰生态知识观、生态学习观、生态教学论的观点，从而为网络学习环境生态化设计提供更为坚实可信的理论基础。

针对不足之二，我们将继续以质性研究方法对大量的网络教与学的实践案例进行长期的跟踪、数据收集与更为科学的分析，深度挖掘学习者与学习环境的生态化互动规律。

针对不足之三，我们将对给养设计模型进一步具体化，不断修正，使其具备可操作性。之后，对于可操作的模型再进行多次应用实验，根据反馈结果不断验证完善，形成成熟的设计模型。

附　录

一　第 1 轮专家意见征询

中文意见征询稿：

尊敬的专家：

　　您好！非常感谢您百忙之中接受邀请参与专家意见征询！我所要征询意见的问题如下，麻烦您帮忙给出宝贵意见，不胜感激！

　　通过精心的设计，网络学习环境可以为学习者提供各种支持，但并非所设计的各种要素都能够被学习者所感知或充分利用，而且即使是在同一环境中，学习者所感知或利用的要素也不相同。影响学习者感知并利用环境要素的原因有两个方面：学习者自身因素和学习环境设计。您认为从学习者自身因素的方面来说，影响他感知或充分利用网络学习环境要素的关键能力或特征有哪些？请您至少列举 4 个，并按照重要性程度由高到低排序。

　　英文意见征询稿：

Dear Expert,

　　Thank you for youracceptance of the invitation as an expert to give the consultation. I'm going to do a research about online learners' effectivities through Delphi Method; effectivities are the abilities of a learner perceiving the environment and taking actions to learn. I'd like to invite you as the expert and give valuable consultations.

　　The consultations I'd like to receive from you are as follows. Online learning environments can provide abundant conditions to support learners through well-planned design. But not all conditions can be perceived or utilized by the learners, and different learners may perceive different conditions. The factors influenced what learners perceived or utilized in the online learning environments are from two aspects: the environment and the learners. From the aspect of learners, what do you think are the most important characteristics or abilities that affect what they perceived or utilized in the online learning environment? Please list at least 4 characteristics or abilities and order them from high to low according to the importance.

二　第2轮专家意见征询

通过精心的设计，网络学习环境可以为学习者提供各种支持，但并非所设计的各种要素都能够被学习者所感知或充分利用，而且即使是在同一环境中，学习者所感知或利用的要素也不相同。影响学习者感知并利用环境要素的原因有两个：学习者自身因素和学习环境设计方面。从学习者自身来说，我们将影响他感知并利用环境要素的能力归结为学习者效能，并具体定义为："学习者感知学习环境的信息、与学习环境中的要素进行交互以完成学习任务的能力。"

经过第1轮的专家意见咨询，我们将专家意见进行了汇总，并且分为学习者效能构成要素和学习者效能影响因素两大类。想请您就以下问题给出意见，非常感谢！

1. 学习者效能包含多个方面，如附表2—1所示。

（1）您认为哪些能力是必要的，哪些是不必要的？

（2）对于必要的能力，请您用"非常重要""重要""一般""不重要""很不重要"来评判每一项指标的重要程度，并指出每一项指标存在的问题。

（3）除此之外，您认为还包括哪些能力？

2. 学习者效能受多方面要素影响或决定，如附表2—2所示。

（1）您认为哪些是学习者效能的影响因素，哪些不是？

（2）请您用"非常重要""重要""一般""不重要""很不重要"来评判每一项影响因素的重要程度，并指出每一项指标存在的问题。

（3）除此之外，您认为还包括哪些影响因素？

附表 2—1　　　　学习者效能构成 专家判定表（第 2 轮）

学习者效能构成	是否必要		重要程度评价					专家修改意见
	是	否	非常重要	重要	一般	不重要	很不重要	
1）自主学习能力								
2）独立学习的能力，如自我调节能力								
3）自主结构化自己学习的能力								
4）自我规划学习的能力								
5）自我管理监控的能力								
6）环境整体感知能力								
7）环境适应能力								
8）明确建立个人学习需求的能力								
9）目标意识								
10）学习目标理解能力								
11）目标达成中的目标调整能力，包括学习目标的分解、清晰、再生成和并行处理的能力								
12）自主辨别学习内容的能力								
13）独立与内容进行交互的能力								
14）对学习内容（资源）获取的能力								
15）对学习内容（学习活动）与自身学习发展的关系感知								
16）对学习任务的理解能力								
17）信息加工能力								
18）对学习意义的不断发现和深度体悟的能力								
19）监控和评价自己学习进度的能力								
20）学习者对网络学习环境服务支持功能的感知								

续表

学习者效能构成	是否必要		重要程度评价					专家修改意见
	是	否	非常重要	重要	一般	不重要	很不重要	
21) 团队学习和协作能力								
22) 交流能力								
23) 整合能力								
24) 创造能力								
25) 自我效能感								

您认为除此之外，学习者效能还应该包括哪些方面？

附表 2—2　　学习者关键效能影响要素 专家判定表（第 2 轮）

学习者效能关键影响要素	是否属于		重要程度评价					专家修改意见
	是	否	非常重要	重要	一般	不重要	很不重要	
1) 对网络学习的认知								
2) 学习者的自我发展意识								
3) 掌握内容材料的动机——基于清晰的学业和事业目标与感知到的在线学习材料和这些目标的相关性								
4) 学习者参与网络学习活动的动机								
5) 学习欲望								
6) 对知识的渴求程度								
7) 学习兴趣								
8) 对在线学习环境、工具、技术的熟悉程度								
9) 过去的学业成就——整体的以及特定学科的，高成就的学习者无论环境如何都倾向于继续表现出高成就								

续表

学习者效能关键影响要素	是否属于		重要程度评价					专家修改意见
	是	否	非常重要	重要	一般	不重要	很不重要	
10）以往在线课程中的成功体验——在相似的网络环境会有更好的表现								
11）对在线学习的责任感								
12）批判性思维								
13）创造性								
14）信息素养，特别是对网络学习环境下学习工具的应用能力、对新技术的应用意识、信息技术使用经历以及信息技术操作能力								
15）学习者已有知识基础和经验背景								
16）学习者的认知水平								
17）学习者的学习风格、认知风格								
18）元认知能力								
19）学习态度								
20）时间投入								
21）网络学习习惯								
22）网络学习策略								
23）恰当的网络学习方式								
24）性格，如学习者的耐性、是否在意别人的关注、开放度								

您认为除此之外，学习者效能的关键影响因素还应该包括哪些方面？

三　第 3 轮专家意见征询

通过精心的设计，网络学习环境可以为学习者提供各种支持，但并非所设计的各种要素都能够被学习者所感知或充分利用。而且，即使是在同一环境中，学习者所感知或利用的要素也不相同。影响学习者感知并利用环境要素的原因有两个：学习者自身因素和学习环境设计方面。从学习者自身来说，我们将影响他感知并利用环境要素的能力归结为学习者效能，并具体定义为："学习者感知学习环境的信息、与学习环境中的要素进行交互以完成学习任务的能力。"

经过两轮的专家意见咨询，我们编制了学习者效能构成框架与学习者效能关键影响因素框架，想请您对此做出判定，并提出宝贵意见，非常感谢！

附表 3—1　　　　　　学习者效能构成 专家判定表（第 3 轮）

学习者效能构成维度	是否必要		重要程度评价					专家修改意见
	是	否	非常重要	重要	一般	不重要	很不重要	
1. 感知信息的能力								
1.1 对学习目标的感知								
1.2 对学习内容（学习活动）的感知								
1.3 对学习支持服务功能的感知								
2. 交互能力								
2.1 与教师、学习伙伴的交流能力								
2.2 独立与学习内容的交互能力								
2.2.1 自主辨别学习内容的能力								
2.2.2 信息加工能力								
2.2.3 反思能力								
2.3 与界面/工具交互的能力								
3. 自我规划能力								
4. 自我监控和调节能力								

续表

学习者效能构成维度	是否必要		重要程度评价					专家修改意见
	是	否	非常重要	重要	一般	不重要	很不重要	
4.1 元认知能力								
4.2 自我监控能力								
4.3 自我调节能力								
5. 自我效能感								

对于学习者效能构成，您有什么建议和问题？

附表 3—2　　学习者效能关键影响因素 专家判定表（第 3 轮）

学习者效能影响因素维度	是否必要		重要程度评价					专家修改意见
	是	否	非常重要	重要	一般	不重要	很不重要	
1. 网络学习观念								
1.1 对网络学习的认识与意识								
1.2 对新技术的应用意识								
1.3 对独立学习的意识								
1.4 对在线交流的意识								
2. 学习动机								
2.1 对在线学习的责任感								
2.2 自我发展意识								
2.3 学习兴趣								
2.4 学习欲望								
3. 技术素养								
3.1 信息技术使用经历								
3.2 信息技术操作能力								
4. 已有知识基础和经验背景								
4.1 认知水平								

续表

学习者效能影响因素维度	是否必要		重要程度评价					专家修改意见
	是	否	非常重要	重要	一般	不重要	很不重要	
4.2 学科知识水平								
4.3 过去的学业成就表现								
4.4 以往在线课程中的成功经验								
5. 高阶思维能力								
5.1 批判性思维								
5.2 创造性								
6. 学习态度								
7. 时间投入								
8. 性格								
8.1 耐性								
8.2 开放度								
9. 学习风格								
9.1 学习策略偏好								
9.2 学习方式偏好								

对于学习者效能影响因素，您有什么建议和问题？

参考文献

一 中文文献

《国家中长期教育改革和发展规划纲要（2010—2020）》，人民出版社 2010 年版。

《不列颠百科全书》（国际中文版）（修订版），中国大百科全书出版社 2007 年版。

蔡晓明：《生态系统生态学》，科学出版社 2001 年版。

方萍、曹凑贵、赵建夫：《生态学基础》，同济大学出版社 2008 年版。

冯契主编：《哲学大辞典》，上海辞书出版社 2001 年版。

傅桦、吴雁华、曲利娟：《生态学原理与应用》，中国环境科学出版社 2008 年版。

甘永成：《虚拟学习社区中的知识建构和集体智慧发展》，教育科学出版社 2005 年版。

高文：《学习科学的关键词》，华东师范大学出版社 2009 年版。

何克抗、李文光：《教育技术学》，北京师范大学出版社 2002 年版。

李克东：《教育技术学研究方法》，北京师范大学出版社 2003 年版。

林文雄：《生态学》，科学出版社 2007 年版。

彭运石：《走向生命的巅峰——马斯洛的人本心理学》，湖北教育出版社 1999 年版。

皮连生主编：《教学设计》（第 2 版），高等教育出版社 2009 年版。

秦晓利：《生态心理学》，上海教育出版社 2006 年版。

佘正荣：《生态智慧论》，中国社会科学出版社 1996 年版。

世界银行世界发展报告编写组：《1998/99 年世界发展报告：知识与发展》，中国财政经济出版社 1999 年版。

孙儒泳：《动物生态学原理》，北京师范大学出版社 2001 年版。

田慧生：《教学环境论》，教育科学出版社 1996 年版。

王有智：《心理学基础——原理与应用》，首都经济贸易大学出版社 2003 年版。

吴鼎福、诸文蔚：《教育生态学》，江苏教育出版社 1990 年版。

武法提：《网络教育应用》（第 2 版），高等教育出版社 2011 年版。

武法提：《网络教育应用》，高等教育出版社 2003 年版。

夏征农主编：《辞海》（彩图缩印本），上海辞书出版社 1999 年版。

谢幼如、尹睿：《网络教学设计与评价》，北京师范大学出版社 2010 年版。

闫寒冰、魏非：《远程教学设计》，华东师范大学出版社 2008 年版。

杨京平、田光明：《生态设计与技术》，化学工业出版社 2006 年版。

尹俊华、庄榕霞、戴正南：《教育技术学导论》，高等教育出版社 2002 年版。

曾祥跃：《网络远程教育生态学》，中山大学出版社 2011 年版。

郑丽华：《远程教育教学设计元素》，知识产权出版社 2007 年版。

郑葳：《学习共同体——文化生态学习环境的理想架构》，教育科学出版社 2007 年版。

Badrul H. Khan：《开放灵活的分布式学习环境》，张建伟编译，《现代教育技术》2004 年第 4 期。

Badrul Khan：《电子学习的设计与评价》，张建伟、孙燕青、李海霞、倪如慧、吴洪建译，北京师范大学出版社 2005 年版。

［加］G. 西蒙斯：《网络时代的知识和学习——走向连通》，詹青龙译，华东师范大学出版社 2009 年版。

［美］Jakob Nielsen：《可用性工程》，刘正婕译，机械工业出版社 2004 年版。

［美］L. W. 安德森等：《学习、教学和评估的分类学》第 2 卷，皮连生主译，华东师范大学出版社 2008 年版。

［美］Priscilal Nortno & Karni M. Wbiurg：《信息技术与教学创新》，吴洪健、倪男奇译，中国轻工业出版社 2002 年版。

［美］R. 基思·索耶：《剑桥学习科学手册》，徐晓东等译，教育科学出版社 2010 年版。

［美］查尔斯·M. 赖格卢斯：《教学设计的理论与模型：教学理论的新范式》，裴新宁、郑太年、赵健译，教育科学出版社 2011 年版。

［美］大卫·雷·格里芬：《后现代科学》，马季方译，中央编译出版社 2004 年版。

［美］戴维·H. 乔纳森：《学习环境的理论基础》，郑太年、任友群译，华东师范大学出版社 2002 年版。

［美］戴维·乔纳森、简·豪兰等：《学会用技术解决问题：一个建构主义者的观点》，任友群、李妍等译，教育科学出版社 2007 年版。

［美］杜威：《人的问题》，傅统先译，上海人民出版社 1965 年版。

［美］卡洛琳·麦茜特：《自然之死》，吴国盛等译，吉林人民出版社 1999 年版。

［美］洛林·W. 安德森等：《布鲁姆教育目标分类学》（修订版），蒋小平、张琴美、罗晶晶译，外语教学与研究出版社 2009 年版。

［美］迈克尔·J. 马奎特：《创建学习型组织 5 要素》，邱昭良译，机械工业出版社 2003 年版。

［美］南希·M. 狄克逊：《共有知识》，王书贵、沈群红译，人民邮电出版社 2002 年版。

［美］威廉·霍顿：《数字化学习设计》，吴峰、蒋立佳译，教育科学出版社 2009 年版。

包国光、王子彦：《后现代主义科学观评析》，《自然辩证法研究》1998 年第 10 期。

别敦荣、彭阳红：《近 10 年我国高等教育研究的现状与未来走向——以〈高等教育研究〉刊发论文为样本》，《高等教育研究》2008 年第 4 期。

曹东云、杨南昌：《活动理论视域下远程学习目标结构之建构》，《现代远程教育研究》2013 年第 2 期。

陈丽：《术语"教学交互"的本质及其相关概念的辨析》，《中国远程教育》2004 年第 3 期。

陈丽：《远程教育中教学媒体的交互性研究》，《中国远程教育》2004 年第 7 期。

陈琦、张建伟：《信息时代的整合性学习模型——信息技术整合于教学的生态观诠释》,《北京大学教育评论》2003 年第 3 期。

谌启标、柳国辉:《西方国家教师效能研究发展述评》,《教育研究》2011
年第 1 期。

杜晓新:《元认知在认知活动中的作用——兼论如何培养学生的元认知能
力》,《上海师范大学学报》(哲学社会科学版)1992 年第 3 期。

高建江:《班杜拉论自我效能的形成与发展》,《心理科学》1992 年第
6 期。

韩锡斌、葛文双:《MOOC 平台与典型网络教学平台的比较研究》,《中国
电化教育》2014 年第 1 期。

何基生:《学生自主学习能力的内涵、构成及动态分析》,《教育评论》
2009 年第 2 期。

贺斌、祝智庭:《学习环境给养设计研究透视》,《电化教育研究》2012
年第 11 期。

黄甫全:《当代教学环境的实质与类型新探:文化哲学的分析》,《西北师
大学报》(社会科学版)2002 年第 9 期。

黄荣怀、杨俊锋、胡永斌:《从数字学习环境到智慧学习环境——学习环
境的变革与趋势》,《开放教育研究》2012 年第 1 期。

荆宁宁、程俊瑜:《数据、信息、知识与智慧》,《情报科学》2005 年第
12 期。

Kirschner, P. 、盛群力、沈敏编译:《旨在获得学习能力和专业能力的学
习环境设计》,《远程教育杂志》2004 年第 4 期。

雷玉琼、许康:《科学主义心理学理论的哲学反思》,《湖南大学学报》
(社会科学版)2002 年第 6 期。

李立新:《网络学习环境与学习者》,《中国远程教育》2002 年第 9 期。

李青、王涛:《MOOC:一种基于连通主义的巨型开放课程模式》,《中国
远程教育》2012 年第 3 期。

李盛聪、杨艳:《网络学习环境的构成要素及特征分析》,《电化教育研
究》2006 年第 7 期。

李彤彤、马秀峰、马翠平:《教育游戏的情感化设计探究》,《现代教育技
术》2010 年第 9 期。

李彤彤、武法提:《基于 Web X. 0 的网络学习环境设计》,《现代教育技

术》2014 年第 1 期。

李妍：《乔纳森建构主义学习环境设计理论的系统研究与当代启示》，《开放教育研究》2006 年第 6 期。

刘贵华、朱小蔓：《试论生态学对于教育研究的适切性》，《教育研究》2007 年第 7 期。

刘菊、钟绍春：《网络时代学习理论的新发展——连接主义》，《外国教育研究》2011 年第 1 期。

卢锋、吴伟敏：《网络学习环境的特征与设计》，《中国远程教育》2001 年第 7 期。

陆昌勤、方俐洛、凌文辁：《组织行为学中自我效能感研究的历史、现状与思考》，《心理科学》2002 年第 3 期。

罗红卫、王佑镁、祝智庭：《网络学习环境中的情感缺失研究——以开放英语教学中的情感体验为例》，《开放教育研究》2008 年第 3 期。

Matthew Pittinsky：《互联互动的网络学习环境：从网络课程到更广阔的视野》，吴薇编译，《开放教育研究》2005 年第 5 期。

马秀峰、李彤彤、刘冬：《学习风格对在线学习交互程度影响的实验研究》，《开放教育研究》2011 年第 4 期。

聂颖：《浅谈物理教学内容的生态化设计》，《数理化学习》（教育理论版）2012 年第 9 期。

钱冬明、郭玮、管珏琪：《从学习工具的发展及应用看 e-Learning 的发展——基于 Top100 学习工具近五年的排名数据》，《中国电化教育》2012 年第 5 期。

任瑞仙：《网络学习环境中的情感交流缺失探析》，《开放教育研究》2004 年第 3 期。

任为民：《电大网络学习环境的建设》，《现代远程教育研究》2002 年第 3 期。

谭乐、宋合义、富萍萍：《西方领导者特质与领导效能研究综述与展望》，《外国经济与管理》2010 年第 2 期。

汪琼、陈高伟：《构建未来在线学习环境——一个在线交互虚拟学习环境构建模型》，《中国电化教育》2003 年第 9 期。

汪颖、张玲：《如何培养学生的元认知能力》，《中国电化教育》2000 年第 8 期。

王玲、胡涌、粟俊红：《教育生态学研究进展概述》，《中国林业教育》 2009 年第 2 期。

王觅、钟志贤：《论促进知识建构的学习环境设计》，《开放教育研究》 2008 年第 8 期。

王雁飞、孙楠：《个人—环境匹配理论与相关研究新进展》，《科技管理研 究》2013 年第 8 期。

武法提：《基于 WEB 的学习环境设计》，《电化教育研究》2000 年第 4 期。

武法提：《基于 WEB 的学习支持系统——新型网上教学系统研究》，《电 化教育研究》2002 年第 4 期。

武法提：《论目标导向的网络学习环境设计》，《电化教育研究》2013 年 第 7 期。

武法提、李彤彤：《基于远程学习者模型的差异化教学目标设计》，《现代 远程教育研究》2013 年第 3 期。

武法提、李彤彤：《生成性目标导向的网络学习环境设计研究》，《电化教 育研究》2014 年第 3 期。

武法提、李彤彤：《网络学习环境生态化设计研究》，《中国电化教育》 2013 年第 7 期。

武法提、李彤彤：《行为目标导向的网络学习环境设计研究》，《电化教育 研究》2013 年第 11 期。

肖健宇：《基于 Web 学习环境的现状与发展方向》，《中国电化教育》 2002 年第 2 期。

熊勇清、全云峰：《个人—工作契合度测量研究的新进展》，《社会心理科 学》2006 年第 4 期。

熊勇清、全云峰：《基于契合度的工作满意度影响因素的实证研究》，《预 测》2007 年第 4 期。

炎冰：《第三种科学——"建设性后现代"视域中的科学新转向》，《科 学技术与辩证法》2005 年第 5 期。

杨开城：《论教育技术之研究方法》，《电化教育研究》2008 年第 10 期。

杨现民、余胜泉：《泛在学习环境下的学习资源进化模型构建》，《中国电化教育》2011 年第 9 期。

杨现民、余胜泉:《生态学视角下的泛在学习环境设计》,《教育研究》
　　2013 年第 3 期。

叶立国:《生态学的后现代意蕴》,《学术论坛》2009 年第 4 期。

尹睿:《网络学习环境研究的困境与转向》,《中国电化教育》2009 年第
　　6 期。

尹睿、谢幼如:《网络学习自我效能感研究引论:涵义、课题与启示》,
　　《中国电化教育》2010 年第 2 期。

于丽、朱晓云:《远程教育高辍学率现象探析》,《开放教育研究》2007
　　年第 1 期。

于世华:《教学内容的生态化设计》,《天津师范大学学报》(基础教育
　　版)2006 年第 2 期。

余治平:《"生态"概念的存在论诠释》,《江海学刊》2005 年第 6 期。

袁正光:《知识经济——超常发展的原动力》,《上海综合经济》1998 年
　　第 4 期。

张立新、李红梅:《虚拟学习环境的生态失衡及其对策研究》,《电化教育
　　研究》2009 年第 7 期。

张立新、李世改:《生态化虚拟学习环境及其设计》,《中国电化教育》
　　2008 年第 6 期。

张立新、张丽霞:《虚拟学习环境的生态问题及其解决对策》,《电化教育
　　研究》2010 年第 10 期。

张伟远:《网上学习环境评价模型、指标体系及测评量表的设计与开发》,
　　《中国电化教育》2004 年第 7 期。

张伟远、吴廷坚:《网上学习环境的建构与测评》,《中国远程教育》2006
　　年第 10 期。

张屹、胡小勇、祝智庭:《网络教育服务质量框架研究》,《中国电化教
　　育》2003 年第 2 期。

张莹瑞、佐斌:《社会认同理论及其发展》,《心理科学进展》2006 年第
　　3 期。

赵学昌:《理想的课堂应该基于教学目标的有效落实》,《教育理论与实
　　践》2008 年第 9 期。

郑葳、王大为：《生态学习观：一种审视学习的新视角》，《心理科学》2006 年第 4 期。

郑葳、王大为：《生态学习观及其教育实践启示》，《教育研究与实验》2006 年第 1 期。

钟志贤：《论学习环境设计》，《电化教育研究》2005 年第 7 期。

朱惠娟：《云计算及其在网络学习环境构建中的应用初探》，《中国电化教育》2009 年第 4 期。

朱晓鸽：《论学习环境设计》，《中国电化教育》1996 年第 7 期。

祝智庭：《关于教育信息化的技术哲学观透视》，《华东师范大学学报》（教育科学版）1999 年第 2 期。

李妍：《乔纳森建构主义学习环境设计研究》，博士学位论文，华东师范大学，2007 年。

彭盼：《基于行为目标的网络学习环境设计研究》，博士学位论文，北京师范大学，2011 年。

汪韡：《以学习者为中心的网络学习环境设计》，博士学位论文，北京师范大学，2010 年。

王静：《美国网络学习环境的研究》，硕士学位论文，华东师范大学，2005 年。

武法提：《基于 WEB 的学习支持系统研究》，博士学位论文，北京师范大学，2000 年。

杨现民：《泛在学习环境下的学习资源进化研究——基于学习元的信息模型与运行环境》，博士学位论文，北京师范大学，2012 年。

钟志贤：《面向知识时代的教学设计框架》，博士学位论文，华东师范大学，2004 年。

冯国瑞：《整体论的发展形态及其重要意义》，《光明日报》2008 年 4 月 22 日第 11 版。

清华大学教育技术研究所：《清华教育在线创新应用模式》，http：//tnet1. theti. org/evaluate/infoSingleArticle. do? articleId =1065&columnId =1022。

二　外文文献

Alavi, M., D. E. Leidner, "Knowledge Management Systems: Issues, Challenges and Benefits", *Communication of AIS*, No. 7, 2001.

Albrechtsen, H., Andersen, H., Bodker, S., Pejtersen, A., *Affordances in Activity Theory and Cognitive Systems Engineering (Internal Report)*, Denmark: Riso National Laboratory, 2001.

Badrul H. Khan, *Managing E-Learning: Design, Delivery, Implementation and Evaluation*, United States of America: Information Science publishing, 2005.

Bandura, A., "Self-efficiency: Toward a Unifying Theory of Behavioral Change", *Psychological Review*, No. 2, 1977.

Britannica, "Ecology", http://www.britannica.com/EBchecked/topic/178273/ecology.

Brodo, J. A., "Today's Ecosystem of e-Learning", Trainer Talk, Professional Society for Sales & Marketing Training, Vol. 3, No 4, 2006, last retrieved April 9th, 2013 from http://www.enewsbuilder.net/salesmarketing/e_article000615779.cfm.

B. Thomas, J. Saye, "Implementation and Evaluation of a Student-Centered Learning Unit: A Case Study", *ETR&D*, Vol. 48, No. 3, 2000.

Chang, V., Gütl, C., "E-Learning Ecosystem (ELES) —A Holistic Approach for the Development of More Effective Learning Environment for Small-to-Medium Sized Enterprises (SMEs)", Proceeding of IEEE International Digital EcoSystems Technologies Conference (IEEE-DEST 2007), Cairns, Australia.

Charles Wankel, Patrick Blessinger, *Increasing Student Engagement and Retention in e-Learning Environments: Web 2.0 and Blended Learning Technologies (Cutting-Edge Technologies in Higher Education)*, Emerald: Emerald Group Publishing Limited, 2013.

Chatman J. A., "Improving Interactional Organizational Research: A Model of Person-organization Fit", *Academy of Management Review*, No. 3, 1989.

Christian Gütl, Vanessa Chang, "Ecosystem-based Theoretical Models for Learning in Environments of the 21st Century", *International Journal of E-*

merging Technologies in Learning (*iJET*), 2008.

Chun-ming Leung, "From Connectivity to Next-generation Learning", In Coiffait & Hill, *Blue Skies: New Thinking about the Future of Higher Education*, London: Pearson Press, 2012.

Compeau D. , Higgins C. , "Computer Self-efficacy: Development of a Measure and Initial Test", *MIS Quarterly*, Vol. 19, No. 2, 1995.

Compeau D. , Higgins C. , Hu S. , "Social Cognitive Theory and Individual Reactions to Computing Technology: A Longitudinal Study", *MIS Quarterly*, Vol. 23, No. 2, 1999.

Conole G. , Weller M. , "Using Learning Design as A Framework for Supporting the Design and Reuse of OER", *Journal of Interactive Media in Education*, No. 1, 2008.

Davis, B. , "Complexity and Education: Vital Simultaneities", http: //www. quasar. ualberta. ca/cpin/davis_simultanaeities. pdf. 2006.

Diana L. Wilkinson, "The Intersection of Learning Architecture and Instructional Design in e-Learning", In 2002 ECI Conference on e-Technologies in Engineering Education, *Learning Outcomes Providing Future Possibilities*, 2002.

Feng Wang, Michael J. Hannafin, "Design-Based Research and Technology-Enhanced Learning Environments", *ETR&D*, Vol. 53, No. 4, 2005.

Frederick G. Knirk, *Designing Productive Learning Environments*, Educational Technology Publications, Inc. , 1979.

Gaver, William W. , "Technology Affordances", Robertson, Scott P. , Olson, Gary M. and Olson, Judith S. (eds.), *Proceedings of the ACM CHI 91 Human Factors in Computing Systems Conference*, New Orleans: Louisiana, 1991.

Gene Bellinger, Durval Castro, Anthony Mills, "Data, Information, Knowledge, and Wisdom", www. systems-thinking. org/dikw/dikw. htm.

Gibson, James J. , *The Ecological Approach to Visual Perception*, Boston: Houghton Mifflin, 1979.

Halimi, K. , Seridi-Bouchelaghem, H. , & Faron-Zucker, C. , "An Enhanced Personal Learning Environment Using Social Semantic Web Technologies", *Interactive Learning Environments*, Vol. 22, No. 2, 2014.

Hannafin, M. , Land, S. , & Oliver, K. , "Open Learning Environments: Foundations, Methods, and Models", In C. Reigeluth (ed.), *Instructional Design Theories and Models 2nd Ed. Mahwah*, N. J. : Lawrence Erlbaum Associates, 1999.

Hannafin, M. J. , Hannafin, K. M. , Land, S. M. , & Oliver, K. , "Grounded Practice and the Design of Constructivist Learning Environments", *Educational Technology Research and Development*, Vol. 45, No. 3, 1997.

Hannafin, M. J. , *Open-ended Learning Environments: Foundations, Assumptions, and Implications for Automated Design. In Automating Instructional Design: Computer-based Development and Delivery Tools*, Heidelberg: Springer Berlin Heidelberg, 1995.

Hogan, R. , Curphy, G. J. , and Hogan, J. , "What We Know about Leadership: Effectiveness and Personality", *American Psychologist*, Vol. 49, No. 6, 1994.

Horton W. , *E-learning by Design*, New York: John Wiley and Sons, 2011.

H. J. Bajaria, "Knowledge Creation and Management: Inseparable Twins", *Total Quality Management*, Vol. 11, No. 4, 2000.

H. Rex Hartson, "Cognitive, Physical, Sensory, and Functional Affordances in Interaction Design", *Behavior & Information Technology*, Vol. 22, No. 5, 2003.

Irene Karaguilla Ficheman, *Roseli de Deus Lopes Digital Learning Ecosystems: Authoring, Collaboration, Immersion and Mobility*, The Eighth IEEE International Conference on Advanced Learning Technologies, 2008.

Jewitt, C. , "Multimodality and New Communication Technologies", In P. Levine, & R. Scollon (eds.), *Discourse and Technology: Multimodal Discourse Analysis*, Washington, DC: Georgetown University Press, 2004.

Jonassen, D. , K. Peek, B. Wilson, *Learning with Technology: A Constructivist Perspective*, Merrill, 1999.

Jonassen, D. H. , "Designing Constructivist Learning Environments", *Instructional Design Theories and Models: A New Paradigm of Instructional Theory*, No. 2, 1999.

Jonassen, D. H., & Rohrer-Murphy, L., "Activity Theory as a Framework for Designing Constructivist Learning Environments", *Educational Technology Research and Development*, Vol. 47, No. 1, 1999.

Jonassen, D. H., *Learning to Solve Problems: A Handbook for Designing Problem-Solving Learning Environments*, London: Routledge, 2010.

Jonassen, D. H., Susan Land, *Theoretical Foundations of Learning Environments* (2nd Edition), London: Routledge, 2012.

Jordan, T. O., Raubal, M., Gartrell, B., and Egenhofer, M., An Affordance-Based Model of Place in GIS. in 8th Int. Symposium on Spatial Data Handling, SDH'98, Vancouver, 1998.

Jos Tolboom, How to Organize a Digital Learning Environment: From Technology to Use. http://www. academia. edu/871442/How_to_organize_a_digital_learning_environment_from_technology_to_use, 2003/2012 – 11 – 02.

Karl M. Wiig, Knowledge Management: An Emerging Discipline Rooted in a Long History. http://www. krii. com.

Kirschner P., Strijbos J., Kreijns K., "Designing Electronic Collaborative Learning Environments", *Educational Technology Research and Development*, Vol. 52, No. 3, 2004.

Kirschner, P. A., "Can We Support CSCL? Educational, Social and Technological Affordances for Learning", In P. A. Kirschner (ed.), *Three Worlds of CSCL: Can We Support CSCL?*, Heerlen, The Netherlands: Open University of the Netherlands, 2002.

Koffka, *Principles of Gestalt Psychology*, New York: Harcourt, Brace, 1935.

Kreijns K., Kirschner P. A., Jochems W., "The Sociability of Computer-supported Collaborative Learning Environments", *Educational Technology & Society*, Vol. 5, No. 1, 2002.

Land, S. M., & Zembal-Saul, C., "Scaffolding Reflection and Articulation of Scientific Explanations in a Data-rich, Project-based Learning Environment: An Investigation of Progress Portfolio", *Educational Technology Research and Development*, Vol. 51, No. 4, 2003.

Land, S. M., Hannafin, M. J., "A Conceptual Framework for the Development of Theories-in-action with Open-ended Learning Environments", *Educational Technology Research and Development*, Vol. 44, No. 3, 1996.

Looi C. K. , "Enhancing Learning Ecology on the Internet", *Journal of Computer Assisted Learning*, Vol. 17, No. 1, 2001.

Lorin W. , Anderson, *Increasing Teacher Effectiveness* (Second edition), Paris: UNESCO, 2004.

Maier, J. R. , & Fadel, G. M. , *Understanding the Complexity of Design. In Complex Engineered Systems*, Heidelberg: Springer Berlin Heidelberg, 2006.

Maier, J. R. , Fadel, G. M. , "Affordance Based Design: A Relational Theory for Design", *Research in Engineering Design*, Vol. 20, No. 1, 2009.

Maier, J. R. , Foundations of Affordance Based Design, http: //www. clemson. edu/ces/credo/classes/ Lect4014. pdf: 2012 – 03 – 03.

McClla, G. , "The Ecological Approach to the Design of E-Learning Environments: Purpose-based Capture and Use of Information about Learners", *Journal of Interactive Media in Education*, No. 7, 2004.

McGrenere, J. , & Ho, W. , "Affordances: Clarifying and Evolving a Concept", Proceedings of Graphics Interface 2000. Montreal, Quebec, Canada, May15 – 17, 2000, 179 – 186. Last retrieved Sep. 3, 2014, from: http: // www. graphicsinterface. org/proceedings/2000/177/PDFpaper177. pdf.

Moore, M. G. (ed.), *Handbook of Distance Education* (3rd Edition), London: Routledge, 2013.

Moura, H. T. D. , A Methodological Framework for Bringing Multimodality and Affordances to Design of Technology-Enhanced Learning Environments Ph. D. dissertation, Illinois Institute of Technology, 2008.

Normak, P. , Pata, K. , & Kaipainen, M. , "An Ecological Approach to Learning Dynamics", *Educational Technology & Society*, Vol. 15, No. 3, 2012.

Norman, D. A. , "Affordances, Conventions and Design", *Interactions*, Vol. 6, No. 3, 1999.

Norman, D. A. , Affordances and Design. http: //www. jnd. org/dn. mss/affordances-and-design. html. 2002.

Norman, D. A. , *The Design of Everyday Things*, New York: Doubleday,

1990.

Norman, D. A. , *The Invisible Computer*, Massachusetts: MIT Press, 1998.

Norman, D. A. , *The Psychology of Everyday Things*, New York: Basic Books, 1988.

Norman, D. A. , *Things That Make Us Smart*, Massachusetts: Addison-Wesley, 1993.

Olsen, J. R. , Comparative Analysis of A MOOC and A Residential Community Using Introductory College Physics: Documenting How Learning Environments Are Created, Lessons Learned in the Process, and Measurable Outcomes, Ph. D. dissertation, UNIVERSITY OF COLORADO AT BOULDER, 2014.

O'Neil, C. A. , Rietschel, M. J. , & Fisher, C. A. (eds.), *Developing Online Learning Environments* (3rd Edition), Heidelberg: Springer Publishing Company, 2013.

O'Neil, H. F. , & Perez, R. S. (eds.), *Web-based Learning: Theory, Research, and Practice*, London: Routledge, 2013.

Radford, M. , "Researching Classrooms: Complexity and Chaos", *British Educational Research Journal*, Vol. 32, No. 2, 2006.

Rasmussen, J. & Vicente, K. J. , "Coping with Human Errors through System Design: Implications for Ecological Interface Design", *International Journal of Man-Machine Studies*, Vol. 31, 1989.

Ryan Watkins, *75 e-Learning Activities: Making Online Learning Interactive* (1st Edition), Pfeiffer: Pfeiffer, 2005.

Schank, R. C. , "Goal-based Scenarios: A Radical Look at Education", *The Journal of the Learning Sciences*, Vol. 3, No. 4, 1994.

Shaw, R. E. , Kadar, E. , Sim, M. , "The Intentional Spring: A Strategy for Modeling Systems that Learns to Perform Intentional Acts", *Journal of Motor Behavior*, Vol. 24, No. 1, 1992.

Siemens G. , *Knowing Knowledge*, Lulu. Com, 2006.

Simpson, O. , *Cost-benefit of Student Retention Policies and Practices, Economics of Distance and Online Learning: Theory, Practice, and Research*, New York & London, 2008.

Spector, J. M. , Merrill, M. D. , Jan Elen, M. J. Bishop, *Handbook of Research on Educational Communications and Technology* (4th Edition), Heidelberg: Springer, 2013.

Supnithi, T. , Tummarattananont P. , Charoenporn T. , "Theoretical-based on Learning Goal in E-learning System", *Development*, Vol. 15, No. 22, 2004.

Tansley, A. G. , "The Use and Abuse of Vegetational Concepts and Terms", *Ecology*, Vol. 16, 1935.

Taub, M. , Azevedo, R. , Bouchet, F. , & Khosravifar, B. , "Can the Use of Cognitive and Metacognitive Self-regulated Learning Strategies be Predicted by Learners' Levels of Prior Knowledge in Hypermedia-learning Environments?", *Computers in Human Behavior*, Vol. 39, 2014.

Torkzadeha, G. , Van Dykeb T. , "Effects of Training on Internet Self-Efficacy and Computer User Attitudes", *Computers in Human Behavior*, No. 18, 2002, pp. 479 – 494.

Torkzadeha, G. , van Dykeb, T. , "Development and Validation of an Internet Self-Efficacy Scale", *Behavior & Information Technology*, Vol. 20, No. 4, 2001.

Tsai, C. W. , & Chiang, Y. C. , "Research Trends in Problemo-Based learning (PBL) Research in e-Learning and Online Education Environments: A Review of Publications in SSCI-Indexed Journals from 2004 to 2012", *British Journal of Educational Technology*, Vol. 44, No. 6, 2013.

Vicente, K. & Rasmussen, J. , "Ecological Interface Design: Theoretical Foundations", *IEEE Transactions on Systems*, *Man and Cybernetics*, Vol. 22, 1992.

Virtual Learning Environment (VLE) or Managed Learning Environment (MLE), http: //whatis. techtarget. com/definition/virtual-lea-rning-environment-VLE-or-managed-learning-environment – MLE, 2011 – 03/2012 – 11 – 2.

Warren, B, "Constructing an Econiche", In P. Flach, J. Hancock, J. Caird & K. Vicente (eds.), *Global Perspectives on the Ecology of Human-machine Systems*, Hillsdale, N. J. : Lawrence Erlbaum, 1995.

William Horton, *E-Learning by Design* (2nd Edition), Pfeiffer: Pfeiffer, 2012.

Wilson, B. G. , "Metaphors for Instruction: Why We Talk about Learning Environments", *Educational Technology*, Vol. 35, No. 5, 1995.

Young, M. F., Barab, S. A., Garrett, S., "Agent as Detector: An Ecological Psychology Perspective on Learning by Perceiving-acting Systems", *Theoretical Foundations of Learning Environments*, 2000.

后　记

网络学习环境生态化设计是我在北京师范大学攻读博士时开始主攻的研究方向，本书整个研究过程中得到了老师、同学、亲友们的大力支持，在此表示诚挚的感谢！

首先感谢我的博士导师武法提教授。他的学术思想、态度和风格深深影响着我。他对学术研究"精、新、深"的高标准和严格要求，教会了我满怀敬畏、持之以恒地对待研究。他的"技术转化为生产力"的教育技术研究思路，让我深刻明白学术研究指向现实实践问题的真理。他的"目标导向"思想总是随时提醒着我不断地计划自己的生活，明确学术与人生道路的方向。他还时常对我们强调"勤奋刻苦"的重要性，时刻鞭策着我不断努力前行。本书从选题、结构、观点到语句等都得到了武老师的悉心指导。读博期间，智能学习系统实验室团队为我的学术研究和发展创造了各种条件和机会，多次参加国际学术交流活动、出国联合培养等，为提升我的学术水平创设了契合度极高的学习环境给养。

感谢李芒教授、王志军教授、李艺教授、谢幼如教授、李艳燕教授、衷克定教授、刘美凤教授、崔光佐教授、杨开城教授、冯晓英教授等在研究的不同阶段给予的指导！感谢何克抗教授、陈丽教授、黄荣怀教授、余胜泉教授、崔光佐教授、胡咏梅教授等在博士课程学习中给以的指导，他们的研究态度以及思考问题的方式，都对我有很大启发。

感谢我的国外导师美国北德州大学（UNT）的 Jonathan Michael Spector 教授，他一直努力促进国际交流合作，他的接收让我有幸申请到国家公派博士联合培养的机会，在 Denton 那座简单宁静的小城，体验了异国的生活、文化与研究；他对本研究也给出了许多宝贵而细致的意见。感谢 UNT 的 Tandra Tyler – Wood 教授、Lin Lin 教授、Gerald A. Knezek 教授、Scott Warren 教授，参与他们的课程、研究使我在研究设计和方法上深受启发。感谢 Yvette、Cindy、Vinney、Courtney、Jenny、Gloria、Benson、Jenny、Daphne、Lauren 等，他们在美国对我生活上的照顾让我在异国他乡感受到温暖！

　　感谢 Michael Grahame Moore 教授、Michael Hannafin 教授、Michael Jacobson 教授、郭文革教授、尹睿教授、张立新教授、解月光教授、赵蔚教授、宋继华教授、余胜泉教授、张琪副教授、蔡旻君教授、胡永斌老师、刘智明老师、肖广德老师、王志军老师、李晓丽老师、张红艳老师、沈欣忆老师、牟智佳老师、程薇老师等，他们在专家意见咨询阶段提出了许多宝贵意见，也在案例研究和教学实验上提供了建议和机会！

　　感谢我的硕士导师马秀峰教授，他认真严谨的态度一直深深感染着我，研究过程中他的适时提醒和鼓励总能增强我的信心。

　　感谢北京师范大学智能学习系统实验室家人般的兄弟姐妹、教育学部的老师们、教育技术学院的师兄弟姐妹、2011 级博士班的同学们，特别感谢张晓英师姐、龙陶陶师姐、鞠慧敏师姐，感谢他们的陪伴、包容、鼓励与帮助！

　　感谢天津师范大学教育技术系的老师们，工作后他们给予我许多关爱、鼓励与支持，使我能很快适应工作并继续完善这项研究。

　　感谢《电化教育研究》《远程教育杂志》《现代远程教育研究》《现代教育技术》《中国电化教育》《开放学习研究》等杂志的专家、编辑老师们对本书中部分章节、观点给出的指导意见！

　　感谢中国社会科学出版社的编辑老师们，他们工作认真负责、严谨、高效，为本书的顺利出版提供了大力的支持。

　　心怀感恩，踏实前行，才是最好的回报。路漫漫其修远兮，吾将上下而求索。

李彤彤

天津师范大学教育学部

2019 年 4 月